国家社会科学基金项目项目批准号：12BJL071
南昌大学经济管理学院“双一流建设专项经费”：9166-27040007

主体功能区制度建设的合作机制

COOPERATION MECHANIS IN THE CONSTRUCTION OF INSTITUTIONAL SYSTEM OF THE MAIN FUNCTION REGION

曾咏梅　孙步忠　著

社会科学文献出版社
SOCIAL SCIENCES ACADEMIC PRESS (CHINA)

目　录

第一章

导论

改革开放40多年来，我国经济高速发展，取得的成就是举世瞩目的，将中国社会推到了一个前所未有的高度，但非均衡发展过程中出现的问题也是不容忽视的。主要问题是：其一，区域差距或发展不协调问题；其二，环境污染及生态破坏问题。

中国特色社会主义进入新时代，我国社会主要矛盾已经转化为人民日益增长的美好生活需要和不平衡不充分的发展之间的矛盾。更加突出的问题是发展不平衡不充分，已经成为满足人民日益增长的美好生活需要的主要制约因素。其中，经济发展和生态环境保护不协调问题以及区域发展不协调问题是两个重要方面。

第一节　问题的提出

以上述两个问题为抓手，本书对现有主体功能区制度、国土空间开发保护的理论研究和实践经验进行了分析总结。研究的思路和出发点主要针对三方面的问题：一是主体功能区边界难以确定，即主体功能区边界与行政区边界不一致；二是我国经济发展和环境资源生态间的矛盾问题；三是区域发展不协调问题。这三个问题短期都难以解决。

第一个问题——“主体功能区边界难以确定”引发作为重点生态功能区、农产品主产区的地区既不能承载过量的人口，也担负不了经济发展的重任。当地人民的经济条件怎么改善？发展权如何保障？直接向中央政府要资金，获得财政转移支付或纵向补偿，或希望发达省份直接进行横向补偿，在当前的发展阶段，都还是一种理论探讨，实践的可行性有待检验。

针对第二个问题——“我国经济发展和环境资源生态间的矛盾问题”，本书梳理了粗放型增长方式或经济结构不合理引致的资源环境生态问题、财政分权激励机制引致的资源环境生态问题、产业集聚或空间集聚引致的资源环境生态问题、地方政府竞争引致的资源环境生态问题。这四个方面均为经济发展和环境资源生态间矛盾的直接原因。总结学术界的研究后发现，主体功能区建设中的空间结构的优化对于解决粗放型增长方式或经济结构不合理引致的资源环境生态问题不是直接有效的选择。实施主体功能区规划战略，进行空间优化，可以解决一系列布局问题，但克服上述四方面的问题，还须在主体功能区建设过程中细化落实措施和执行方案。就解决环境问题谈环境管理，割裂与经济社会发展的关系显然不切实际。

第三个问题——“区域发展不协调问题”，涉及区域利益矛盾问题、区域发展不协调问题以及最终实现区域协调发展战略问题。我国东、中、西部地区之间不断扩大的区域差距已成为政府以及学术界必须承认的一个事实。解决区域发展差距扩大的问题，已经到了关键时期。经历了较长时间的思想解放，特别是中央领导的大力提倡，现在已经形成了“不以牺牲生态环境为代价去换取一时的经济增长”，“既要金山银山，又要绿水青山。宁可要绿水青山，不要金山银山，因为绿水青山就是金山银山”的关于生态文明建设的社会共识。

地方政府有时候为追求经济利益，以自身行政区为本位，采取片面追求经济增长、牺牲环境生态的行为。当中央决策对地方当前利益不利时，有的地方政府就会消极应对，甚至“上有政策、下有对策”，“有利则争，无利则推，不利则阻，他利则拖，分利则顶”。有研究者指出，“区域利益深度失衡”是中国的区域经济关系中存在的一个重大理论和现实问题。

通过“利益失衡转嫁”，东部地区得到清洁能源和巨大收益，中西部地区实现 GDP 增长和财政收入增加，资源开发企业得到巨额利润。同时，也把污染、生态破坏、资源枯竭、贫困等留给了发展中地区、资源开发区。“资源诅咒”对发展中地区地方政府来讲只是相对“诅咒”，对发展中地区、资源开发区广大贫困农民来讲则是绝对“诅咒”。“资源诅咒”变成了对落后地区农民的“诅咒”，该现象十分突出。

在竞争型区域关系下，部分相邻行政区交界地区不仅建立不起合作关系，而且还因为重复开发利用矿产资源，发生直接的冲突，将环境污染转嫁给相邻地区，发生以邻为壑的现象。区域间无法达到竞争均衡状态，通过乘数级经济增长以及累积竞争优劣势，最终表现出区域之间的两极分化，不能实现共同富裕的目标。地方政府间的经济矛盾，体现了区域经济发展的不协调问题。其造成的区域分割乃至以邻为壑现象，均成为“协调区域发展，促成区域合作，以及解决经济发展与生态文明之间矛盾”的不可逾越的障碍。

1988 年，邓小平提出了正确认识和处理地区之间不平衡发展的理论，即著名的“两个大局”思想——“一个大局，就是东部沿海地区加快对外开放，使之较快地先发展起来，中西部地区要顾全这个大局。另一个大局，就是当发展到一定时期，比如本世纪末全国达到小康水平时，就要拿出更多力量帮助中西部地区加快发展，东部沿海地区也要服从这个大局。”邓小平着重强调：“沿海如何帮助内地，这是一个大问题。”

地方政府作为地区整体利益的主体，其利益的实现比以往任何体制下更依赖于地方政府之间的合作。只有通过地方政府之间的合作才能降低地区间经济发展不平衡的程度。地区经济已经迈进了产业发展的高级阶段，其对经济合作的要求也越来越高。地区之间经济发展的不平衡，使双方合作具有市场的互补性。

此外，还需要考虑环境生态利益。各地区在使用环境资源时寻求的是自身利益最大化，往往忽视了整体环境利益的协调。人为的行政边界划分不能阻止环境污染问题在地区间的传输与扩散。环境保护是地方政府的重要职能之一，地区间的环境治理协作是十分必要的。面对复杂的地区间环境治理，各地方政府需要协作起来共同行动。然而，环境污染与治理的外部性使得各地方政府很难自觉走向协作。环境治理成果的外溢效应会激励其他地区的“搭便车”行为，各个地区都想分享他人环境治理带来的积极成果。

地方政府之间进行合作或协作，目的就是缓和或解决某种利益矛盾。需要各自按一定的利益原则，在国家的一定体制下，按照中央政府的宏观调控政策，灵活机动地协调解决。一旦协商解决不好，就会导致矛盾更尖化；国际经济一体化层次，指一个地区集团内各个国家的一体化；国家经济一体化层次，指一个国家的领土范围内各地区的一体化。迪尔特·森哈斯（Senghaas，1985）指出，成功崛起的国家，得益于制定开发国内经济潜力的政策和优先重视国内经济一体化发展。

随着一体化进程的加快，国内学术界注意到了经济一体化对我国经济发展的重要性，区域一体化研究逐渐受到重视。杨开忠（1989）认为，区域经济一体化是区域经济的结合，指在地域分工及其伴生的区际利益分配过程中，一些区域为了共同的利益而趋势性地协调行为过程和组织。它既是一种市场一体化的地域经济过程，也是一种地域经济组织。作为一种地域经济过程，是资源配置在不断增长的空间范围内的调整与重组；作为一种地域经济组织，是由经济利益联结而成的区域经济共同体，是劳动地域分工体系中的一个相对独立的环节。

孟庆民（2001）认为，区域经济一体化需要手段与目的、状态与过程统一，是不同的空间经济主体之间为了获取生产、贸易、消费等方面的利益，从生产要素（劳动力、资本、技术、信息等）市场、产品市场到经济政策统一，并逐步形成市场一体化的过程。

韦德（Wade，2003）指出，发展中国家的内部一体化不会自动发生，它的外部一体化不仅不会自动推动内部一体化，反而会经常性地给内部一体化带来阻碍和破坏。发展中国家发展的关键问题是创新出一种内部高度一体化的经济制度。

谭小平和徐杏（2004）认为，区域经济一体化可以是完全的经济一体化，也可以是产业经济、基础设施、市场、投资等方面的一体化。具体指在空间范围方面必须是较近或地理特征相似的两个地区或城市之间，打破地域限制，消除行政藩篱所造成的各种障碍，依靠市场优化资源配置，实现合理分工，提高资源使用效率，形成一个要素、劳动力、资本及产品自由流动的统一区域，在社会再生产的主要领域甚至各个方面实行经济联合与共同调控，从而达到共同发展的动态过程。

戴学珍（2005）认为，区域经济一体化指的是两个或两个以上的国家或地区，由于经济发展等共同利益的需要，逐步取消各种经济和非经济壁垒，使商品和生产要素得以自由流动，再生产得以顺利实现的过程，包括市场一体化、生产一体化等。

豆建民（2005）认为，国内市场一体化意味着各地区互相开放市场，取消一切地区封锁和市场保护措施，让本地企业与外地企业一起公平参与市场竞争。由于地区专业化分工的存在，各地区之间必须开展紧密的经济技术合作，否则，区际经济关系就不可能是协调的。经济技术协作要遵循政府指导、市场导向、企业主体、效益中心的原则，扩大范围并逐步向纵深发展。根据市场需求，在自愿基础上，各展所长、优势互补、互惠互利、共同发展，进行联合与协作。东中西部地区经济合作应坚持“把发挥市场作用同加强宏观调控结合起来”。要充分发挥市场配置资源的基础性作用，深化经济体制改革，扩大对内对外开放，以改革促发展，以开放促开发。同时，注意发挥政府宏观调控的重要作用，为开发创造良好的体制环境和政策环境。要“把国家和各方面支持同地区自力更生、艰苦奋斗结合起来”。

和燕杰等（2013）指出，区域经济一体化主要是指一国内部两个地区或城市之间通过经济合作以及各自优势的发挥来实现双方的生产要素自由流动和经济融合，促进双方的经济发展。长江流域经济的一体化进程分为两个阶段：第一阶段是形成以上海、武汉、重庆为核心的下游、中游、上游三个主要的次区域，通过整合以中心城市为核心的次区域，实现次区域经济一体化；第二阶段是实现长江流域经济一体化，在次区域经济一体化的基础上，进一步推进全流域的整合。次区域经济一体化的思路受到了“中心—外围”理论、国际依附理论、综合发展战略理论的影响，它们认为回程效应的力量超过了扩散效应的力量，经济发展的结果不是共同富裕，而是加大了贫富差距，形成发达国家支配发展中国家、发展中国家依附于发达国家的“支配—依附”关系。发展中国家要实现经济发展，彻底摆脱对发达国家的依附，必须进行彻底的制度和结构改革，实现发展中国家间的经济一体化。

此外，周新宏等（2007）认为，区域经济一体化必须存在一种自然地域的经济内在联系，即按照民族文化传统以及社会发展需要，根据商品流向，形成经济联合体。张兆安（2007）认为区域经济一体化的主要目的是实现社会经济资源的优化配置，通过资源共享、功能互补、联动发展、利

中部各省市的区位条件、区域合作牵引力及衰变路径进行了实证分析，发现东部沿海省市中，江苏和浙江对中部城市具有较强的合作牵引力。两个地区具有发展“势差”和足以实现优势互补的发展资源，是不同区域间合作的天然基础。中部和东部地区在不考虑区域空间联系的情况下，具有较大的发展势差，区域之间的合作动力强劲，合作潜力巨大。王艳侠（2014）通过调查研究发现区域协同发展过程中存在阻力（如不同区域间以竞争关系为主，由政府主导而非由市场主导等），并从各区域产业定位、协同动力、协同机制以及产业协同的公共服务方面阐述了区域协同的难点，提出了“差异定位、产业联动、东西互补、综合平衡”的顶层方案。张智勇等（2015）、刘炜等（2016）从博弈论的视角研究区域合作机制，认为区域间的合作易陷入不完全合作博弈的“囚徒困境”，并提出从改变参与者的支付结构、构建从双边互信到多边互信的倒逼机制、将静态博弈转化为重复博弈这三个层面来构建一套合理的制度安排与合作机制。

一部分学者把中部地区承接东部地区的产业转移也看作区域合作问题。理由是：不同区域间合作动力与发展势差正相关，随着东部沿海城市的产业转型升级，我国东中部地区之间经济发展水平的日益显著的差异正说明了东中部区域间存在较大的合作潜力。目前，关于我国东中部区域合作方面的研究主要聚焦于中部城市如何更好地承接东部地区产业以推进自身经济发展。如李杰义（2009）、周五七等（2010）对东中部地区产业转移过程中存在的壁垒进行分析后认为，中部地区相对滞后的经济发展带来的交易成本壁垒及东中部地区间技术经济联系壁垒对东中部地区产业对接形成一定的阻碍。贺曲夫等（2011）认为东中部地区产业转移过程中，中部城市应当在分析当地产业及其结构的现状与特点的基础上，根据产业梯度系数确定其优势产业，再依据各区域相对于东部沿海不同地域的产业梯度，明确东中部各区域之间需重点承接的产业。刘立平等（2011）、肖雁飞等（2014）、靖学青（2017）对中部城市产业承接状况进行了实证分析，发现中部地区承接东部地区产业能有效缩小区域经济差异，促进中部地区经济发展。

一部分学者基于东中部地区合作探讨环境资源生态问题。如 Yeung 和 Petrosyan（2008）提出了跨界污染的合作微分博弈模型，研究发现，只有政府开展合作，才能减轻邻近地区污染扩散造成的区域影响，同时他们根据动态合作理论设计了两地区的收益分配机制。Fanokoa 等（2011）提出了易受环境伤害和不易受环境伤害不对称污染控制的非合作与合作博弈模型，分析了达成合作时的纳什谈判解决方案。贺文华（2010）提到，经济增长和环境污染是呈一种倒 U 形关系的，我国长江中下游地区之间的经济存在显著的差异，因而两个地区的环境大相径庭。同时，他指出来自外界的投资若能部分替代当地低效的企业，当地的污染状况将有可能好转，且东部地区的外商直接投资（FDI）比中部地区的更“清洁”，所以如果东部地区能够和中部地区合作，长江地带的环境将会有很大的改善。姜珂等（2019）分析了生态受偿方和补偿方两地在有限时间内的污染越界问题，补偿方依据受偿方治污投资的多少决定对其进行生态补偿的比例，然后决定自身的最优策略，并运用讨价还价理论设计了福利分配机制。徐浩、张妍、谭德庆（2019）指出，相邻区域之间的跨界污染问题层出不穷，并呈现交叉伤害的外溢性。当污染对环境的伤害较大时，治污成本分担机制可以实现环境与经济的帕累托改进，而协同合作机制在区域收益与环境方面都是最优的。

区域旅游合作文献多侧重于就旅游业本身的发展分析区域合作问题。如薛莹（2001）认为，区域旅游合作是地区之间不同的经济主体从各自利益出发，依据协议、章程、合同，达成一种自利性与互利性相统一的协作关系，自愿进行的旅游经济活动。区域旅游合作在更多意义上是一种经济行为，属于区域经济合作的范畴。伍鹏（2002）认为，区域旅游合作以区域相邻与接近性、旅游资源与社会经济相对一致性、差异互补性、线路贯穿与畅通性等原则为基础，合作的重要内容包括共同编制旅游规划、共同建设旅游基础设施、共同进行旅游产品的开发与客源市场的开拓、共同进行旅游产品的宣传与促销、共同营造旅游形象和旅游环境，以及实行旅游企业的联合经营管理等，以实现区域旅游业的健康可持续发展。王雷亭等（2003）、钱益春（2004）、张志辰（2008）认为，区域旅游合作主要是为获取最大的经济效益、社会效益和生态效益，将资源重新配置、组合，形成一个有内聚力的旅游区域。区域旅游合作的内容，如客源、资金、信息、技术、人力、基础设施等，通过合作实现要素在地区之间的顺畅流通，实现要素间的合理配置。区域旅游合作主要包括市场合作、宣传营销合作、基础设施合作、人才合作、信息合作、政策法规合作及产品合作等。区域旅游合作以市场为纽带，以企业为实体，以政策为保障，以各类组织为中介，使主体之间形成合力，共同推进旅游合作的实现。第一，通过旅游景点（区）组合与线路设计等方式进行联合。第二，由旅游资源的跨区域而形成的跨区间多方联动合作，这种合作通常由资源的不可分割性决定。第三，跨大尺度空间的旅游合作，这种方式既不考虑旅游资源的互补，也不考虑空间的距离，仅仅是双边或多边的客源市场、企业投资、合资合作等方面的互动。冯年华等（2009）认为，区域旅游合作是指区域单元的旅游产业为了实现某种目标而共同进行的努力，包含区域内部地域单元的旅游合作、区域之间联合进行的合作两个方面。区域内部地域单元之间的旅游合作就是在整个大的区域内各地区所进行的有关体制建设、市场管理、资源开发利用等方面的合作，区域之间的旅游合作主要是区域以一个整体与其他区域进行的以共同发展旅游产业为目的的联合行动。邹统钎（2010）指出，我国区域旅游合作是基于行政区之间的利益发展与博弈的一种战略选择和制度性安排，总是受制于各方的利益共赢及其均衡的程度。以粤港澳为主体的珠三角旅游合作区和以苏浙沪为主体的长三角旅游合作区是中国发展水平最高、合作机制最成熟的两个旅游合作区。其他多数旅游合作区则陷入了“合作平台不完善，合作机制不健全，合作主体不常态，合作行动不持续，合作利益不显著”的运作怪圈。我国区域旅游合作存在的问题是：资源缺乏整合；交通不便；存在区域壁垒；战略千篇一律，缺乏针对性；制度化建设欠缺，可操作性较差；深度不够，主体较为单一。

李明德（1993）提出，从资源优势互补、整体销售、规模效益等方面进行区域旅游合作。陈荣等（1995）提出，就客源市场的联合开拓、联合促销和合作协调制度化问题进行区域旅游合作。郑耀星（1999）提出，必须打破地方局限性，突破行政区域，走向区域旅游合作。王大悟（2000，2001）提出，区域旅游应该从全方位、多层次、高效益等角度进行深入合作。钟俊（2001）、吴迅（2004）运用“共生”理论分析了区域旅游合作。吴必虎（2001）提出，区域旅游合作应以旅游产品开发、管理为中心，探索旅游目的地营销规划和管理规划模式，分级分类的旅游资源评价体系以及资源产品转换的共生、更生、伴生“三生”模式。邹晓明等（2004）提出了区域旅游水平合作、垂直合作和交叉合作三种模式。

范恒山（2017）指出，目前区域协调发展在整体层面和重点领域都缺乏有效的法律法规支撑，区际利益平衡机制建设相对滞后，较为完整的制度体系还没有建立起来。

总之，在区域经济协同发展、区域一体化和整合方面，范恒山指出的区际利益平衡机制建设相对滞后问题，实际上成为制约区域协调发展的根本问题。

第三节　研究框架与创新点

本书针对以上突出问题，提出以政府为主导，以市场为主体，通过产业合作实现高质量发展，避免走“先污染后治理”的老路，建立长江中下游地区合作机制。

本书所讨论的长江中下游地区合作机制，兼具补偿型合作和共享型合作两方面的特征。

在生态治理、自然灾害防治和传染性疾病预防等问题上，双方存在合作则共同受益，反之则共同受损的关系。但中部地区几乎承担了所有的成本，东部地区分享了生态治理、自然灾害防治和传染性疾病预防等方面的收益，或客观上增进了其福利，这与麻宝斌等提出的通过资源整合达到利益共享的共享型合作有一些区别。

关于补偿型合作，我们的思路是不能直接补偿作为接受方的中部地区。不能因为生态治理、自然灾害防治和传染性疾病预防，就单纯希望东部地区进行资金等方面的补偿。这样东部地区的补偿积极性和可能性都会大打折扣，甚至不进行补偿。

通过中央政府施加行政压力，使中部地区进行生态治理、自然灾害防治和传染性疾病预防等，让其单方面承担成本；同时又希望发展中地区依靠薄弱的基础发展经济，让东部地区“搭便车”，分享公共品的正外部性收益：显然，这是不合理的。

因此，我们提出，中部地区在进行生态治理、自然灾害防治和传染性疾病预防的同时，要通过吸引东部地区的资金、技术、人才等，与东部地区合作。同时，东部地区向中部地区进行高新技术、生物医药、新材料等产业的对口支援，中部地区可以适当让利于东部地区，使双方进行合作。或者中部地区通过提供生态农产品、生态旅游产品和服务，促使东部地区打开市场，吸引东部地区的中高端客源，与东部地区进行合作。这样既避免了中部地区一味承接东部淘汰的落后产能，走“先污染后治理”的老路，又可推动中部地区跨越式高质量发展，避免环境污染和生态破坏。

人民的美好生活需要包含了安全和环境方面的需要。发展不平衡不充分，已经成为满足人民日益增长的美好生活需要的主要制约因素。尤其突出的是，经济发展与资源环境生态之间的不平衡问题，以及区域之间特别是沿海和内地之间发展的不平衡问题。这两方面的不平衡问题已成为我国新时代中国特色社会主义建设必须消除的障碍。

本书旨在通过建立完善的主体功能区制度，及实行具体的国土空间开发保护措施，构建长江流域东中部区域合作模式，为切实解决经济发展与资源环境生态保护之间的不平衡问题，以及区域之间特别是沿海和内地之间发展的不平衡问题提供政策建议和决策参考。

本书第一部分，梳理了我国经济发展和生态环境保护的理论文献和实践经验，指出了三个问题。本章第一节已有论述，此不赘述。

本书第二部分，主要对主体功能区制度中流域行政区合作的复杂适应性进行了分析。主要问题集中在流域行政区在协调发展中的合作上。基于交易费用理论，剖析了长江经济带区域生态经济合作机制，给出了长江经济带区域生态经济合作机制设计，基于 Cooperation 模型对流域行政区合作机制的构建进行了仿真，深入分析了生态环境保护与经济高质量发展并举的流域行政区合作机制。

本书第三部分，以长江中下游地区省级行政区之间的经济发展与资源环境生态不协调问题及区域发展不协调问题为抓手，以流域行政区之间的产业合作为研究对象，以建立生态环境保护与经济高质量发展并重的流域行政区合作机制为目标，研究建立主体功能区制度的流域行政区合作机制。

首先，以中部地区江西为例，进行生态经济综合指数动态评价。其次，基于 LED 产业发展、生物医药产业发展、新材料产业发展，分析了长江流域东中部地区高新技术产业发展合作机制、长江流域东中部地区生态农业发展合作机制、长江流域东中部地区生态旅游业发展合作机制。最后，在长江流域区域协同发展的人才合作博弈的基础上，分析了生态功能区建设中的东中部地区人才共享机制构建。

本书第四部分，分析了主体功能区制度中流域行政区合作的政策支持，并提出了相关建议。如：通过高新技术对口支援、产业合作，建立东中部地区 LED 产业、新材料产业、生物医药产业合作机制；适度向农业、旅游业政策倾斜，大力开放东部地区的生态农产品市场和生态旅游中高端客源市场，构建技术、人才、资金等要素对口支援的东中部地区生态农业、生态旅游业合作机制；避免强行、硬性引进人才，采取“用项目集结人才”或“人才乡亲（特别是中西部到东部的高端人才）助帮项目开发”的柔性人才合作模式，构建东中部地区人才合作机制。

第二章

主体功能区规划的优势与困境

党的十九大报告的亮点之一是，将“加快生态文明体制改革，建设美丽中国”作为我国“决胜全面建成小康社会，夺取新时代中国特色社会主义伟大胜利，实现中华民族伟大复兴的中国梦”的一项主要任务。

中国特色社会主义进入新时代，我国社会主要矛盾已经转化为人民日益增长的美好生活需要和不平衡不充分的发展之间的矛盾。人民美好生活需要包含了安全和环境方面的需要。发展不平衡不充分已经成为满足人民日益增长的美好生活需要的主要制约因素。

尤其突出的是，经济发展与资源环境生态保护之间的不平衡问题，以及区域之间特别是沿海和内地之间发展的不平衡问题。这两方面问题已成为我国新时代中国特色社会主义建设必须消除的障碍。

党的十九大报告还提出，加快完善社会主义市场经济体制，“着力解决好发展不平衡不充分问题，大力提升发展质量和效益，更好满足人民在经济、政治、文化、社会、生态等方面日益增长的需要，更好推动人的全面发展、社会全面进步”。同时，明确提出了改革生态环境监管体制，构建国土空间开发保护制度，完善主体功能区配套政策等具体要求。

完善主体功能区制度，通过实行国土空间开发保护措施，构建长江流域东中部区域合作模式，既需要切实解决好经济发展与资源环境生态保护之间的不平衡问题，也需要切实解决好区域之间特别是沿海和内地之间发展的不平衡问题。

第一节 我国发展中出现的新问题

国务院2010年12月21日发布《全国主体功能区规划》，主要想解决我国在改革开放30多年经济社会发展过程中出现的一系列比较紧迫和特别的重大问题。可以说，《全国主体功能区规划》提出了一种“定大局、谋长远”的战略设想，有特定的时代背景和现实需求。

40多年来，我国的发展是在改革开放主基调指引下，努力建设富强、民主、文明国家的进程。我们的首个目标是“富裕”。从十一届三中全会到党的十九大，中央对我国的发展都有一个明确的定位。

十一届三中全会后，我国面临的最紧迫任务是发展经济。要根本改变我国落后的经济面貌，快速发展、增量发展无疑是最直接、最有效、最理智的发展方式。这是由我国所处的特定发展阶段的特定国情所决定的。

十一届三中全会确立了解放思想、实事求是的思想路线，把党和国家的工作重心转移到了经济建设上来，实行改革开放。所以邓小平提出了“经济问题是压倒一切的政治问题。不只是当前，恐怕今后长期的工作重点都要放在经济工作上面”，“贫穷不是社会主义，发展太慢也不是社会主义”，“坚持我们的社会主义制度，关键就看能不能争得较快的增长速度，实现我们的发展战略”等一系列的重要论断。

十三大提出了“社会主义初级阶段”的明确定位。我国当时所面临的主要矛盾是人民日益增长的物质文化需要同落后的社会生产之间的矛盾。

十四大提出：围绕经济建设这个中心，我国经济的发展速度，可以更快一些；在提高质量、优化结构、增进效益的基础上，努力实现较高的增长速度；要紧紧抓住有利时机，加快发展，有条件能搞快一些的就快一些；走出一条既有较高速度又有较好效益的国民经济发展路子。从1992年到1996年，国内生产总值年均增长12.1%，实现了经济快速增长。东部地区经济快速增长，中西部地区经济发展加快。

十五大提出了加速构建社会主义市场经济体制的框架。国民经济持续、快速、健康发展，社会生产力、综合国力、人民生活水平都上了一个大的台阶。

十六大提出全面建设小康社会，加快推进社会主义现代化。走新型工业化道路，大力实施科教兴国战略和可持续发展战略。加快城镇化进程。推进西部大开发，促进区域经济协调发展。

十七大认识到了我国生产力水平总体上还不高，自主创新能力还不强，长期形成的结构性矛盾和粗放型增长方式尚未根本改变；影响发展的体制机制障碍依然存在，改革攻坚面临深层次矛盾和问题；缩小城乡、区域发展差距和促进经济社会协调发展任务艰巨。提出以人为本、全面协调可持续的科学发展观。增强发展协调性，转变发展方式。在优化结构、提高效益、降低消耗、保护环境的基础上，努力实现经济又好又快发展。提高自主创新能力，建设创新型国家。加快转变经济发展方式，推动产业结构优化升级。加强能源资源节约和生态环境保护，增强可持续发展能力。推动区域协调发展，优化国土开发格局。建设生态文明，改善生态环境质量。基本形成节约能源资源和保护生态环境的产业结构、增长方式、消费模式。

十八大强调加快完善社会主义市场经济体制和加快转变经济发展方式。以科学发展为主题，以加快转变经济发展方式为主线，是关系我国发展全局的战略抉择。要适应国内外经济形势新变化，加快形成新的经济发展方式，把推动发展的立足点转到提高质量和效益上来，着力激发各类市场主体发展新活力，着力增强创新驱动发展新动力，着力构建现代产业发展新体系，着力培育开放型经济发展新优势，不断增强长期发展后劲。

十九大认识到了当前更加突出的问题是发展不平衡不充分，这已经成为满足人民日益增长的美好生活需要的主要制约因素。提出中国特色社会主义进入新时代，我国社会主要矛盾已经转化为人民日益增长的美好生活需要和不平衡不充分的发展之间的矛盾。在继续推动发展的基础上，着力解决好发展不平衡不充分问题，大力提升发展质量和效益，更好满足人民在经济、政治、文化、社会、生态等方面日益增长的需要，更好推动人的全面发展、社会全面进步。

十九大明确提出，我国仍处于并将长期处于社会主义初级阶段的基本国情没有变，基本路线仍然是以经济建设为中心。我国经济已由高速增长阶段转向高质量发展阶段，正处在转变发展方式、优化经济结构、转换增长动力的攻关期，建设现代化经济体系是跨越关口的迫切要求和我国发展的战略目标。必须坚持质量第一、效益优先，以供给侧结构性改革为主线，推动经济发展质量变革、效率变革、动力变革，提高全要素生产率，着力加快建设实体经济、科技创新、现代金融、人力资源协同发展的产业体系，着力构建市场机制有效、微观主体有活力、宏观调控有度的经济体制。

梳理十一届三中全会到十九大对我国的发展定位，可以明确看到一条主线，即加快发展—加快科学发展（从明确人民日益增长的物质文化需要同落后的社会生产之间的矛盾到明确人民日益增长的美好生活需要和不平衡不充分的发展之间的矛盾，从强调快速发展到速度与质量、效益并重）—更强调质量、效益的发展。

发展定位明确，发展理念先进。十九大报告强调“新发展理念”，即“发展是解决我国一切问题的基础和关键，发展必须是科学发展，必须坚定不移贯彻创新、协调、绿色、开放、共享的发展理念。必须坚持和完善我国社会主义基本经济制度和分配制度，毫不动摇巩固和发展公有制经济，毫不动摇鼓励、支持、引导非公有制经济发展，使市场在资源配置中起决定性作用，更好发挥政府作用，推动新型工业化、信息化、城镇化、农业现代化同步发展，主动参与和推动经济全球化进程，发展更高层次的开放型经济，不断壮大我国经济实力和综合国力”。

改革开放40多年来，我国经济发展取得了举世瞩目的成就。但同时出现了较为突出的不协调、不平衡、不可持续问题，主要表现为：区域发展不平衡不协调，经济发展与资源环境生态保护不平衡不协调，产业结构、城乡结构不合理，等等。我国的经济发展不能再走高能耗、高污染的老路，新时代要闯出高质量发展、创新发展、绿色发展的新路。区域发展不平衡不协调，经济发展与资源环境生态保护不平衡不协调，产业结构、城乡结构不合理等都牵涉国土空间结构不合理问题。主体功能区建设正是基于这样的发展问题产生的。

第二节 主体功能区规划的功能定位

主体功能区理念是在“十一五”规划制定过程中首次提出的。在“十一五”规划建议中明确提出了构建主体功能区的总体要求，“十一五”规划纲要则系统地阐述了推进形成主体功能区的基本方向和主要任务。十七大报告把主体功能区布局基本形成作为全面建设小康社会的一项重要目标，随后编制完成并发布实施了《全国主体功能区规划》。“十二五”规划建议将主体功能区建设上升到国家战略层面，它与区域协调发展战略一起，成为我国国土规划开发的规模宏大的战略决策。

主体功能区是指基于不同区域的资源环境承载能力、现有开发密度和发展潜力等，将特定区域确定为特定主体功能定位类型的一种空间单元。这个定义的着眼点在于发展或开发，所以特别强调了主体功能区的开发方式和开发内容，强调了开发方式与开发内容的对应关系。

按开发方式，可将主体功能区分为优化开发区域、重点开发区域、限制开发区域和禁止开发区域。按开发内容，可将主体功能区分为城市化地区、农产品主产区和重点生态功能区。开发方式与开发内容的对应关系是：优化开发区域和重点开发区域与城市化地区相对应，以提供工业品和服务产品为主体功能；限制开发区域分为农产品主产区和重点生态功能区，前者以提供农产品为主体功能，后者以提供生态产品为主体功能。生态产品是指维系生态安全、保障生态调节功能、提供良好人居环境的自然要素，其中包括清新的空气、清洁的水源和宜人的气候等。重点生态功能区是指生态系统脆弱或生态功能重要，资源环境承载能力较低，不具备大规模高强度工业化城镇化开发的条件，必须把增强生态产品生产能力作为首要任务，从而应该限制大规模高强度工业化城镇化开发的地区。

主体功能区建设的思想是有深度的。我国这次划分主体功能区，发展目标比较明确，需要确定相对稳定的地域功能类型，确定主体功能区的边界，将地域功能落实到具体的地域范围内，然后进行区划，使得空间格局比较清晰。

为使主体功能区建设易于操作和执行，我国对主体功能区划进行了进一步的分级。首先，省级功能区划是地域全覆盖的，作为政策引导区，它成为人口城镇分布、产业空间配置、生态建设与环境保护等各种要素空间布局的分区依据。其次，县级主体功能区为刚性的空间管治区，分为两种类型：一是强化一级区的刚性管治区，如一级生态保护区中的水源涵养地等；二是反功能区，是与一级区功能相反的功能管治区，如一级生态保护区中的城市和产业重点开发区、一级重点开发区中的生态保护地等。通过一级区的弹性引导和二级区的刚性管治，实现空间结构的有序化。

对不同层级的政府进行统一的主体功能区划，使上下层级同一地域单元功能协调，有利于发挥中央和地方在功能建设中的积极性，这是目前我国从国家和省区两级探索全国主体功能区划的工作方式（樊杰，2007）。

第三节　主体功能区规划的困境

主体功能区边界与行政区边界不一致，这一问题短期难以解决。

主体功能区建设从规划之初更多地着眼于开发视角上，初衷是为开发划定边界，如提出的优化开发区域、重点开发区域、限制开发区域、禁止开发区域。四类主体功能区如何划定边界，按怎样的层次划定边界，是比较棘手的问题。

一种观点是，我国主体功能区规划应包含国家和省级两个层次，同时从可执行的角度，以县级单位为规划基本单元，构建主体功能区划分体系（高国力，2007）。有学者认为主体功能区划属于经济区划的范畴。经济区划存在的基础应是地域差异性，根据各经济区的特点与基本条件规划布局，从地域分工角度对全国领土进行战略性划分，并分别制定不同的鼓励与限制政策，以促进地区比较优势的发挥及地区间的协调发展。通过分类发展、分类管理、分类考核，来有效避免无序开发的弊端（刘玉，2007）。同时，又存在所谓的“行政区经济”，即由刚性的行政区划对区域经济的约束而产生的一种特殊的区域经济，这是在我国计划经济体制向社会主义市场经济体制转轨过程中，由纵向区域经济运行系统向横向区域经济运行系统转变的一种区域经济类型（陈晋肃，2002），进而又引出了我国的地方政府经济行为。

地方政府经济行为中包含了过多的企业竞争成分，跨行政区流动的各类生产要素受到不同程度的阻挠。地方政府经济又表现出结构稳态。一个地区的经济中心与行政中心高度重叠，行政区边界经济正效应易出现“搭便车”现象，而负效应容易出现“三不管”或以邻为壑的情况。

如何将主体功能区划分为优化开发区域、重点开发区域、限制开发区域和禁止开发区域？或者划分为城市化地区、农产品主产区和重点生态功能区？无论在国家层面还是省级层面，问题的关键都在于，现存行政区边界难以突破。像理论研究所陈述的，不去过分强调追求各地区的生产总值均等化，或经济发展水平均衡化，这个定位没问题，但实现不同地区之间公共服务的均等化、生活条件的均等化和人民生活水平的均等化，实在不是说说这么简单。地方的公共服务、生活条件、人民生活水平还需地方经济发展来保证。

在当前的行政区划状态下，即使限制开发区域和禁止开发区域，也仍然担负着保障民生、发展经济的任务。优化开发区域和重点开发区域承担着既要高质量发展经济，又要保护环境、维护生态、节约资源的担子。另外，优化开发区域和重点开发区域有没有城市化和工业化的极限？这个主体功能的定位可以持续多少年？是否可以一直持续？会不会出现过度发展问题？会不会出现环境悬崖？历史经验已经表明，人类历史上的宜居地区最终变成不毛之地，与人类的过度开发和活动超限不无关系。

长期以来，我国制定经济发展的相关政策以及一系列考核标准时，均以行政区为单位。该方式加剧了经济增长与资源短缺和生态环境容量的矛盾，助长了地区间产业趋同和招商引资中的过度竞争，限制了区域分工的形成和发展，最终阻碍了城乡以及区域经济的协调发展。

樊杰（2007）指出，根据国家的总体要求，主体功能区按照资源环境承载能力、现有开发强度和未来的发展潜力等多维度、多指标项进行划分，技术难度极大。不仅对经典区划理论和方法提出新挑战，而且目前的理论阐释还不成熟，具体方法上也不具有可操作性。主体功能区建设具体操作起来，会出现比较难处理的问题。比如，四类主体功能区中，开发型两类、保护型两类，中间缺少过渡型。缺少过渡的类型，在理论上是不合逻辑的。这就必然给一部分区域确定区划类型归属带来困难，进而给未来功能建设和相应配套政策带来不便。樊杰所虑只是主体功能区边界难以确定的一个方面。

过去，我国对行政区的政治性和经济性强调较多，对行政区的生态性和公共性关注较少，忽视了行政区划中的生态因素和公共因素。十八大以后才逐渐有所加强。

行政区割裂了经济区和生态区。历史上，为防止地方势力凭借险要的山川地势割据一方对抗中央，尽量避免以山川边界为界，而是把同一自然地理单元分割给不同的行政区，使每一个行政区都不具备地理形胜之利，便于军事控制。这对当时自给自足的小农经济而言是合适的，但在市场经济社会，这样的行政区划给区域的分工协作带来了极为不利的影响。现在，我国仍沿袭按行政区组织经济的方式，以省级行政区自求平衡为基础，由中央进行总额切块管理。

这种管理模式在促进省级地方政府乃至县级地方政府竞争方面具有一定优势。张五常先生甚至将其概括为“中国模式”。但这种管理模式同时也导致了地区市场分割，竞争无序，企业发展有地方政府的深刻烙印，经济结构稳态化，对全国统一市场构建和区域协调发展造成了不利影响。

地方经济所坚守的必然是行政区划内的地方利益，也被称为“诸侯经济”（沈立人、戴园晨，1990），通常被视为区域经济一体化的对立面。行政区利益与主体功能区利益不协调，行政区对自己的地方利益更加重视，常常忽视与本地有连带关系的公共利益。为避免这种以邻为壑的零和博弈现象，必然要打破地方利益的藩篱。

为顺利实施主体功能区战略，不少专家提出在国家级、省级规划方案的基础上，进一步落实、细分到市级、县级，乃至乡镇级。各级规划方案的关系是：下级规划服从上级规划，专项规划服从综合性规划，空间单元小的规划服从空间单元大并包含这一空间单元的规划（杨伟民等，2012）。如果能真正按照主体功能区的规划方案实施，将空间单元进行更细更小的拆分，执行起来也就更容易。但问题是，各级空间单元都有发展权，都有开发的积极性，都有借助经济建设改变面貌的设想，每一个单元都有自己的利益。四类主体功能区如果将空间单元进行细化，比如落实到县级，极有可能与以县级行政区为基本单位的行政区存在管理上的错位。县级行政区会不会划大优化开发区域、重点开发区域的范围，划小限制开发区域、禁止开发区域的范围？可能性还是存在的。

如何划分主体功能区的边界？如何打破行政区的阻隔？如何从高速度经济发展转变为高质量经济发展，不仅要经济发展，而且要社会整体全面

第三章 主体功能区规划要解决的突出矛盾

十一届三中全会后，以经济建设为中心的指导思想成为兴国之要。发展且快速发展是解决我国问题的关键。据经济史学家的统计，中华人民共和国建立时期人均收入较低，1960 年恢复到抗战前水平，1980 年达到南宋时期水平，相当于公元 1000 年时的西欧，落后西欧 980 年。从 1980 年到 2010 年，中国经济年均增长 8.9%，是农业文明时期世界经济平均增速的 50 倍，2010 年中国经济达到西欧 1953 年时的水平，只落后西欧 57 年。改革开放 30 年取得了西欧 923 年的进展，可谓中国奇迹（刘海影，2013）。

任何事物都有两面性。由于资本和技术方面的限制，我国经济自改革开放以来的快速发展，是建立在廉价的自然资源和劳动力、高昂的环境生态代价以及市场化改革的制度红利基础上的。有学者总结为“吃进去的是高能源，排出来的是高污染”。因此，经济发展和环境资源生态保护间的矛盾问题短期较难解决。

第一节 粗放型增长方式或经济结构不合理引致的资源环境生态问题

在发展早期阶段，高投入、高能耗和高排放的粗放型经济增长方式导致了严重的环境污染和生态破坏。我国的资源环境生态问题存在不同的梯次，既有经济发展引致的率先发展起来的东部地区的资源环境生态问题，又有低端产业转移引致的中西部地区的资源环境生态问题。东部沿海地区经济渐趋发达、环境质量改善需求快速上升以及产业结构不断优化升级，促使污染密集型产业自东部向中西部迁移。污染密集型产业区际转移，是我国区域产业发展的一个重要特征。东部地区有缓解污染、减排的压力；为缩小区域经济发展差距，中西部地区有产业发展的需求。随着污染密集型产业区际转移的推进，一系列资源与环境问题相伴而生。

我国经济以出口贸易为主，企业技术创新能力严重不足，对外贸易产品层次低端化，附加值低，初级产品的大量出口引致高能耗、低效率，对环境产生了较大污染。在这方面，学术界提出"环境污染避难所"理论。Esty 和 Geradin（1997）研究指出，发展中国家政府为了自身的经济发展，宁愿降低环境保护标准，放松环境规制来吸引外资，高污染、高能耗、高排放的低端产业向发展中国家转移，因此发展中国家成为发达国家的"环境污染避难所"。发展中国家为促进自身经济发展，主要发展一些低端产业或重化工业，资源消耗、环境污染越来越严重（Panayotou，2003）。工业增加值占 GDP 比重的增加使得工业废气、工业固体废弃物和工业废水三种环境污染物的排放量均显著增加，工业的扩张加剧了环境污染。李晓春（2005）进一步指出，发展中国家面对保护生态环境与工业化经济发展问题时，由于急迫的要摆脱贫穷的现实需求，会选择优先发展工业，生态环境问题就会变得越来越严峻。贾根良（2012）指出，我国的出口导向型经济模式中，产业价值链较为低端，这与美国严重依赖初级产品出口导向型经济的时代存在类似的困境：生态环境破坏严重，大量消耗自然资源，产能过剩严重，导致对外贸易持续恶化，陷入"贫困性增长"的陷阱——生产增加，出口收入下降。从长远看，恶化了的自然环境必然会制约经济福利的增长，滞后的环境治理还会给将来的经济发展造成沉重负担。采取既能发展经济又能保护生态环境的发展政策，成为我国经济发展的难题。

地方政府和企业都以经济增长和利润增加为主要目标，忽视了对生态环境的保护。研究文献从多方面证明了工业污染的严重性以及产业结构与环境污染的关系。工业经济规模的扩大增加了污染排放（宋春梅，2009）；以粗放型经济发展模式为主、集约型经济发展模式尚未完全建立以及发展较慢等因素，导致了严重的资源环境生态问题（吴雅琼等，2011）；考虑了非期望产出的绿色全要素生产率明显低于不考虑非期望产出的全要素生产率（李玲、陶锋，2011）；等等。这一切均说明了我国污染密集型产业仍然是高能耗、高污染产业，环境规制并未发挥实质作用。在对绿色全要素生产率的贡献方面，技术进步和纯技术效率明显低于规模效率，说明技术创新在提高污染密集型产业绿色全要素生产率方面并没有发挥真正的作用。第二产业占生产总值比重与环境污染程度成正比，工业比重越大，环境污染也就越严重（屈小娥，2012；刘晓红，2017）。污染替代效应和成本效应的作用是累加的，不会互相抵消。污染替代效应会导致污染密集型产业成为主导产业。污染成本的减小会导致单个企业排污量加大，还会导致污染密集型企业数量的增加（张乐才，2011）。产业结构与环境污染之间呈线性关系（王青等，2012），产业结构的高污染性是环境质量恶化的主要原因（徐彤，2011）。产业结构的变动与环境污染物排放量之间存在长期稳定的协整关系（林翊、刘倩，2014）。产业结构与环境污染之间存在倒 U 形曲线关系。我国产业结构与废水排放量、工业固体废弃物排放量及 SO_2 排放量之间均存在倒 U 形曲线关系。目前，我国废水和工业固体废弃物排放量还没有到达倒 U 形曲线的拐点，而 SO_2 排放量已经越过倒 U 形曲线的拐点（李鹏，2015，2016）。

1997 ~ 2007 年，东部地区是水污染、大气污染密集型产业的主要分布地区，其中污染严重的农副食品加工业、电力行业自 2001 年以来呈现向中西部转移的态势，污染较严重的造纸及纸制品业、非金属矿物制品业也自 2006 年开始向中部转移，尚未表现出明显的向中西部转移趋势的包括有机化学原料及化学品制造业、黑色金属冶炼及压延加工业（刘巧玲等，2012）。欠发达地区是污染密集型产业的净转入区，中部部分地区、东部少数地区是污染密集型产业的选择性转移区。东部地区一方面转入钢铁等产业，一方面转出化工等产业；中部地区一方面转入部分化工产业，一方面转出能源产业等（何龙斌，2013）。我国 30 个省（区、市）（北京及港澳台除外）的经济增长对环境污染有较大影响，其中 29 个省（区、市）的经济增长导致工业废气排放量较大（聂春霞等，2013）。

改革开放 40 多年来，我国的工业化取得了巨大的经济成效，工业快速发展，导致了大量的资源与环境问题。在调结构和环境保护趋严的双重压力下，产业空间转移成为地区经济发展战略的首要选择，对东部地区经济增长做出重大贡献的一大批污染产业只能选择转出，加之中西部地区工业化加速，为增加财政收入地方政府不惜以牺牲生态环境为代价招商引资。地方政府竞相放松环境规制，甚至实行零规制，是污染产业转入的重要原因。产业空间转移带来的污染转移加重了环境空间维度冲突，使得我国生态环境质量局部改善而整体趋于恶化。地方政府出于维护当地经济利益的目的，使一大批造纸、化学化工、印染、冶炼等污染严重的产业进入中西部地区。原先环境生态优良的中西部地区成为“污染天堂”，中西部地区重蹈东部地区“先污染后治理”的覆辙（彭文斌等，2014）。污染产业由发达地区向欠发达地区转移的问题日益严重。粗放型工业增长导致的高能耗、高污染、高排放、低产出问题越来越突出。重工业化进程的加快是能源需求增加以及污染物排放增多的直接原因。环境污染的负外部性严重影响了人们的生产和生活（张彩云、郭艳青，2015）。人口的迅速增加扩大了对商品的需求，间接导致生态环境的破坏（吕明元、陈维宣，2015；谢荣辉、原毅军，2015）。

经过一段时间的发展后，我国政府逐渐认识到粗放型经济增长方式的弊端。由于我国长期以工业化优先发展为政策导向，工业在国民经济中长期占据主导地位，工业生产过程中的污染物排放量在全国污染物排放量中占据较大比重（吕明元、陈维宣，2015；谢荣辉、原毅军，2015）。

工业化水平的提高在促进城市经济增长的同时，也会加剧城市环境污染；人均 GDP 与工业 SO_2 排放量和工业废水排放量分别呈倒 U 形、负相关关系（谢波、项成，2016）。既然以粗放型经济发展模式为主，集约型经济发展模式尚未完全建立或发展较慢，那么污染密集型产业转移就是一个解决生态环境问题比较直接、比较快速的措施。第二产业比重增加、城市化进程加快、煤炭消费比重增加具有加剧环境污染的作用，对外开放水平的提高对环境污染具有一定影响（田时中，2017）。如果把我国 285 个地级城市按人均 GDP 分成低、中、高三个等级，来分析我国低、中、高城市区域经济增长与环境污染的双向动态关系，就可以看出，我国三个等级之间的城市经济增长与环境污染的关系差异明显。发展程度低的城市地区的经济增长加剧了环境污染，环境污染加剧对发展程度低的城市地区的经济增长具有促进作用。发展程度中等的城市地区的经济增长会导致一部分污染增加，环境恶化抑制了发展程度中等的城市地区的经济增长。发展程度高的城市地区的经济增长引起的环境恶化的程度较为轻微，环境污染偶尔加剧，不会对经济增长造成影响。发展程度中等的城市地区的经济发展与环境污染之间的矛盾最为突出（范优，2018）。从全国总体情况来看，2001～2015 年中国污染排放呈波动上升趋势，进一步加大环保投资、环境规制、外商直接投资的力度对改善环境污染状况作用不明显，促进低能耗的有关政策对减少环境污染效果明显，但会对经济增长产生一定程度的影响。在污染的分布方面，我国环境污染严重的地区主要分布在北部、中部，黄河中游环境污染最为严重，西北与东南地区环境污染略轻（班斓等，2018）。

可见，粗放型增长方式引致的资源环境生态问题和我国所处的发展阶段相关，也和各地区所处的发展阶段相关。因此，要转变经济增长方式，调整产业结构尤其是工业内部结构，调整高污染行业的比重，尽快改变高排放、高污染的状况。转变经济增长方式就是要改变粗放型经济发展模式，使经济发展向集约型模式转变。集约型经济发展模式以提高经济发展质量和经济效益为核心，经济发展要实现生产要素优化组合，提高生产要素质量和效率，依靠技术进步，劳动者高素质，以及资金、设备、原材料的有效利用等实现发展目标。

产业转型升级的关键在于提高全要素生产率，注重经济增长的质量（陈诗一，2011）。在促进 GDP 增长的同时使环境污染物排放量大幅下降，最直接、最有效的方式是增加科技投入、降低能源消费强度、适当调整产业结构（韩楠，2016）。所以，主体功能区建设中的空间结构优化对于解决由粗放型增长方式或经济结构不合理引致的资源环境生态问题而言，不是直接、有效的选择。

第二节　财政分权激励机制引致的资源环境生态问题

1994 年我国实行分税制改革，对中央、地方财政进行了分权。这次改革激发了地方发展的积极性，成为促进我国经济快速、持续增长的一个重要因素。但我国财政体制的“强中央、弱地方”模式导致地方财政收支不平衡，地方政府的事权在分税制改革中没有随财权的增加而增加，使得地方政府不愿意增加投入进行环境保护和治理。另外，中央政府在考核地方政府时以 GDP 的增长为主要标准，官员晋升的激励制度忽略了环境责任，客观上鼓励了地方官员积极发展第二产业以推动经济增长，导致环境污染加剧。官员的任期制也使得地方政府的发展目标更加短期化，不惜以牺牲环境为代价追求 GDP 增长，从而形成了区域行政区间的恶性竞争。

有学者认为，财政分权导致了环境污染加剧。主要原因是，财政分权制度下，地方政府行为对环境质量的影响受自身利益需求因素的制约（Qian & Roland，1998）。环境污染加剧源自中国财政分权。财政分权同时包括政治集权和官员晋升激励，这也是环境污染加剧的重要政治原因（杨瑞龙等，2007）。因为“中国式分权”的财政激励体制，以及与该种体制下的地方政府行为紧密相关的经济增长方式更依赖要素投入和消耗资源，所以极易重走“先污染后治理”的发达国家发展的老路（蔡昉等，2008）。中国式分权制度存在激励扭曲和约束不足问题，影响了地方政府行为，最终降低了环境质量（吴俊培、万甘忆，2016）。分权改革激励了地方政府放松环境监管的行为，企业的投资生产影响着地方的财政收入和环境质量（李猛，2009）。财政分权及晋升锦标赛体制致使强势地方政府出现了追求短期效益的投机行为，不会完全执行中央政府的碳减排政策，在碳减排规制标准上做手脚，通过逐渐放宽减排标准来扩大工业生产规模（李斌、彭星，2013）。总体来看，财政分权使环境污染加剧了。但提高财政分权程度有利于地区发挥比较优势，且有效抑制了财政分权对环境污染的影响（郑洁等，2018）。

财政分权导致环境污染加剧的具体表现主要是，财政分权程度的提高不仅会加大碳排放量（张克中等，2011），而且使废水、SO_2等外溢性公共物品的污染排放呈恶化趋势（闫文娟、钟茂初，2012）。财政分权在显著推动经济增长的同时，增加了污染物排放量。财政分权在促进城市经济增长的同时，也会加大城市环境污染的严重程度（谢波、项成，2016）。地区间碳排放存在显著的示范和带头作用（肖宏伟等，2013）。各省份环境污染具有较强的地区差异和时空差异，西部地区环境污染综合指数最小，中部地区次之，东部地区最大。财政分权程度的提高会加剧环境污染，要迈过环境库兹涅茨曲线拐点需要加快经济发展（田时中，2017）。考虑空间外溢机制，邻近地区的环境污染，会因为财政分权与环境财政政策的作用，产生空间“模仿效应”和“示范效应”，出现较为显著的环境污染空间外溢性（洪源等，2018）。财政分权和晋升激励对环境污染的影响，均表现为对东部地区的影响小于对中西部地区的。财政分权制度对环境污染的影响显著为正，并且财政支出分权对环境污染的正向影响小于财政收入分权的（韩国高、张超，2018）。

财政分权与环境污染的关系主要表现为，环境污染物排放与财政分权呈负相关关系（谭志雄、张阳阳，2015），或者财政支出分权指标与环境污染水平成反比并且结果具有稳健性（薛刚、潘孝珍，2012），财政分权与环境污染呈非线性关系（刘建民等，2015）。在空间城市化的不同阶段，财政分权与环境污染均保持稳定的负相关关系（毛德凤等，2016）。财政分权对环境污染的影响效果存在异质性，与具有单向外溢性质的水污染呈倒U形曲线关系，与具有双向外溢性的大气污染呈U形曲线关系。外资利用、经济发展和财政分权的门槛效应会改变U形曲线的拐点位置，并且在这三种门槛条件下，财政分权与其他环境污染主要影响因素的关联效应对各污染物的作用方向不同，这揭示了其与环境污染非线性关系的实质（徐辉、杨烨，2017）。人口集聚、产业结构、科技创新投入、外资利用、经济发展和生产技术进步是财政分权作用于水和大气污染的六种路径，其中生产技术进步、科技创新投入和经济发展最重要。当经济发展水平和人口集聚度较高时，减少水和大气污染主要通过改善产业结构、降低人口集聚度、提升外资利用水平等路径；当外资利用水平、经济发展水平和人口集聚度较低时，环境质量会恶化，主要是因为财政分权抑制了科技创新投入（徐辉等，2017）。财政收入分权对环境污染具有显著的正效应，财政支出分权对环境污染具有显著的负效应，说明中央和地方政府的财政收入分权加剧了环境污染，财政支出分权则有利于减轻环境污染（贲友红、李向东，2017）。经济发展水平达到一定程度时，环境污染程度与财政分权程度是正相关的；经济发展水平较低时，环境污染程度与财政分权程度是负相关的。我国在2007年达到这一临界值，即财政分权程度越高，环境污染越严重（胡东滨、蔡洪鹏，2018）。

财政分权激励机制引致了资源环境生态问题，因此必须建立一套合理的激励相容制度（Qian & Roland，1998）。中央政府需要增加财政收入，地方政府也期望财政收入增加。当事权就是财权时，主体功能区的边界划定就是利益的划定。这就引发了地方政府期望成为哪一类型主体功能区的矛盾，即更愿意成为优化开发区域和重点开发区域，而比较不愿意成为限制开发区域和禁止开发区域。这和地方政府的利益紧密相关，也是地方的发展权问题。如何切割地方的利益成为问题的关键。这需要在整体利益和局部利益间进行协调，需要在经济利益和生态环境利益间进行协调。

第三节　产业集聚或空间集聚引致的资源环境生态问题

目前，学术界没有对产业集聚是否会导致环境污染达成共识，但多数学者同意前期产业集聚会引致环境污染。Ropke（1994）指出，地区间“逐底竞争”的吸引外资行为，使一些国家的环境标准形同虚设。Virkanen（1998）认为，芬兰水体富营养化和大气污染主要是由南部的工业聚集造成的。de Leeuw 等（2001）指出，城市的大气质量与产业聚集的规模化显著相关，聚集规模越大城市空气质量越差。Verhoef 和 Nijkamp（2002）指出，工业分布是产业聚集区环境污染的直接原因，如果具有高聚集水平的工业分布就不可能实现一定的环境保护目标。赵海霞等（2012）发现，产业集聚不适当或过度会导致环境污染的加剧。张可、豆建民（2015）指出，产出规模、产出结构和产出效率是污染的主要原因，产出规模导致的污染占总污染的比例在增加，集聚会使产出效率和成本提高，导致环境污染加重。李逸飞等（2017）指出，经济保持相对高速的增长主要得益于集聚经济的力量，但后者也会造成环境污染等拥挤效应，因为空间集聚会引致环境污染。Ren 和 Ponder（2003）指出，城市化水平提高，聚集区内土地就会被过度开发利用，必然导致整体水质下降。王树功等（2003）发现，城市聚集规模不断扩大会造成水土污染严重，也会导致跨区域大气污染。

有学者探讨了产业集聚和环境污染的关系。阎逢柱等（2011）认为产业集聚与环境污染具有相关性，产业集聚的发展过程必然伴随着污染物的增加。张可、汪东芳（2014）分析认为，经济集聚和环境污染之间的关系是双向的，经济集聚使得环境污染加重，环境污染反过来抑制了经济集聚，经济集聚和环境污染都与劳动生产率关系密切。经济集聚可促使劳动生产率提高，环境污染会导致劳动生产率降低。经济集聚具有明显的空间溢出效应，环境污染亦然，周边地区受城市经济集聚和环境污染的影响较明显。邻近城市之间的经济集聚和环境污染具有交叉影响的关系，城市之间的经济发展表现出一荣俱荣、一损俱损的关系，环境污染的一损俱损关系表现得尤其明显。谢荣辉、原毅军（2015）发现，产业集聚与环境污染呈倒 U 形关系，而技术创新在决定拐点的位置上发挥了关键作用；几乎所有省份均处在环境污染倒 U 形曲线的左侧，表明产业集聚还处于较高的环境污染水平，距离通过产业集聚带来环境正外部性还有较长时期。其中，沿海省份比内陆省份在左侧曲线的位置更高，表明集聚水平越高，环境污染便越严重。同时，沿海省份技术创新的减排效应远远低于内陆省份，致使沿海省份通过产业集聚产生的环境正外部性比内陆省份要弱很多，其集聚发展已进入瓶颈期。杨仁发（2015）研究发现，产业集聚要产生环境污染须达到一个门槛值。产业集聚水平小于这个门槛值时，就会加剧环境污染；产业集聚水平大于这个门槛值时，就会减轻环境污染。产业集聚与环境污染之间表现出倒 U 形非线性关系。外商直接投资水平较高时，产业集聚将减轻环境污染；外商直接投资水平较低时，产业集聚将加重环境污染。张可、豆建民（2015）发现，产业集聚与二氧化硫排放的关系呈倒 U 形关系，产业集聚与工业废水、工业粉尘排放的关系呈 S 形关系，产业集聚抑制了二氧化硫的排放。刘军等（2016）发现，当前我国产业集聚带来的环境正外部性小于环境负外部性，产业集聚没有减轻环境污染，反而显著加剧了环境污染。李粉等（2017）认为，工业集聚程度的提高能够显著减少工业污染排放，促进技术创新；技术创新对环境污染排放具有显著的正向影响；环境污染排放具有循环累积因果效应；随着时间的推移，产业集聚会对抑制环境污染产生越来越明显的正向作用，同样，产业集聚对环境污染的正向作用的发挥会慢于技术创新对环境污染的正向作用的发挥。

雷海等（2017）认为，产业集聚与环境污染之间存在U形关系，且当前绝大多数行业处于产业集聚系数转折点的左半段。应降低地方保护主义程度，促进企业专业化生产，鼓励各地区分工协作。杨传志等（2017）认为，产业聚集和环境污染之间相互影响。产业聚集对环境污染的作用是负向的，意味着产业聚集的负外部性小于正外部性，产业聚集产生了有利于减轻环境污染的正向作用；反过来，环境污染对产业聚集的作用是正向的，意味着环境污染会诱致产业聚集。纪玉俊等（2018）发现，产业集聚与环境污染之间呈现N形关系；同时，就全国水平而言，我国产业集聚水平还没有发展到能抑制环境污染的程度。周锐波等（2018）发现，产业集聚具有的知识共享及技术溢出效应，对提高企业生产效率及管理水平起到了正向作用，单位产出能耗会随之降低，使生态环境得以改善。环境污染会促使企业生产成本提高，加速企业外迁，使产业集聚受到抑制。我国当前存在的“环境污染避难所”现象会延续一段时期。吴玉鸣、田斌（2012）发现，中国省域碳排放存在显著的空间自相关性和集群趋势，并主要集中在经济发达、人口密集和能源消费强度大的地区。假设技术水平一定，过度的产业集聚不利于环境质量改善，反而会恶化区域环境质量，导致环境的治理成本大幅增加。

产业集聚或空间集聚引致的环境污染问题，以及主体功能区中的重点开发区乃至优化开发区建设中可能出现的经济发展和资源环境生态保护的矛盾，仍是需要破解的难题。

第四节　地方政府竞争引致的资源环境生态问题

这个问题与上述“财政分权激励机制引致的资源环境生态问题”是一个问题的两个方面，需要进一步说明。以GDP政绩观为导向的晋升激励制度，不存在环境责任，地方政府的目标更加短期化，不惜以牺牲环境为代价追求GDP增长的恶性竞争，造成地方官员通过积极发展第二产业来推动经济增长，导致环境污染加剧。这种趋劣竞争的经济发展模式也导致了区域环境的普遍恶化。目前，发展中地区仍然以承接发达地区淘汰的落后产能为主，以加速经济发展。产业结构以高排放、高耗水、高占地为主，仍然是个较为严峻的问题。

根本原因在于，地方政府为了自身利益，会加大保护当地企业的力度，吸引更多的资源流入当地，进一步促进当地经济的快速发展，也会更加积极地竞相降低环境规制标准。这种逐利模式大致可以分为地方政府为物质利益和官员为晋升两方面。

就地方政府追求物质利益而言，地方政府的表现之一就是过度追求以GDP 增长为主的经济绩效，更加容易忽视生态环境保护，更容易采取高污染、高排放、高能耗方式，只注重短期效益，甚至采取竭泽而渔的发展方式（高旭，2015）。

已有的国外经验也证实了这一点。Cumberland（1981）、Breton（1996）均认为地方政府为了自身利益，将增加经济竞争优势、放松环境管制标准，作为快速发展的捷径，于是出现地方政府之间的“趋劣竞争”，置区域环境质量于不顾。地方政府会想方设法甚至不惜降低环境保护标准留住一些能带来利税的企业，这样，环境质量恶化便成必然。Kim 和 Wilson（1997）也指出，税收竞争会导致环境标准“逐底竞争”，政府失去了公共物品供应的激励，环境污染会随之加重。Wilson（1999）认为，地方政府间之所以会出现“趋劣竞争”现象，是因为自身利益的激励，环境规制放松，环境治理缺乏效率。以牺牲环境为代价进行激烈的竞争，致使环境污染加剧。Cremer 和 Gahvari（2004）指出，降低企业产出税，增加企业的收入，促使地方政府税收增加，结果企业污染物品消费数量大幅增加，总排放量随之增加，导致环境污染趋于严重。Chirinko 和 Wilson（2011）指出，地方政府运用“骑蹊跷板”策略，在竞争过程中不能两全。Hadjiyiannis 等（2014）发现，资本跨国流动的主要原因是资本税竞争，这一模式增加了资本输入国的环境污染，对资本输出国的环境治理是有利的。

国内的研究也支持该论断。傅勇、张晏（2007）指出，地方政府由于短期可视的经济效益的激励，更愿意从财政支出结构中积极支持基本建设，加大对其投资，忽视了公共服务投资建设，环境保护等一系列社会效益得不到重视，这扭曲了地方政府的本来职能，导致地区环境质量严重下降。杨海生等（2008）指出，地方政府因为拥有一定经济和财政自主权，可为竞争流动资本提供方便，达到进一步招商引资的目的，同时为降低当地企业的“合规成本”，不惜以放松环境规制为代价。李胜兰等（2014）发现，政府间竞争是环境污染加剧的直接原因。邓慧慧等（2015）认为环境污染加剧是地方政府间对外商直接投资的激烈争夺所致。徐鲲、李晓龙、冉光和（2016）分析发现，地区污染排放增加、区域环境质量降低皆因地方政府过度激烈的发展竞争。马春文、武赫（2016）分析认为，政府间针对环境规制的污染物排放量竞争，引发了“逐底竞争”现象。出于竞争的攀比心理，如果某一地区的污染物排放量增加，由于利益驱使和监管缺失，其他地区会跟风竞相增加排放量，导致环境污染范围进一步扩大，甚至恶性循环。罗能生、蒋雨晴（2017）分析指出，城市间的环境污染在空间上存在明显的正向关联；地方政府竞争加剧了环境的恶化；对外开放对环境污染的影响具有差异性，贸易开放加剧了环境污染，招商引资开放对环境具有改善作用。张根能、董伟婷、张珩月（2017）分析认为，税负降低使东西部地区工业废气的排放量增加，显著降低了环境质量，地方政府执行宽松的环境政策使东部地区和中部地区工业废气污染加剧，出现“趋劣竞争”现象。李香菊、贺娜（2017）认为，外溢性污染物存在空间溢出效应；地方政府税收竞争强度越大，地区环境就越恶劣。其原因在于税收竞争通过改变本地资本投入量及本地政府环保支出，提高了外溢性污染物（如二氧化硫）和非外溢性污染物（如固体废弃物）的排放量，并通过改变邻近地区资本投入量及其环保支出，降低了外溢性污染物的排放量。周林意、朱德米（2018）研究认为，某地实际税率与该地区污染物排放量负相关。地方政府会采取“逐底竞争”策略展开实际税率的竞争。税收政策的邻近效应对环境污染产生显著的正向影响，并使得污染企业转移具有“亲空间距离”“亲市场环境”的特征，与邻近地区综合技术水平没有关系。中央政府在做好顶层设计的同时，从整体利益和大局出发，引导地方政府注意，单个地方政府的环境治理对改善区域环境质量的作用微乎其微，区域环境治理必须依靠区域间地方政府的合作。还应引导地方政府注意，有竞争力的企业不是单靠税收优惠政策就可轻易引进和留住的，单靠税收优惠政策引进的企业加剧地区环境污染的可能性极大。

就官员晋升而言，长期以来，由于以 GDP 为核心的考核机制（周黎安，2004）决定着官员的晋升，官员过度追求以经济增长为主的晋升激励指标，以政绩之名投机（徐圣龙，2015），在经济飞速发展的同时，环境污染和能源消耗也愈加严重（孙伟增等，2014）。财政分权体制和政治晋升激励双轮驱动，地方政府采取“逐底竞争”策略参与经济增长“竞赛”，过度竞争使得地方政府的公共服务功能缺位，包括环境质量在内的公共品呈现供给严重不足的状态（马光荣、杨恩艳，2010）。地方官员因为晋升激励，一味追求个人政绩，成为导致辖区环境污染严重的重要因素，该情况沿海比内地表现得更加突出（于文超、何勤英，2013）。政治晋升“锦标赛”考核体制以 GDP 增长率为考核指标，是影响地方官员升迁的重要因素，地方官员会竭尽全力在竞争中谋取全胜，从而升迁至更高一级职位，追求 GDP 增长成为唯一的目标，环境保护被置诸脑后（Li & Zhou，2005）。每任如此，导致经济增长而环境污染的恶性循环（马春文等，2016），甚至出现所谓的“届别机会主义”行为（陈薇，2015）。在一定的任期内，以谋求政绩的最大化为最优选择，政府行为出现短期化、投机化特点，编制“GDP 神话”、打造“政绩工程”成为官员的追求，统计调查中的弄虚作假，不顾当地实际盲目进行经济建设，就成为一时之风气。谢罗奇等（2018）指出，官员晋升会通过金融发展路径加剧环境污染，特别是当官员异地任职、任期时间长于一般任期或官员职位级别平级调动时，环境污染受官员晋升触发的金融发展的负面影响显著上升。就业也是官员晋升考核的重要指标，官员为晋升增加就业会造成环境污染加剧。财政收入是地方发展和中央考核地方官员的重要指标，通过金融发展增加财政收入，会导致环境污染加剧；财政收入也是地方政府自身的利益所系，地方官员常常在环保考核压力和财政收入两者间选择后者，“先污染后治理”的模式是地方政府受利益驱动的结果，官员晋升考核机制就算极为重视环保指标，利益驱动的环境污染效应也会表现得较为突出，常常通过金融发展增加财政收入，这将放大利益驱动的环境污染效应。

随着中央对地方官员的考核机制的转变，重视能源利用效率和环境保护质量逐渐取代了“GDP”指标，地方官员的晋升受环保考核的影响日渐加大，在一些政府行政力量较强的城市，特别是一些大城市，能源利用和环境保护逐渐受到重视（孙伟增等，2014）。十六届三中全会后，就全国范围而言，GDP 增长仍然显著影响省级官员晋升，而绿色增长对官员的晋升影响并不显著；分地区而言，东部地区官员晋升逐渐以绿色增长为考核的重要指标，只有绿色增长晋升指标权重大于 GDP 增长晋升指标权重，地方官员晋升有此激励，能源利用效率和环境保护质量才能逐渐受到地方的重视（韩晶、张新闻，2016）。盛明科等（2018）发现，市委书记和市长的晋升没有受到生态治理支出规模的直接影响；生态治理绩效却对市委书记、市长的晋升存在显著的正向影响；全国各地区总体而言，GDP 增长对官员晋升而言仍然是极其重要的考核指标。由此可以认为，官员政绩考核体系改革工作和生态治理政策发挥了一定作用，生态治理绩效激励为地方官员生态治理行为注入新的动力，但以 GDP 增长为导向的政绩考评体系没有彻底转变，地方官员对 GDP 增长的追求依然存在；在面对经济下行压力和环境污染治理压力的“两难”抉择中，发展经济对地方“第一责任人”来说依然是现实选择。吕凯波（2014）研究了 2011 年国家重点生态功能区的相关数据资料，发现生态环境绩效对县委书记的晋升有显著的促进作用，而对县长的晋升影响不显著。周林意等（2017）提出，通过改变唯 GDP 论的考核体制，打通“绿色官员”晋升渠道，来改善区域环境。

同时，有学者考察了官员垂直和异地交流对环境问题的影响。张楠等（2016）指出，官员垂直交流对城市环境质量改善具有负面影响，垂直交流程度越高环境污染越严重；制度环境的改善能够抑制垂直交流官员对环境质量的负面影响；垂直交流官员的环境治理行为受到流入城市初始环境质量的约束，但不受干部环保考核机制影响。原因是，中央政府垂直交流官员治理环境污染的意图不强；垂直交流官员拥有政治晋升优势，环保政绩激励效果不彰。刘胜等（2017）指出，异地交流官员为表现其实力，强化了“逐底竞争”行为，使环境污染加重；官员任期越长，晋升激励越弱，保护环境的积极性越低。

地方政府在竞争的过程中，无论是地方政府偏好追求物质利益，还是官员为政治晋升采取的机会主义行为，在我国经济社会发展的转型期都属于一种不可避免的现象。该行为造成的“诸侯经济”（沈立人、戴园晨，1990）或地方市场分割（银温泉、才婉茹，2001）问题，是引致经济发展和环境资源生态保护间矛盾的较为直接的因素。目前的主体功能区划分按照政策的指导意见，以县级行政区为基本单元，同一行政区域内的多种主体功能无法在一个主体功能区中体现，对有相同主体功能的地区的统筹管理也由于无法突破行政区边界而无法实施（周岚等，2018）。

总之，虽然粗放型增长方式或经济结构不合理、财政分权激励机制、产业集聚或空间集聚、地方政府竞争等是我国转型期经济社会发展难以避免、难以克服的问题，但这四个重要方面均为引致经济发展和环境资源生态保护间矛盾的直接因素。实施主体功能区规划战略，通过空间优化，可以解决一系列布局问题，但克服上述四方面的问题，还需在主体功能区制度建设过程中细化落实措施和执行方案。

第四章

主体功能区规划要解决的不协调难题

我国是一个发展中国家，区域发展不平衡、地区发展差异大是我国的基本国情，也是我国推动区域协调发展进程中需着力破解的基本矛盾。然而，我国的区域发展不协调问题短期难以解决。

第一节　地区利益矛盾引致的区域不协调

地区利益矛盾问题既表现为整体与局部的矛盾，更表现为局部之间的矛盾。本书着重讨论局部（地方政府）之间的利益矛盾。

地方政府之间关系的内涵首先应该是利益关系（谢庆奎，2000）。区域利益的确定离不开区域的产权边界。本书分析区域利益矛盾时强调以行政区为边界的产权界定。当然该方面研究的区域范围逐渐突破了行政划分边界（胡超美、朱传耿，2008）。

根据现实情况，地方政府追求行政区本位利益是一种理性行为。在较长一个阶段，一些地方政府出现了“有利则争，无利则推，不利则阻，他利则拖，分利则顶”的现象，当然这更多指经济利益。在发展初期，出现了牺牲生态环境、片面追求经济增长的短期行为。经过较长时间的思想解放，特别是中央高层领导的大力提倡，现在已经形成了“不以牺牲生态环境为代价换取经济的一时发展”，“既要金山银山，又要绿水青山。宁可要绿水青山，不要金山银山，因为绿水青山就是金山银山”（2013 年习近平主席在哈萨克斯坦纳扎尔巴耶夫大学演讲时提出）的社会共识。现在的经济发展必须考虑生态环境利益。

最初，学术界把区域边界的划分主要集中在中央与地方这一整体与局部矛盾上。如董辅礽指出，各级地方政府单纯考虑本地利益，只为增加地方财政收入、发展地方经济，成立了大量当地的企业和项目，从而使投资需求膨胀一次次发生，重复建设和盲目建设大量存在，屡禁不绝。浪费资源现象大量存在，很容易引发膨胀。改革开放至今，已经发生了多次投资膨胀。地方保护主义盛行，市场分割加剧，难以形成全国统一的市场。各个地方出于自身利益的考虑，为增加财政收入，只注重发展当地的经济，想尽一切办法，采取种种手段，限制其他地区商品的流入，极力限制当地资源的流出，大力保护当地企业和当地市场。地区封锁和地区保护致使市场被行政区划割裂，难以形成合理的经济计划和全国统一的市场，无法通过市场有效配置资源。冯继康等（1998）也立足于中央与地方的博弈关系，强调地方行政区边界，定位了地方的发展职能。和燕杰等（2013）也指出，我国虽然在国家层面的经济政策是统一的，但有一些地方层面上的经济政策，由于存在各地方经济方面的激烈竞争以及"诸侯经济"，难免存在经济政策不协调问题，甚至在一定程度上还存在竞相出台以邻为壑政策的现象。钟春洋（2015）分析了地方主义的文化影响，认为小农习俗放大到区域或产业、行业中，就是区域、产业、行业的以邻为壑或"诸侯经济"割据。我国的经济发展方式转变时，可以将全国作为一盘棋考虑，但如果没有合理的利益分配，很可能得不到成本承受人和地区的主动配合。

关键问题在于，地方政府竞争在取得经济增长的同时，由地方保护主义造成的内部保护主义壁垒，极大地降低了效率。现实中，在资源总量有限的条件下，为了维护自身的利益，处于劣势的地方政府就会采取限制流动的保护主义措施，而博弈对手也采取保护策略，最终形成（保护，保护）的策略均衡解。地方保护主义阻碍了国内市场统一，所以会出现由分割造成的效率损失（周业安，2003）。分税制明确了财权，但对事权没有给予足够的确定。发达地区有足够大的财政能力，但发展中地区财政能力较小。在缺乏合理的转移支付制度下，地方政府选择对当地资源和资本采取限制流动的策略，或设法增加税收和预算外收入。发达地区与发展中地区的竞争就会出现（限制，限制）的均衡解，从而造成整体的效率损失（韩兆柱、王毅霖，2005）。

洪远朋主持的国家社会科学基金重大项目的研究成果《利益关系总论：新时期我国社会利益关系发展变化研究的总报告》中提出了新时期我国社会的十大利益关系，其中论述了“中央与地方的经济利益关系”“地区之间的利益关系”。主要观点有：在我国地区之间的利益关系首先表现为东、中、西部地区之间的关系；随着市场经济的发展，地方利益主体的身份得以不断强化，沿海地区与内地差距逐渐拉大，二者的利益矛盾日益突出；不断出现的原料争夺战、兴建开发区热、引进投资热，以及区域间为各自利益实施封锁，都是各地出于利益考虑引起的矛盾。

其中，对区域发展失衡问题的分析切中肯綮。如果沿海与内地的差距越拉越大，其利益矛盾将会进一步加深，容易引发一系列的社会不安定因素，整个经济改革和发展的大好局面会受到极大影响。极化效应和回程效应让原本没有得到发展的中西部地区更加落后，使获得极大发展的东部地区更加发达，它们之间的差距就会越拉越大。

对区域关系的把握，对区域协调发展的认识，都是实事求是的。利益关系是区域之间关系最基本的内涵。我国东部地区与中西部地区的利益矛盾，使调整我国地区经济发展战略的要求越来越迫切。通过政策倾斜和投资倾斜，加快中西部地区经济发展。等到内地经济有了一定的发展，再实施相对均衡的发展战略，实现东部地区与中西部地区利益共享，经济共同发展。

提出了区域合作或区域一体化的新思路、新措施。实现区域经济一体化，是一个探索区域如何实现共同利益目标的过程，也是一个逐步形成区域共同利益机制的发展过程。过去中西部地区以低价的原材料供应东部地区，再以高价购买东部地区的工业品，中西部地区利益大量向东部地区转移。现在东部地区富裕了，应该向中西部地区进行利益补偿。影响地方政府间合作的关键性因素是地方利益。区域经济共同利益机制既是实现区域经济一体化的核心基础，也是实现区域经济一体化的动力源泉，还是实现区域经济一体化的有效保障。

对合作机制的设计也有重要的参考价值。必须从地方经济利益着手，以地方经济利益关系为先，进行区域经济共同利益机制的制度创新，探索区域共同利益机制实施的具体措施，才能使区域经济一体化真正得以实现。

作为洪远朋主持的国家社会科学基金重大项目的子课题成果，管跃庆的《地方利益论》着眼于经济利益主体，从四个角度对经济区域与行政区域进行了界定。如从利益主体角度，指出行政区有明确的主体，即各级地方政府。政府是区域内最高的决策者，也是最大的利益主体。经济区域没有全区域性的决策主体和利益主体。从法律效力角度，指出行政区有稳定的和具备法律效力的区域界定，经济区域的界定没有法律效力。从复杂性的角度，指出行政区域的设置是政治、自然、社会、经济、文化、历史等因素综合作用的结果，是政府有意识的行为，经济只是其中一个因素。从运行模式角度，指出政府通过行政系统自上而下实现对行政区域的管理职能，经济区域主要在价值规律下由市场进行调节。

提出了政策和市场两种调控手段。在初级阶段资源稀缺和市场的双重作用下，中央与地方、地方政府与地方内部各利益主体间存在种种利益矛盾。但公有制的主体地位决定了这些矛盾是根本利益一致下的非对抗性矛盾，可以通过政策和市场不断进行调控，实现中央、地方、地方各利益主体之间利益的合理分配，实现社会利益总和最大化。

厘清了问题的症结。在没有有效的制度和法律约束的情况下，“地方”的利益主体的角色会压倒调控主体的角色。如脱离现实向中央要更多的权，要更优惠的政策；地方之间恶性竞争，政策过度优惠，导致国家整体利益和地方长远利益受损等。重复投资、一哄而上、小而全建设也是屡禁不止的老问题。在地方利益主体的双重性质矛盾中，利益主体性总是强于调控主体性。当中央决策对维护地方当前利益不利时，“地方”就会消极应对，甚至“上有政策、下有对策”，身为调控主体却制造阻力，干扰调控。中央三令五申限时整治、关停污染严重的小企业，难以落实；调整产业结构，区分鼓励、允许、限制和禁止四种类型，执行时困难重重：这都是利益主体意识压倒调控主体意识的表现。

特别值得注意的是，该研究强调地方之间应建立起丰富的横向市场联系。“地方”作为地方整体利益的主体，其利益的实现比在以往任何体制下更依赖于地方之间的联系。地方联合形成更大的经济区域后，资源的组合趋于优化。只有通过地方之间的联系才能降低地方间经济发展不平衡程度。地方经济产业发展的阶段越高，其经济联系的要求也越高。地方之间经济发展不平衡使处于相互联系之中的地方市场具有互补性。在相关对策建议方面，只简单提出了五种手段，即计划手段、转移支付手段、税收手段、法律手段、考核手段。

胡晓登（2009）在此基础上进一步分析了区域利益失衡的严重性。很多强势而且结成利益同盟的发展中地区相关地方政府和企业，往往将东西部区域利益的不协调和不公正大量转嫁到生态保护和生态重建地区、矿产资源开发和能源资源开发地区农民群众身上。“区域利益失衡”通过“利益失衡转嫁”使发达地区得到清洁能源和巨大收益，使发展中地区相关地方政府实现 GDP 增长和财政收入增加，使资源开发企业得到巨额利润，同时也把污染、生态破坏、资源枯竭、贫困等留给了发展中地区、资源开发地区。“资源诅咒”（主要是对落后地区农民的“资源诅咒”）现象十分突出。“资源诅咒”对于发展中地区地方政府来讲只是相对“诅咒”，对发展中地区、资源开发区广大贫困农民来讲则是绝对“诅咒”。中国的区域经济关系和区域利益失衡中存在一个重大的理论和现实问题——“区域利益深度失衡”。

李新安（2014）比较深入具体地分析了地方竞争导致的利益矛盾的危害性。各地区间的经济关系实际上是经济利益关系。正因为地区之间存在这样那样的利益关系，它们之间才具有某种经济联系。协商解决不好，就会导致矛盾尖锐或更进一步的利益冲突，不仅不能合作，而且使它们相互分割封锁，加剧竞争。

更重要的是，河流及重要交通干线大多数情况下是行政区分界线，具有同一主体功能的地区常常要跨越不同的行政区。在目前以行政区为主导的区域经济发展方式的影响下，中心城市与所在地行政区之间、湖泊的周边地区之间、河流的上下游之间、铁路的上下线之间等要想建立良好的分工合作关系存在一定的困难。在竞争型区域关系下，相邻行政区交界地区不仅建立不起合作关系，还因为重复开发利用矿产资源而经常发生直接的冲突，将环境污染转嫁给相邻地区，常常发生以邻为壑现象。

在二元结构市场空间条件下，区域间缺乏足够的市场；无法按照公平、公正、公开的竞争规则运作；区域间无法达到竞争均衡状态，从而产生区域两极分化，通过乘数级经济增长以及累积竞争优劣势，最终表现出区域之间的两极分化，不能实现共同富裕的目标。

同时，提出了解决利益矛盾的可行性措施。区域之间进行合作或协作，目的就是缓和或解决某种利益矛盾，需要它们各自按一定的利益原则，在国家的一定体制下，按照中央政府的宏观调控政策，灵活机动地协调解决。缩小中国三大经济带以及省际的经济发展差距，采取积极的政府调控手段，引导市场机制充分发挥其配置资源的作用，使区际要素流动在市场规律的主体作用下，逐步增加资本向欠发达地区转移的规模和效率。

袁红辉（2015）对区域间环境治理协作的理论分析有可取之处。他指出，因为环境污染的负外部性会形成一种连带效应，所以必须通过区域间的协作来治理。国家与国家之间、区域与区域之间、流域的上下游之间、企业与居民之间、居民与居民之间，都存在一种零和博弈，一方在环境方面获利，另一方则受损。随着生态环境日趋恶化，环境方面的受益者与受损者逐渐成为两个对立的群体。企业生产行为导致资源消耗、环境污染、生态破坏，企业是主要的受益者，也是环境问题的直接责任人。地方政府虽没有直接制造环境污染，但政府因为税收等，是间接受益者和间接责任人。地方政府的政策、态度、行为能够决定和影响环境状况的好坏。环境利益具有外部性特征。一个地区政府环境规制政策制定和执行较为严格，对环境保护得较好，相邻地区也会获益；反之，相邻地区也会受损。地区间得以传输的环境污染主要有：跨区域流动的空气污染因为无法人为控制得以传输，上中游不经治理就排放的污染物随河水流动到其他地区。它们带来了负外部性的环境治理成本，这是人类活动导致的环境污染的传输。区域环境是一个整体，这就决定了区域环境治理的整体性。大多数环境问题不是一个地区可以单独解决的，如大气污染与流域污染。由于空气的流动性，一个地域的大气污染会传输到其他地区，上游的水污染自然也会传输到下游地区。一个地区的环境破坏会影响周边地区，一个地区的环境治理同样也会惠及其他地区。若周边地区没有同时进行环境治理，该地区的环境治理效果将因周边地区的影响而大打折扣。

然而，环境污染与治理的外部性使得各区域政府很难自觉走向协作。环境治理成果的外溢效应会激励其他区域的“搭便车”行为，各个区域都想分享他人环境治理的成果。作为公共资源，环境的产权难以界定，各区域都有权使用，收益由各地区自得，成本却由大家共担，因此各区域在使用环境资源时寻求的是自身利益最大化，往往忽视了整体环境利益的协调。人为的行政边界划分不能阻止环境问题在区域间的传输与扩散。因此，区域间的环境治理协作是十分必要的。

但所提对策建议基本都是就环境言环境，对管理机构、管理机制提出的建议还有待实践检验。环境保护是地方政府的重要职能之一，面对复杂的区域间环境治理，各区域政府需要协作起来共同行动。目前，传统的以行政区划为边界的环境管理方式已不能满足现代环境问题发展变化的需要，因此地方政府之间应该通过环境治理联盟或者环境保护联盟，协同解决区域环境问题。东中西部三个区域在环境保护与治理合作中都签订了协议，建立了环境治理的各项机制，设立了环境保护的协作机构。从合作内容来看，合作的范围包括对水污染、大气污染的治理与保护，环境监测、环境宣传、环境技术与环保产业的合作对促进这些区域资源的有效利用与环境保护起到了重要作用。从协作机构的设立来看，三个区域都设立了环境保护机构，对跨区域防治环境污染、开展地方政府间的环境合作起到了重要的作用。并且，各区域环境保护的协作机制不断深化，具体体现在信息交流机制、联合应急处理机制、边界污染纠纷调节机制、联合监测机制等方面。我国的区域环境保护，在协作内容上有待进一步完善与拓展，在协作机制上应进一步深化。

总之，区域发展不平衡问题是由区域利益矛盾的存在和扩大造成的。区域发展不平衡是我国经济社会发展面临的一个重要问题。区域政策为解决区域发展不平衡等问题而生，是国家为了推动区域发展、促进区域协调，依据区域比较优势而对不同地区做出的政策安排。所以，以行政区划为主的区域政策成为我国宏观调控政策和经济调节体系的重要组成部分（朱松丽等，2017），而差异化或非均衡性又是我国区域政策的主要特点。

解不解决差异化或非均衡性问题，怎样解决，成为我国区域协调发展中争论比较多的问题。

第二节　区域协调发展政策的演进

新中国成立初期实施了协调沿海与内地工业均衡发展措施。“一五”时期，内地工业产值在工业总产值中的比重由 1952 年的 29.2% 上升到 1957 年的 32.1%；同期，沿海地区则由 70.8% 下降到 67.9%（汪海波，1986：193）。1953 年开始重点项目选址，156 项重点项目中，东北地区有 57 项，占全国的 36.5%；西北地区有 33 项，占全国的 21.2%；华北地区有 32 项，占全国的 20.5%；中南地区有 18 项，占全国的 11.5%；西南地区有 11 项，占全国的 7.1%；华东地区有 5 项，占全国的 3.2%。内地的工业化水平得到提高，内地重工业建设取得长足发展。1964 年 5 月，毛泽东在听取国家计委领导小组汇报第三个五年计划设想时强调：在原子弹时期，没有后方不行，把全国划分为一、二、三线，一线是沿海地区，二线是中部地区，三线是后方地区。以一、二线的生产来支援三线建设。用在三线地区的投资占各部门的比例如下：国防工业达 74%，冶金工业为 58%，铁道工业为 45%，电力工业为 40%，化学工业为 48%。经过 10 余年的努力，西南、西北地区建设起一个配套基本完善的国防工业战略后方基地。

20 世纪 70 年代末，我国做出改革开放的重大决策，着眼于改变我国当时的艰难处境。我国先后实施了设置经济特区、沿海开放、沿边开放、东部率先发展、建设高新区与经济技术开发区、东中西协调发展、西部开发、东北振兴、中部崛起等空间布局战略。

发展才是硬道理，经济增长是第一位的，我国把经济增长看成社会发展的主要驱动力，将 GDP 作为衡量地方经济繁荣程度的重要指标。我国经济发展布局大多考虑沿海地区的优先发展与带动作用，大连、青岛、宁波、广州、深圳等一批对外开放港口城市得到优先发展。围绕这些中心城市，形成了珠三角、长三角、环渤海三大城市群，并构成了较为发达的沿海城市密集区。

这一系列重大举措均是我国快速发展、迅速积累的不二选择。改革开放 40 多年来，我国经济高速发展，取得的成就是举世瞩目的，中国社会发展到了一个前所未有的高度。但非均衡发展过程中出现的问题也是不容忽视的。主要问题是：其一，区域差距或发展不协调问题；其二，环境污染及生态破坏问题。

1984 年东部地区的人均 GDP 分别是中部地区和西部地区的 1.64 倍和 1.85 倍，到 1994 年分别上升到 1.87 倍和 2.27 倍。区域经济发展差距拉大，区域发展不协调等问题逐渐凸显。2000 年、2010 年、2016 年我国东中西部地区的人均 GDP 如表 4 – 1 所示。

表 4 – 1　2000 年、2010 年、2016 年东中西部地区人均 GDP 对比

单位：元

	东部	中部	西部
2000 年	11464.93	5624.90	4673.63
2010 年	45798.24	24122.61	22570.24
2016 年	76246.69	43344.48	41836.90

资料来源：国家统计局 2000 年、2010 年、2016 年《中国统计年鉴》。

对比发现，2000 年，东部地区人均 GDP 是中部地区的 2.04 倍，是西部地区的 2.45 倍。2010 年，东部地区人均 GDP 是中部地区的 1.90 倍，是西部地区的 2.03 倍。2016 年，东部地区人均 GDP 是中部地区的 1.76 倍，是西部地区的 1.82 倍。虽然，东部地区与中西部地区的差距在缩小，但中西部地区与东部地区仍存在不小的差距。改革红利产生的马太效应进一步加大了区域经济发展差距。

胡鞍钢、王绍光、康晓光（1995）曾指出，区域差距过大首先会带来严重的经济问题，会引起较高的失业率和通货膨胀率，造成宏观经济不稳定，直接损害欠发达地区的利益。无论发展中地区，还是发达地区，都可能产生“独立”倾向，从而危及国家的政治稳定和统一。阿姆斯特朗和泰勒（2009）将区域经济差距的负面影响总结为四个方面：可能引发不满和怨恨情绪；造成萧条地区的长期高失业率；对社会资本的需求不能真实显示；区际失业率差距持续扩大，使整个经济受损。

20 世纪 90 年代以来，引起学术界普遍关注的区域问题主要为中西部地区与东部地区的经济发展差距问题。从整体来看，我国目前的区域发展严重不平衡，各区域之间，特别是中西部地区与东部地区之间经济发展差距过大，同时各区域内部也存在经济发展差距过大的问题；从局部来看，我国行政区和经济区存在的错位现象造成了各地区之间产业结构的同化以及产品竞争力的下降，进而导致地方政府的保护政策盛行，也导致区域间交流合作不足，区际摩擦不断出现，不利于国家整体政策的顺利实施。如果听任地区差距继续扩大，必将对中西部地区的利益造成损害，进而影响国民经济的整体发展和社会稳定。区域发展差距对环境造成了压力（严汉平等，2011）。耦合程度差距导致沿海和内地之间的发展差距加大，区域发展失衡（贺灿飞，2017）。

地区经济分化的迹象日益明显。这种分化既体现在区域之间，也体现在各区域内部，还打破了区域的限制，呈现南北差异。这意味着地区分化具有普遍性、超传统性的特征，同时也意味着地区间经济发展差距有扩大的趋势。杜传忠（2017）指出，现阶段我国区域协调发展存在的主要问题有：地区之间发展水平的差距仍然较大；区域人口分布与经济活动尤其是产业分布严重失衡；区域城镇化发展差距较大；区域基础设施和公共服务仍存在较大差距；中西部地区面临较为严峻的生态环境挑战。

余亮亮、蔡银莺（2017）针对主体功能区的分类（如划分为城市化地区、农产品主产区和重点生态功能区，或者划分为优化开发区域、重点开发区域、限制开发区域和禁止开发区域）指出，农产品和生态产品是任何区域和群体都需要的必备品，但是在全球快速工业化和城市化浪潮下，这类产品的生产具有机会成本高、效益外溢等特征，再加上溢出的生态环境服务或粮食安全保障面临价值测算的困境，即使对被管制区域进行经济补偿，具体的补偿额度也会因评估方法的不同而大相径庭。因此，强制规定发展受限制型区域的主体功能为保护耕地和生态用地，资源环境保护的外溢效应无法有效地内部化，也会加大保护型区域与发展型区域之间的经济发展差距。余亮亮等所指是主体功能区制度实施后，极有可能出现的区域发展差距问题。

省区重点开发区存在较为普遍的后劲不足的情况。从 2010 年到 2014 年，部分省区重点开发区的人口和经济集聚度在下降，反而是优化开发区仍在持续上升，显示出经济发展的马太效应。优化开发区集中的东部沿海地区经历过金融危机的短暂徘徊之后，很快在创新发展方面寻找到新的增长点，重要原因在于市场经济基础好、政府职能转换快，而在大多位居腹地的重点开发区，资源型产业占据优势，转型发展比较困难。以黑龙江为代表的资源型地区发展后劲不足，如果不挖掘新的增长点，吸纳能力可能受到影响；以贵州为代表的粗放发展型地区已不宜再通过高能耗产业集聚人口，必须通过发展绿色产业和服务业扩大潜力。黑龙江和贵州的情况在全国具有高度代表意义。可以说，实现产业低碳化转型、走创新发展之路是我国重点开发区进一步集聚经济和人口的必由之路。如果延续传统，继续走粗放发展路线，城镇化的步伐将受到影响。朱松丽等（2017）的研究说明，我国区域发展存在极化效应，发展中地区仍存在走“先污染后治理”老路的问题。

因此，东、中、西部之间不断扩大的区域差距已成为我国政府以及学者必须承认的一个事实（严汉平等，2011）。解决区域发展差距扩大的问题，已经到了关键时期（孙久文，2018）。破解上述问题，还需加深对邓小平理论中“两个大局”思想的认识和分析。

在“两个大局”思想指导下，沿海发展了起来，内地也顾全了这个大局。但对于第二个大局——发展到一定的时候，又要求沿海拿出更多力量来帮助内地发展，在今后相当长的时期里，需要我们认真地研究分析、探索实践。本书提出的东中部地区合作思路，正是建立在顾全第二个大局的基础上。

区域协调发展，历来受到中央的高度重视。1990 年 12 月，十三届七中全会通过的《中共中央关于制定国民经济和社会发展十年规划和“八五”计划的建设》提出，要积极促进地区经济的合理分工和协调发展。1991 年 3 月，七届全国人大四次会议批准了《关于国民经济和社会发展十年规划和第八个五年计划纲要的报告》，将“促进地区经济的合理分工和协调发展”作为今后经济发展的指导方针，报告强调要“根据统筹规划、合理分工、优势互补、协调发展、利益兼顾、共同富裕的原则，努力改善地区经济结构和生产力布局”。1995 年 9 月，十四届五中全会提出，坚持区域经济协调发展，逐步缩小地区发展差距，是今后改革和发展的一项战略任务。

1996 年 3 月，八届全国人大四次会议通过《关于国民经济和社会发展

"九五"计划和2010年远景目标纲要及关于〈纲要〉报告的决议》，将"坚持区域经济协调发展，逐步缩小地区发展差距"正式确定为今后要长期坚持的九条重要指导方针之一，并按照经济联系及地理特点，将全国划分为7个各具特色的经济区：长江三角洲及沿江综合经济带，环渤海综合经济区，东南沿海外向型发达经济区，西南和华南部分省区能源及热带亚热带经济基地，东北地区重化工与农业基地，中部五省地区农业、原材料、机械工业基地及新的经济带，西北地区棉花、畜产品及石化、有色金属等基地。

1996年3月5日李鹏总理在八届全国人大四次会议上作了题为《关于国民经济和社会发展"九五"计划和2010年远景目标纲要》的报告，将地区发展不平衡作为我国的一个基本国情，针对地区差距有所扩大的具体情况，正式提出了"促进区域经济协调发展"。指出，按照统筹规划、因地制宜、发挥优势、分工合作、协调发展的原则，正确处理全国经济总体发展与地区经济发展的关系，正确处理发展区域经济与发挥各省（自治区、直辖市）积极性的关系，进一步形成和发展若干突破行政区划界限的经济区域。

十五大报告提出，要促进地区经济合理布局和协调发展，进一步发展东部地区同中西部地区多种形式的联合和合作。

十六大报告提出，促进区域经济协调发展，加强东、中、西部经济交流和合作，实现优势互补和共同发展，形成若干各具特色的经济区和经济带。

十七大报告提出，推动区域协调发展，优化国土开发格局。缩小区域发展差距，按照形成主体功能区的要求，完善区域政策，调整经济布局。遵循市场经济规律，突破行政区划界限，形成若干带动力强、联系紧密的经济圈和经济带。重大项目布局要充分考虑支持中西部地区发展，鼓励东部地区带动和帮助中西部地区发展。

十八大报告提出，区域协调发展机制基本形成。加快形成新的经济发展方式，把推动发展的立足点转到提高质量和效益上来。大力加强生态文明建设和环境保护，优化国土空间开发格局。

十九大报告提出，必须坚定不移贯彻创新、协调、绿色、开放、共享的发展理念。建设生态文明是中华民族永续发展的千年大计。必须树立和践行绿水青山就是金山银山的理念，坚持节约资源和保护环境的基本国策，像对待生命一样对待生态环境，统筹山水林田湖草系统治理，实行最严格的生态环境保护制度，形成绿色发展方式和生活方式，坚定走生产发展、生活富裕、生态良好的文明发展道路，建设美丽中国，为人民创造良好生产生活环境。实施区域协调发展战略。建立更加有效的区域协调发展新机制。以共抓大保护、不搞大开发为导向推动长江经济带发展。支持资源型地区经济转型发展。

“十五”计划进一步强调合理调整地区经济布局，促进地区协调发展。形成各具特色的区域经济要打破行政分割，重塑市场经济条件下的新型地区经济关系。改变追求经济门类齐全的做法，发挥比较优势，发展有市场竞争优势的产业和产品，防止结构趋同。通过区域规划和政策，引导和调动地方的积极性，形成各具特色的区域经济，并先行在生态功能保护区、专业化农产品生产基地、旅游经济区等方面取得突破。

“十一五”规划纲要在“促进区域协调发展”篇中正式将主体功能区建设问题提上日程。明确指出，根据资源环境承载能力、发展基础和潜力，按照发挥比较优势、加强薄弱环节、享受均等化基本公共服务的要求，逐步形成主体功能定位清晰、东中西良性互动、公共服务和人民生活水平差距趋向缩小的区域协调发展格局。健全区域协调互动机制，形成合理的区域发展格局。明确了按开发方式划分的四类区域的发展方向。

“十二五”规划纲要在“优化格局，促进区域协调发展和城镇化健康发展”篇中进一步明确指出，实施区域发展总体战略和主体功能区战略，构筑区域经济优势互补、主体功能定位清晰、国土空间高效利用、人与自然和谐相处的区域发展格局，逐步实现不同区域基本公共服务均等化。充分发挥不同地区比较优势，促进生产要素合理流动，深化区域合作，推进区域良性互动发展，逐步缩小区域发展差距。

“十三五”规划纲要更加明确地提出，坚持发展是第一要务，以提高发展质量和效益为中心，加快形成引领经济发展新常态的体制机制和发展方式，保持战略定力，坚持稳中求进，统筹推进经济建设、政治建设、文化建设、社会建设、生态文明建设和党的建设。坚持创新发展、协调发展、绿色发展、开放发展、共享发展，是关系我国发展全局的一场深刻变革。拓展区域发展空间。以区域发展总体战略为基础，以“一带一路”建设、京津冀协同发展、长江经济带建设为引领，形成以沿海、沿江、沿线经济带为主的纵向、横向经济轴带。发挥城市群辐射带动作用，优化发展京津冀、长三角、珠三角三大城市群，形成东北地区、长江中游、成渝地区、关中平原等城市群。发展一批中心城市，强化区域服务功能。支持绿色城市、智慧城市、森林城市建设和城际基础设施互联互通。推进重点地区一体发展，培育壮大若干重点经济区。推进城乡发展一体化，开辟农村广阔发展空间。坚持协调发展，着力形成平衡发展结构。推动区域协调发展。塑造要素有序自由流动、主体功能约束有效、基本公共服务均等、资源环境可承载的区域协调发展新格局。

综上所述，国家区域发展政策的一个核心是，区域协调发展。如何协调？如何发展？这两个问题需要在理论和实践层面进一步分析研究解决。从政策实施来看，目前我国中央宏观政策在地方实施时可能会发生“变形”，出现“上有政策、下有对策”的局面，这对国家整体经济的发展与国家重点项目的投资都会造成一定程度的浪费（严汉平等，2011）。这种地区之间的不平衡如果得不到及时缓解，将不利于我国经济的全面、协调、健康发展。

第三节　关于区域协调发展理论的争论

学术界对于区域协调发展的理论实际上分歧较大，有的观点甚至明显对立。短期来看，主张非均衡协调发展的一派似乎影响更大且更贴近短期实际；在较长期的区域发展过程中，区域协调发展理论中的综合论、调和论虽然理想化，却比较符合区域协调发展的大趋势，也比较符合党和政府的总关切，与人民的实际需求比较契合。

一　区域协调发展理论中主张非均衡协调发展的占据主导地位

非均衡协调发展的主张与我国区域发展具体的现实问题比较契合，政策受其影响也比较突出。具有代表性的如魏后凯、陈亚军、区域税收政策课题组、陈计旺、樊杰、高国力、张可云等。非均衡协调发展既希望区域间协调发展以缩小区域差距，又希望重点发展，不影响发展效率，忽略了极化效应而使区域间的差距逐渐拉大。

如魏后凯（1995）主张非均衡协调发展。他认为，应逐渐缩小地区经济发展水平的相对差距。他给地区协调发展下的定义重点在各地区经济发展水平的相对差距或地区差距扩大的幅度，应逐渐有所缩小或者至少应控制在人们社会心理所能承受的范围内。这是对现实中的一些矛盾进行客观分析后提出的一种比较谨慎的协调发展观，实际上主要矛盾还是在地方各自利益上。

这种观点没有认识到为什么要协调。之所以提协调发展，是因为发展应该有一个整体意识、大局意识，不仅仅要带动，还应该帮助，而不是各自为政，关起门来种自留地。

他还认为，区域之间产业协调发展，应该合理分工、优势互补，逐步形成合理的地区产业结构和不同地区的产业特色。这种提法在改革开放之初有极大的合理性。但随着我国经济社会的发展，这种协调思路很容易形成先富地区的极化效应和回程效应，最终形成马太效应——富裕地区越来越富，贫困地区越来越穷。

这种以适度倾斜为主，以协调发展为辅，二者相结合的非均衡协调发展主要表现为三方面。第一，在地区间政策投入和要素资源分配上实行适度的地区倾斜，同时给予一些地区必要的补偿。分析这条表述，因为有了后面的补充内容，在具体的经济发展过程中，市场配置资源方式存在的意义就极其有限。第二，对各地产业发展，实行适度的地区专业化，并辅之以必要的多样化。分析这条表述，由于专业化的产业集聚是先富地区极化效应和回程效应的直接根源，实际上只是着眼于解决先富问题、大而全的问题。第三，对于各种经济活动的空间上的分布，实行适度的地理集中，并辅之以必要的地理分散，防止高度集中。这条表述的关键在于适度，但地方政府出于自身利益考虑，“吃进去容易，吐出来难”。在理论分析中，协调问题被搁置了。

陈亚军（1996）持同样的认识，认为区域协调发展不等于区域间均衡发展。协调发展的目标是尽量减缓地区差距扩大的速度，促进地区经济协调发展。从一定意义上讲，区域协调发展是各地区保持一定差距上的平衡发展，从不平衡中求得相对平衡。

区域税收政策课题组（1998）更加明确地指出，协调发展即阻止各地区间差距的继续扩大，亦即使其逐步稳定，进而缩小差距。区域经济协调发展并不是硬性地把地区之间的差距完全拉平。协调发展不是抑制东部地区的经济增长，不是把长的截短了，而是把短的补齐了。通过大力促进相对落后的中西部地区的发展，比如中部崛起战略和西部大开发战略，来缩小地区差距。这个思路有其合理性和正当性。

协调发展并非要中西部各省份全面快速发展和齐头赶上，而是一些内部条件较好的中西部地区可以发展得快一些。该表述理论上是实事求是的、合理的，但这种东部地区和中西部地区割裂开来的各自为政的发展是否是整体意识和大局意识上的协调发展，值得进一步讨论。

陈计旺（2001）在为区域经济协调发展下的定义中特别强调了几个方面：一是市场机制和中央政府的共同协调；二是充分发挥区域各自优势；三是使区域间形成合理分工、相互依赖、共同发展的经济统一体。他在区域经济关系问题上的提法是，形成一种建立在公平竞争基础上的平等的相互联系、相互依赖的关系。

但在现实经济发展中，不对等的发展水平是不存在公平竞争和平等的，贫穷国家和地区只能依附发达国家和地区，二者实际上是一种不公平竞争和不平等的关系。当然，就国际经济发展情况分析，发展中国家对发达国家的依赖是一种建立在不公平基础上的依赖。就我国经济社会和区域协调发展而言，上述协调观念需要及时校正。

他进一步强调，区域经济协调发展，核心是“效率”，关键在“协调”。仍然强调西部地区的经济快速增长，是西部地区自己的增长，不是以牺牲东部地区的发展为代价的增长，反之亦然。进一步发挥效率至上的西方主流经济学理念，“协调”成为“效率”的附庸，区域经济协调发展是通过“协调”来实现“效率”的。因而，明确与“为平衡而平衡”的均衡发展观划清了界限，同时也与“为不平衡而不平衡”的非均衡发展观撇清了关系。强调以东部地区的发展效率为主的协调发展就是“全国整体的效率”，如果东部地区的发展效率受影响，那是会极大影响全国整体的发展效率的。这显示出了强烈的先富意识。

赵西君等（2013）也认为，区域协调的过程实际上是追求区域一体化乃至世界一体化的过程，是“充分协作、共荣共进”。由于地理位置、资源禀赋等的固有差别，地区之间必然存在先发展和后发展问题，试图一下子让所有地区都发展起来是不可能的。不能盲目地为了追求平衡和公平而忽视了效率，要理解倒U形曲线理论（先恶化、后改进）的合理性，但要避免马太效应。就像这里补充说明的要注意区域发展可能出现的马太效应，我们应该对这种较为典型的强调维护先富起来的发达地区利益的观点加以反思。

值得注意的是，有学者开始提出通过重新划分经济区域来优化空间结构的设想。要素配置方面要有序自由流动，主体功能建设方面要约束有效，基本公共服务方面要实现地区均等化，区域经济发展方面要考虑资源环境可承载（国家发改委，2016）。姜文仙等（2009）指出，区域协调发展应引导产业转移，在消除体制和政策障碍的基础上，促进区域合理分工和要素合理流动。发挥规划和法律的作用，通过重新划分经济区域来优化空间结构。分析上述观点后我们认为，区际产业转移的确已经成为区域经济发展的趋势，但问题是，随之而来的污染产业由东部地区向中西部地区转移的现象日益凸显（何龙斌，2013）。这会对中西部地区的生态环境利益造成极大的损害，也会触发整体性的生态环境危害，损害国家的整体利益。

樊杰、梁博、郭锐（2018）提出了新时代完善区域协调发展格局的战略路径：我国在新时代迈向全面现代化的过程中仍应走节点区域极化，优先发展菱形顶点区域，通过菱形顶点区域带动菱形内部区域发展，进而带动菱形外部区域发展的路径。新时代的区域协调发展，应继续以“效率优先，兼顾公平”为基本出发点，继续走发达地区优先发展，进而带动全国经济社会发展的道路，引领中国实现社会主义现代化，这仍是一种非均衡区域发展观。

但樊杰等人在这方面的分析值得重视。在优化国土空间格局方面，以“T”字形为主轴，在“两横三纵”的城镇化战略格局基础上，进一步打造以长三角地区为龙头、连接西南地区和西北地区的发展轴带，并打造以粤港澳大湾区为龙头的西南纵深发展轴，逐步形成以粤港澳大湾区为圆心、面向东南沿海地区、辐射东南亚的扇形区域。

高国力（2018）关于区域非均衡发展的观点认为，协调区域发展应推进实施“抓两头”的区域发展策略。但问题是，如果抓城市群地区和发达地区的引领示范作用，把创新驱动、开放带动、绿色发展、消费升级等作为重点，会不会火车头自己跑得太快了？如果抓偏远落后地区的扶贫工作，把转移支付、生态补偿、基本公共服务建设、特色优势产业培育等作为重点，会不会因为回程效应，流向了发达地区一头？

张可云（2018）认为区域协调发展战略的重点是在不断调整的，进入新时代后其内容可概括为“两主”、“三核”与“四从”。区域协调发展战略的主要内容是区域发展总体战略（即西部开发、东北振兴、中部崛起与东部率先）与主体功能区制度这“两主”。区域协调发展战略的直接发力点、政府协调区域发展的核心关注点是“三核”，包括落后区域、膨胀区域、萧条区域（即老工业基地）。涉及空间，同时间接影响区域协调发展战略目标实现的“四从”，即新型城镇化战略、陆海统筹战略、全方位对外开放战略与乡村振兴战略。

这种区域非均衡发展，显示了我国区域协调发展仍然没有走出不平衡发展阶段。周民良、王一鸣等认识到，市场作用日益增强以及向统一市场发展引发了区域差异。杨开忠（2016）进一步强调，全方位缩小区域发展差距要坚持“协调东中西、平衡南北方”的总体区划战略，形成区域协调发展新格局。

在重点地区发展方面，长江经济带区域协调发展引人注目。陈修颖（2007）指出，由于产业集聚的作用，逐渐形成与演化为现在的长江经济带空间结构；由于发展空间极化的作用，逐渐形成了以上海、武汉、重庆为核心的“核心—外围—边缘”条状结构。和燕杰、朱桂香、袁花（2013）的研究很有代表性，也具有启发性。他们指出，长江流域经济中政府主导的特征十分明显，合作存在较高的成本。流域多方政府之间应建立固定的沟通与协调机制。运作方式应通过相关行政区划的政府领导人及相关职能部门组成的首长或部门联席会议的形式来组织区域的合作或协作。需要进一步创新沟通与协调的机制，以使流域经济合作更有效。长江流域经济合作机制对于具有公共品性质的合作领域应当有刚性约束的成分，与此同时，还应当充分发挥流域各政府特别是中央政府在这类合作领域中的主导作用。

二 区域协调发展理论中的综合论、调和论

综合论、调和论等理论分析了区域协调发展问题的复杂性、阶段性、长期性、可持续性，主要从效率与公平、局部与整体、经济与生态环境等的关系入手进行分析。

中国的市场化改革已经改变了计划经济条件下区域经济的原有分层格局，因而在中国的区域经济开放与发展的条件下，在中国区域经济新的分层格局下，如何把握区际经济互动中的竞争和合作，是一个关键问题，也是一个很有价值的研究方向（张小蒂，2008）。

蔡思复（1997）从效率与均衡的关系出发，划分出三种区域经济协调发展模式：一是东部地区率先发展模式，二是向西部地区倾斜的发展模式，三是中性协调发展模式。后两种区域发展模式的内涵才真正称得上区域协调发展模式。

他主张采取第二种协调发展模式，偏重于西部地区的发展，忽略了中部地区的发展。我们以为第三种——东西部地区同步增长的中性协调发展模式才是共同富裕的发展模式。

王文锦（2001）的观点也值得重视。他认为区域协调发展需要一个提出过程，应该通过相关区域之间在经济、政治、文化、生态发展上的相互联系、关联互动、正向促进，实现区域利益同向增长，区域差异趋于缩小，促进区域协调发展。

杨保军（2004）提出的区域协调发展制度建设值得肯定。他认为，区域协调发展应建立有效的经济、社会、环境协调机制，从自然整合走向制度安排，通过区域之间良性竞争实现协调发展。

豆建民（2005）对区域经济协调发展的分析比较具体，也比较全面、客观。他指出，区域经济协调发展主要是生产力布局空间协调、城乡经济协调、产业结构协调、经济与资源环境协调。区域经济协调发展必须相互配合，不能相互阻碍。这类似于区域协调发展中的区域合作内涵。

区域之间必须具有较强的经济关联性，能够在产业结构上配合得当、

分工合理、优势互补。商品和要素能够在区际自由流动，建立高度一体化的而非割裂的商品市场和要素市场。

适度调节、控制各区域的发展速度和发展水平，使其差距保持在一个适当水平。区域之间差距过大会阻碍整体经济的发展，同时也影响发达地区的发展。协调发展就是要扭转区域差距逐渐扩大的趋势，将差距控制在一个适当的范围内。

适度调节、控制区域经济发展。以破坏生态环境为代价的经济发展是不被允许的，有利于生态环境的经济发展则应该提倡。优美的生态环境有助于经济的可持续发展，同时也是一种社会福利水平提高的标志。

实现区域经济的协调发展，要通过市场机制进行协调，通过政府进行调控。政府调控能够弥补市场机制的缺陷，但政府调控不能代替市场机制，政府调控和市场机制之间的关系应该是相互依赖、相互补充，而不是非此即彼的单项选择。政府调控应根据实际情况灵活进行，适合直接调控的就直接调控，可以间接调控的就间接调控。直接调控是政府这一有形之手，采取行政手段或直接投资的方式调整地区产业结构、组织区域合作与交流，通过转移支付等再分配手段将区域之间的国民收入差距强行拉平。间接调控是政府通过制定一系列产业政策、金融政策、财税政策等，引导企业以及市场行为，以实现协调发展的目标。

区域经济协调发展是指在区域经济一体化的市场经济体制条件下，充分发挥各地区的比较优势，形成合理的动态区域分工体系，并且通过加强地区之间的经济技术合作与交流，以及政府的有效调控，逐步缩小区域经济差距，实现共同发展和国民经济的可持续发展，最终走向共同富裕。

陈秀山等（2006）指出，区域协调发展既要着眼于保持区域经济整体高效增长，同时也要促进各区域的经济发展。但他强调，要使地区间的发展差距稳定在一个合理、适度的范围内并逐渐收敛。他注意到了区域发展差距不能进一步扩大，强调通过各区域协调互动，最终实现共同发展。

覃成林（2006）强调，区域协调发展关键在于区域之间建立一种合作关系。交往上日益密切，相互依赖程度日益加深，发展上关联互动，这样才能保证实现各区域的均衡持续发展。这一见解也极具参考价值。

此外，杜鹰（2008）提出，区域协调发展主要表现在人均生产总值差距缩小、基本公共服务均等化程度提高、比较优势发挥程度提高、利益冲突合理解决、区域间的优势互补和互利互惠、人与自然协调和谐等方面。王开科（2011）受体制环境以及地方政府单体利益追求等因素的制约，不可避免地存在一定程度的盲目竞争和重复建设，迫切需要优化区域治理机制，增进区域协作。严汉平等（2011）提出，区域协调发展不仅仅是人与人之间、地区与地区之间的协调发展，更重要的是在人与自然协调发展的前提下，实现区域之间发展的协调。中国社会科学院工业经济研究所区域协调发展课题组提出，判断区域是否协调发展主要看发展差距、一体化程度、城乡协调程度、社会协调程度、经济与资源环境协调程度的综合协调水平。徐康宁（2014）提出，区域协调发展是总体上处于发展同步、利益共享的相对协调状态。杨开忠（2016）提出的“协调东中西、平衡南北方”的思路是一种全方位缩小区域发展差距的总体区划战略，能够形成一种区域协调发展新格局。杜传忠（2017）提出，实现区域协调发展不但是经济问题，也是政治问题，是关系社会稳定和国家长治久安的重大问题。我国区域协调发展重点在区域整体平衡发展。各区域内部先要实现协调发展，再进一步实现全国各大区域协调发展。重点是要统筹区域发展，缩小区域间的发展差距。杜传忠强调，东、中、西部三大区域之间经济开放发展，实现资源、要素合理流动，特别是促使东部地区优质资源更多地向中西部地区流动。这一点对实现区域协调发展意义重大。要处理好东部地区和中西部地区发展的关系、沿海和内地发展的关系。东部地区与中西部地区形成深度融合、互利合作的区域发展格局。要使全国各区域人民共享经济、社会发展成果。这也具有一定参考价值。

可以看出，区域经济协调发展是区域协调发展最核心的问题，其最直接的表现是区域经济一体化。需要强调的是，实际上，区域经济一体化的回程效应远强于扩散效应，如果没有适当的协调政策和措施，最终发达地区和发展中地区的差距会越拉越大，陷入马太效应。

第四节　协调发展依然是我国发展面临的难题

国外学术界的研究结论，基本认为区域经济一体化会减少环境污染和生态破坏。Grossman 和 Krueger（1991）研究发现，市场一体化会使商品自由贸易，要素自由流动，经济结构优化，地区经济实现规模效应，资源配置效率提高，生产技术进步，环境污染减少。市场一体化导致的贸易扩张、市场规模扩大对环境的影响，取决于生产方式是高污染还是规模效应。产品生产的增加会加剧污染排放，但规模效应的发挥又会减少污染。Hedwig van Delden 等（2007）运用动态空间一体化模型研究了流域综合管理。Martin Volk 等（2008）对德国西部河流流域进行了“生态—经济”评估分析，提出应在该流域内缩小耕地规模并将其转化为草地。Claudia W. Sadoff 和 David Grey（2007）认为跨河流双方是否选择合作取决于所获得的相对利益，合作一方面要能保证生态安全，另一方面要使粮食增产和能源增加，使交易成本降低。

国内学术界注意到，我国的污染排放一部分是为了满足国外消费而产生的（魏本勇等，2009；张友国，2010），同时国内也存在发达地区将自身污染转移到欠发达地区的现象（李方一等，2013）。在全球环境整体恶化的背景下，发达国家和地区的环境不断改善，发展中国家和欠发达地区的环境却迅速恶化（张彩云、郭艳青，2015）。

污染排放的溢出效应受到学术界的重视。戴学珍（2005）分析了京津冀一体化对水和环境的影响，发现京津地区特别是北京的空气质量与河北的低端产业发展具有一定的连带关系。周愚、皮建才（2013）分析认为，污染排放的溢出效应导致了市场一体化对地区环境污染的影响。污染排放的溢出效应取决于环境污染物的跨界污染能力，当跨界污染系数高于门槛值时，当地就会通过提高经济增长速度加剧污染，异地也会跨界输入可造成当地环境污染的物质。我国欠发达地区存在产业结构不合理、经济水平较低和社会福利水平较低等问题（张彩云、郭艳青，2015）。

徐廷廷（2015）在长江经济带上中下游地区合作发展问题上，主张协调上中下游产业分工合作的关系及定位，建立资源共享、互惠互利的开发机制，形成上中下游区域要素大流通和统一市场的格局。

长江经济带是一种经济区形式，并且是一个特殊的经济区域和流域带，是以流域为基础、以长江干支流为纽带、以城市和城市群为基本单元的宏观协作经济区，它不仅是一条产业带或产业密集带，而且是一个组织型经济区。其生态环境面临诸多困境，产业结构亟待优化升级。长江经济带是一个复合生态系统，未来长江经济带的开发与以往的最大不同在于更加重视生态保护和可持续发展。

长江经济带是我国生态环境较为脆弱、水资源安全问题较为突出的地区。长江上游地区面临水土流失、水源地保护的问题，中游地区面临洪涝灾害、水污染、水体富营养化等问题，下游地区存在水质性缺水、盐水入侵等问题。生态环境保护与产业发展息息相关，绿色经济增长理论指导下的产业发展将成为常态。下游地区尤其是长三角城市群应发挥引领示范作用，使各种高端要素在长三角城市群集聚，上中游城市群应通过承接长三角城市群产业转移和加强双方产业合作，提高发展能级。长江中游城市群应借助独特的区位优势，接受下游地区的产业转移，及其对资本、技术、人才、信息等高端要素的辐射、溢出效应。从中不难看出，下游地区希望中上游地区继续为其输血，下游地区只起一个示范带头作用，回避了先富带动后富的实质性关系。

袁红辉（2015）认为，在经济发展过程中，必须做到经济利益与环境利益兼顾，消除经济利益与环境利益之间的对立。他指出，同一经济过程中存在环境利益与经济利益对立的现象，同时不同利益主体之间存在环境利益与经济利益统一的现象。不同利益主体之间存在经济利益与环境利益的对立；同一利益主体存在环境利益与经济利益的对立；代际环境利益主体存在环境利益与经济利益的对立；国家之间、区域之间的经济利益与环境利益也存在冲突。若有相应的制度安排予以平衡，就能做到经济利益与环境利益的统一。他特别提到，环境利益是实现经济利益的前提，环境利益的损失会制约经济利益的获得；经济利益是环境利益可持续性的保障，污染防治、生态保护需要强大的经济基础作后盾。

袁惊柱（2018）指出，区域协调发展的内涵拓展到经济、社会、环境等多维视角，理论研究已延伸到环境、社会公平等方面的协调发展理论。针对区域协调政策实施的规范性问题，提出明确区域协调政策主体，运用系统化的法律法规，设立专门的管理机构，进行有效管理。针对落后地区，我国需要构建有所倾斜的政策体系来完善区域互助机制；我国需要明确区域协调发展政策的客体，来提高政策实施的有效性。

孙博文（2018）指出，长江经济带环境污染的累积效应可能使该地区陷入环境持续恶化的困境，建议采取较强的外部环境规制政策来加以避免。他认为，工业废水等的排放具有动态滞后效应以及累积效应，传统的重污染企业不但对当期环境污染产生了负面作用，而且强化了环境污染的长期路径依赖，因此必须采取应对措施。

长江流域下游地区市场一体化程度较高，在产业结构转型的现阶段，该地区的产业以高端服务、高端装备制造、生物技术、新能源、新技术与新材料产业为主，进一步在该地区推动区域市场一体化，对降低环境污染的边际效应作用较小。长江流域中西部地区，由于承接产业转移，工业化还处于初中期阶段，短期内消除市场壁垒可能会带来工业产品的增加，并加剧环境污染。以“共抓大保护，不搞大开发”为导向，有助于推动跨区域的产业结构调整与转型升级。考虑到纯粹的市场竞争难以解决环境污染的外部性问题，难以实现“效率”与“绿色”的统一发展，特别是短期的市场一体化会提升部分污染物排放水平。所以，对于区域协调发展，特别是区域一体化，不能操之过急。应先易后难，因地制宜。比如，市场一体化水平较高的地区，要充分利用资本与信息一体化优势，大力发展战略性新兴产业与“互联网+”现代服务业，发挥东部地区的“龙头”示范作用和技术溢出效应。推动东部地区与中西部地区市场一体化已经成为我国区域协调发展的关键问题，甚至是必须突破的瓶颈问题；与区域经济一体化同步的更为关键和紧迫的问题是实现跨区域的环境协同治理与环境技术交流。

在中西部地区，客观存在的问题是市场一体化程度较低，并且还出现了负面效应，加剧了中西部地区的环境污染。因此在区域协调发展的进程中，中西部地区的政策应着力推动跨区域一体化市场的形成，提高区域经济发展效率，打破区域之间的行政区分割。同时，要提高高投入、高污染、高能耗产业的市场准入门槛，尤其要严格控制水泥、有色金属冶炼、压延加工、钢铁、建材、造纸、印染等工业，防止重走“先污染后治理”的老路，从劳动密集型与资金密集型向技术密集型以及知识密集型转变，高质量发展才是出路。

综上所述，区域一体化的逻辑均建立在市场一体化、地方经济利益最大化的前提下，各区域共同塑造了整个世界的经济景观，区域一体化也常常被等同于区域经济一体化（王珏、陈雯，2013）。区域合作纯粹是出于经济利益最大化的目的。区域经济一体化的极化效应或回程效应，导致要素向优势地区流动，这样最终会产生马太效应，致使发达地区更加发达，落后地区更加落后，区域发展更加不协调。

同时，东部地区在我国产业转型升级的过程中获得了高端产业，而中西部地区承接了东部地区的产业转移，获得了中低端产业。这同样会产生马太效应，致使发达地区更加发达，落后地区更加落后，区域发展更加不协调。

按照主体功能区规划中优化开发区域、重点开发区域、限制开发区域、禁止开发区域的功能划分，如果将发达地区划定为优化开发区域、重点开发区域，而将发展中地区划定为限制开发区域、禁止开发区域，虽然分工明确，突出了各自优势，但同样会产生马太效应，致使发达地区更加发达，落后地区更加落后，区域发展更加不协调。

虽然在西部大开发和中部崛起战略背景下中西部地区和东部地区的经济差距有所缩小，但由于落后产能向中西部地区转移，重复建设以及沿着发达地区“先污染后治理”的老路发展等问题比较严重。同时，以牺牲环境为代价，使环境污染和生态破坏更加严重，生态环境欠账更加突出。将来环境治理和生态修复的费用有可能比之前低端发展的收益还要大，中西部地区的落后状况还是得不到解决。最终，区域发展不协调问题仍然得不到解决。

对于生态环境的治理，最常见的方式是严格管制，“谁污染谁治理”，“严惩污染环境破坏生态方”。但严格管制是需要付出管理成本和信息成本的，同时阻止欠发达地区的发展也是不公平的。环境生态管制要收到长效、实效有一定困难。即使见效，发展中地区的落后状况仍然得不到改善，因此，区域发展不协调问题最终仍然得不到解决。

新时代，经济发展不能将眼界局限在地区经济利益这一小块蛋糕上，不考虑国家层面的资源环境生态利益和安全。鉴于此，本书着眼于国家层面的资源环境生态利益和安全，强调东部地区和中西部地区是一个命运共同体、利益共同体。在区域协同发展问题上，强调兼顾公平，实现区际利益平衡，乃至全域平衡。本书更强调先富带动后富、互利合作共赢，通过共同发展来实现最终的区域协调发展。

第五章
主体功能区建设的出路

第一节　紧紧围绕“五位一体”总体布局的协调发展

针对经济建设与生态文明建设的协调发展，梳理党的十九大报告提出的新发展理念，将其主要内涵概括为：在发展理念方面，必须是科学发展，必须坚定不移贯彻创新、协调、绿色、开放、共享的发展理念；使市场在资源配置中起决定性作用，更好发挥政府作用，推动新型工业化、信息化、城镇化、农业现代化同步发展，发展更高层次的开放型经济，不断壮大我国经济实力和综合国力。

在党的十九大报告中，生态文明建设成为新时代坚持和发展中国特色社会主义的总目标、总任务的内容之一。“美丽”作为建成社会主义现代化强国的重要内容，意义深远。党的十九大报告提出了中国特色社会主义事业总体布局，统筹推进经济建设、政治建设、文化建设、社会建设、生态文明建设“五位一体”的重大部署。

对三个大的时间节点的生态文明建设都作出了全面规划，明确了中国特色社会主义的发展目标。在全面建成小康社会决胜期这个阶段里，统筹推进经济建设、政治建设、文化建设、社会建设、生态文明建设，生态文明建设无疑是其中抓重点、补短板、强弱项的重要内容，坚决打好污染防治的攻坚战更是重中之重。从 2020 年到 2035 年这个阶段，生态环境根本好转，美丽中国目标基本实现。从 2035 年到 21 世纪中叶这个阶段，我国的生态文明将全面提升。

党的十九大报告关于生态文明建设的战略部署具有三个鲜明的特点。第一，具有鲜明的现实针对性。突出强调要坚决打好污染防治的攻坚战，着力解决突出环境问题，坚决制止和惩处破坏生态环境的行为。第二，具有强烈的理想信念。强调要坚持人与自然和谐共生，树立和践行绿水青山就是金山银山的理念，像对待生命一样对待生态环境，坚定走生产发展、生活富裕、生态良好的文明发展道路，以钉钉子精神抓好落实。第三，自上而下加强对生态文明建设的总体设计和组织领导。加快形成有关绿色生产和消费的法律制度和政策导向，改革生态环境监管体制，设立国有自然资源资产管理和自然生态监管机构，完善生态环境管理制度，给建设美丽中国提供制度保障。

党的十九大报告明确指出，人与自然是生命共同体。人类必须尊重自然、顺应自然、保护自然。建设生态文明是中华民族永续发展的千年大计。必须树立和践行绿水青山就是金山银山的理念，坚持节约资源和保护环境的基本国策，坚定走生产发展、生活富裕、生态良好的文明发展道路，建设美丽中国，为人民创造良好生产生活环境，为全球生态安全作出贡献。必须坚持节约优先、保护优先、自然恢复为主的方针，形成节约资源和保护环境的空间格局、产业结构、生产方式、生活方式，还自然以宁静、和谐、美丽。所有这些，既是实现“两个一百年”奋斗目标的重要内容，又是实现中华民族伟大复兴中国梦的必备条件。

在经济建设方面，强调中国特色社会主义进入新时代，是全国各族人民团结奋斗、不断创造美好生活、逐步实现全体人民共同富裕的时代。

在生态文明建设方面，强调我们要建设的现代化是人与自然和谐共生的现代化。既要创造更多物质财富和精神财富，以满足人民日益增长的美好生活需要，也要提供更多优质生态产品以满足人民日益增长的优美生态环境需要；强调着力解决突出环境问题，坚持源头防治，强调加快生态文明体制改革，建设美丽中国，为人民创造良好生产、生活环境。

新时代，坚持和发展中国特色社会主义的基本方略，坚持人与自然和谐共生。建设生态文明是中华民族永续发展的千年大计。必须树立和践行绿水青山就是金山银山的理念，坚持节约资源和保护环境的基本国策，像对待生命一样对待生态环境，统筹山水林田湖草系统治理，实行最严格的生态环境保护制度，形成绿色发展方式和生活方式，坚定走生产发展、生活富裕、生态良好的文明发展道路，建设美丽中国，为人民创造良好生产生活环境，为全球生态安全作出贡献。

深化供给侧结构性改革。建设现代化经济体系，必须把发展经济的着力点放在实体经济上，把提高供给体系质量作为主攻方向，显著增强我国经济质量优势。加快建设制造强国，加快发展先进制造业，推动互联网、大数据、人工智能和实体经济深度融合，在中高端消费、创新引领、绿色低碳、共享经济、现代供应链、人力资本服务等领域培育新增长点、形成新动能。支持传统产业优化升级，加快发展现代服务业，瞄准国际标准提高水平。促进我国产业迈向全球价值链中高端，培育若干世界级先进制造业集群。加强水利、铁路、公路、水运、航空、管道、电网、信息、物流等基础设施网络建设。坚持去产能、去库存、去杠杆、降成本、补短板，优化存量资源配置，扩大优质增量供给，实现供需动态平衡。激发和保护企业家精神，鼓励更多社会主体投身创新创业。建设知识型、技能型、创新型劳动者大军，弘扬劳模精神和工匠精神，营造劳动光荣的社会风尚和精益求精的敬业风气。

加快建设创新型国家。创新是引领发展的第一动力，是建设现代化经济体系的战略支撑。为建设科技强国、质量强国、航天强国、网络强国、交通强国、数字中国、智慧社会提供有力支撑。加强国家创新体系建设，强化战略科技力量。深化科技体制改革，建立以企业为主体、市场为导向、产学研深度融合的技术创新体系，加强对中小企业创新的支持，促进科技成果转化。培养造就一大批具有国际水平的战略科技人才、科技领军人才、青年科技人才和高水平创新团队。加快生态文明体制改革，建设美丽中国。

我们要建设的现代化是人与自然和谐共生的现代化，既要创造更多物质财富和精神财富以满足人民日益增长的美好生活需要，也要提供更多优质生态产品以满足人民日益增长的优美生态环境需要。推进绿色发展。着力解决突出环境问题。加快水污染防治，实施流域环境和近岸海域综合治理。加大生态系统保护力度。改革生态环境监管体制。建立市场化、多元化生态补偿机制。生态文明建设功在当代、利在千秋。我们要牢固树立社会主义生态文明观，推动形成人与自然和谐发展现代化建设新格局，为保护生态环境作出我们这代人的努力！

2013 年 9 月 7 日，习近平主席在哈萨克斯坦纳扎尔巴耶夫大学发表演讲并回答学生们提出的问题，在谈到环境保护问题时他指出："我们既要绿水青山，也要金山银山。宁要绿水青山，不要金山银山，而且绿水青山就是金山银山。"这生动形象地表达了我们党和政府大力推进生态文明建设的鲜明态度和坚定决心。要按照尊重自然、顺应自然、保护自然的理念，贯彻节约资源和保护环境的基本国策，把生态文明建设融入经济建设、政治建设、文化建设、社会建设各方面和全过程，建设美丽中国，走向生态文明新时代。

总之，新时代的协调发展是经济建设、政治建设、文化建设、社会建设、生态文明建设"五位一体"的全面发展。

第二节　紧紧围绕区域协调发展

新中国成立以来的半个多世纪中，中国区域经济发展战略大致经历了三个阶段。在改革开放前，中国区域经济发展战略主要是以生产力平衡布局为指导思想，强调沿海和内地的平衡发展。在改革开放以后的 20 世纪 80 年代，中国生产力布局和区域经济发展的指导思想开始转向强调不平衡发展，实施了向优势地区特别是沿海地区倾斜的不平衡发展战略。进入 20 世纪 90 年代，我国提出并实施了区域经济协调发展战略（秦绍德，2005）。区域协调发展政策的渊源，可以追溯至邓小平的"两个大局"思想。

2005 年，《中共中央关于制定国民经济和社会发展第十一个五年计划的建议》明确提出了实施区域协调发展总体战略，建立健全区域协调发展机制，包括市场机制、互助机制、合作机制和扶持机制。

我国打破行政区边界，实施跨区域协调发展，经历了承接产业转移—区域一体化—区域高质量协调发展这样一个循序渐进的发展过程。

为了从根本上解决我国区域协调发展中的矛盾，党的十九大明确提出了推进国家治理体系和治理能力现代化建设的战略目标。针对社会主要矛盾的变化，党的十九大报告强调要建立更加有效的区域协调发展新机制，着力提升多层面区域战略的联动性和全局性，增强区域发展的协同性和整体性，以加快解决不平衡不充分的问题。

我国区域发展进入全面协调发展新阶段。我国区域协调发展更加讲求质量和协同性。即使一体化发展，也是区域的高质量一体化发展。区域协调发展必须处理好经济建设、政治建设、社会建设、文化建设、生态文明建设之间的关系，树立发展的大局观，消除本位思想，充分发挥市场的力量，强化协调者的角色，在整体提升区域的发展质量和竞争能级的同时，确立各自区域的新定位，发挥各自区域的新优势，创新发展路径，构建资源共享、产业协同、社会共治的区域协调发展新模式。

高质量发展是中国特色社会主义新时代的新要求。既要通过自上而下的顶层设计，对国家空间格局进行系统性的长远规划，并持续推进实施；又要激发自下而上的竞争与合作的活力，充分调动市场主体的积极性，通过建立多元主体、公开透明的互动协调机制，推动地方择优发展、协同发展，最终实现经济高质量发展。必须坚持创新驱动、质量为先的区域现代化发展道路，以核心城市和城市群为载体，提高核心城市的发展能级，提升区域发展质量。走出一条创新驱动、质量主导、开放互动、均衡布局的区域协调发展新路。

区域高质量协调发展，要求在新的更高层次上构建要素有序自由流动、主体功能约束有效、基本公共服务均等、资源环境可承载的跨区域协同发展机制，明确合理的空间层级体系和特色功能区的协调发展。

区域协调发展必须坚持新发展理念。发展必须是科学发展，必须坚定不移贯彻创新、协调、绿色、开放、共享的发展理念。必须坚持和完善我国社会主义基本经济制度和分配制度，毫不动摇巩固和发展公有制经济，毫不动摇鼓励、支持、引导非公有制经济发展，使市场在资源配置中起决定性作用，更好发挥政府作用，推动新型工业化、信息化、城镇化、农业现代化同步发展，主动参与和推动经济全球化进程，发展更高层次的开放型经济，不断壮大我国经济实力和综合国力。

实施区域协调发展战略。加大力度支持革命老区、民族地区、边疆地区、贫困地区加快发展，强化举措推进西部大开发形成新格局，深化改革加快东北等老工业基地振兴，发挥优势推动中部地区崛起，创新引领率先实现东部地区优化发展，建立更加有效的区域协调发展新机制。以城市群为主体构建大中小城市和小城镇协调发展的城镇格局，加快农业转移人口市民化。以疏解北京非首都功能为“牛鼻子”推动京津冀协同发展，高起点规划、高标准建设雄安新区。以共抓大保护、不搞大开发为导向推动长江经济带发展。支持资源型地区经济转型发展。加快边疆发展，确保边疆巩固、边境安全。坚持陆海统筹，加快建设海洋强国。

区域协调发展，需要构建市场机制、补偿机制、扶持机制、合作机制、参与机制和共享机制等一系列协调机制（魏后凯，2011）。需要构建一个由市场机制、合作机制、空间组织机制、援助机制和治理机制等相互联系、相互制约、相互促进的区域协调发展的完整体系（覃成林、姜文仙，2011）。需要把实施区域发展总体战略与推进形成主体功能区结合起来，把缩小地区发展差距与实现基本公共服务均等化结合起来，把优化发达地区发展与扶持欠发达地区发展结合起来，把深化国内区域合作与扩大对外开放结合起来，把发挥优势、加快开发与节约资源、保护环境结合起来，以促进区域协调发展（范恒山，2011a）。需要深化改革和体制机制创新，增强区域发展的协同性、联动性和整体性，充分发挥市场机制，创新区域合作机制，完善区域互助机制，建立健全区际补偿机制（王一鸣，2017）。需要完善财税政策，通过税收、转移支付和财政支出等财税政策工具对区域经济协调发展起到积极的促进作用（王曙光等，2017）。

同时，需要总结国外区域协调发展的经验。参考美国经验中的优惠税制，对发达地区多征税，把增量部分转移支付给发展中地区，培养发展中地区的发展能力；进行区域综合治理，设立权威的区域管理机构，构建协调区域发展的法律法规体系，打破政府行政区划，组建经济开发区等。参考欧盟分层治理的区域政策经验。参考日本经验中的特色经济措施，具体分析发展中地区的资源禀赋，因地制宜，制定出适合发展中地区经济发展的振兴计划（袁惊柱，2018）。

党的十九大报告明确提出，要建立更加有效的区域协调发展新机制。这要求在区域协调发展战略框架下，加大制度创新，即创新区域政策工具，进一步完善区域合作机制、区域互利互助机制、区际利益平衡机制、区域功能平台机制等。通过创新区域体制机制，协调解决跨区域发展中的制度性难题，降低制度成本，提高发展效率，形成更加紧密的区域关系。改善区域之间竞争大于合作的不良局面，走内涵式、集约式发展的新路子。推进建立成本共担、利益共享的协同发展机制，促进要素市场一体化，构建良好的区域统筹协调关系。

第三节　紧紧围绕区域合作

新时代，中国特色社会主义的基本方略提出了坚持总体国家安全观。统筹发展和安全，增强忧患意识，做到居安思危，是我们党治国理政的一个重大原则。必须坚持国家利益至上，以人民安全为宗旨，以政治安全为根本，统筹外部安全和内部安全、国土安全和国民安全、传统安全和非传统安全、自身安全和共同安全，完善国家安全制度体系，加强国家安全能力建设，坚决维护国家主权、安全、发展利益。

关于区域合作，本书的思路建立在这样的一个假设基础上：通过对长江流域，特别是长江中下游地区环境灾难的历史考察，回顾气候、环境、水资源、湿地、动植物等生态系统的趋于恶化的现象，总结环境灾难对长江中下游地区的直接与间接危害，认为在共同应对自然灾害和保护水资源问题上，对上中游地区生态环境的保护治理是解决问题的关键。对上中游地区生态环境进行保护治理，最终受益的并不只是上中游地区，而是整个长江流域，特别是下游地区。同时，上中游地区在生态环境保护治理方面的努力，对国家生态安全、经济安全甚至政治安全都有极其重要的影响。因此，从国家发展的战略高度，基于国家政治安全、经济安全、生态安全考虑，构建、完善主体功能区制度下的长江流域东中部区域合作机制，成为解决经济发展与资源环境生态保护之间的不平衡不充分问题、区域之间特别是沿海和内地之间发展的不平衡不充分问题的重要制度保障（曾咏梅等，2010）。

长江是联结东西的纽带，长江中下游地区在地理位置上具有一种割不断、分不开的整体关系；在共同应对自然灾害和保护水资源问题上，在生态环境、疾病传播方面，形成一种一损俱损的连带效应。虽然具有这样一种割不断、分不开的整体关系和一损俱损的连带效应，但是，在长期的区域经济发展过程中，财政分权引发了地方政府间竞争，行政区经济发展的竞争模式导致了条块分割，形成了地方政府注重独自发展地方经济的市场分割状态。我国过去一段时期的粗放型发展，导致了区域发展的以邻为壑现象，这成为一条阻碍区域间经济合作及解决资源环境生态问题的鸿沟。由流域资源环境生态问题引发的负外部性，亟须长江流域东中部行政区以新时代中国特色社会主义建设的方针政策为指导，抓住新时代我国社会主要矛盾，认真领会“总任务”“总体布局”“战略布局”的纲领性要求，认真学习习近平生态文明思想，贯彻创新、协调、绿色、开放、共享的发展理念，树立和践行“绿水青山就是金山银山”的理念，坚持节约资源和保护环境的基本国策，研究在主体功能区制度背景下建立流域行政区合作机制问题。

对于环境治理，“堵”是一种后发补救措施，治标不治本；“疏”是先发疏导措施，将问题消灭在萌芽状态，治源治根治本。应该放弃粗放式发展，放弃高投入、高能耗、高污染、低效益发展，实施高质量发展。具体而言，我国区域协调发展应放弃行政区之间的过度竞争，杜绝以邻为壑、一损俱损的损人不利己行为，借鉴我国外交工作先进理念，突出亲、诚、惠、容，坚持睦邻、安邻、富邻，达到与邻为善、以邻为伴，贯彻先富带动后富、共同富裕、协调发展的方针，杜绝上有政策、下有对策、各自为政、各行其是的地方分割状态，执行优势互补、强携弱、长济短、补短板、强弱项，凝心聚力、同心合力、共谋发展，以“四个全面”“五位一体”为指导，以增强国家整体的国际竞争力为目标，构建新时代区域合作模式。

我国长江中下游省级行政区之间的经济发展与资源环境生态保护不协调和区域发展不协调两方面叠加产生的不平衡不充分发展问题，成为制约我国建成富强民主文明和谐美丽的社会主义现代化强国、全面建成小康社会、实现社会主义现代化和中华民族伟大复兴的因素。我们应以十九大重要精神为指导，明确新时代我国社会主要矛盾，明确“五位一体”总体布局，贯彻创新、协调、绿色、开放、共享的发展理念，突出抓重点、补短板、强弱项，树立和践行“绿水青山就是金山银山”的理念，形成绿色发展方式和生活方式，坚定走生产发展、生活富裕、生态良好的文明发展道路，建设美丽中国的发展路向，来破解这一难题。

长江流域的中部地区在主体功能区建设过程中，承担了限制开发区、禁止开发区或农产品主产区、重点生态功能区的一系列功能，对生态环境的保护不仅能为长江下游省份提供经济发展和人民生活所必需的水资源，还有助于使东部地区免遭自然灾害、疾病传播的侵袭及其带来的巨大损失。中部省份为保护生态环境做出了贡献和牺牲，国家和东部省份应该通过对口支援补偿、生态系统服务付费或转移支付等手段对中部省份给予经济补偿。

但是在具体的实践过程中，单纯由于对生态环境的保护就要求东部省份给予生态补偿，没有一种促进区域合作的有效激励机制，那么东部地区在生态补偿问题上就不会积极主动配合，甚至因不情愿而进行扯皮和抵制。因此，区域协作的关键点是互惠互利。

如何使双方既能责任共担，又能利益共享，即让中部地区承担生态环境的保护和恢复职能，让东部地区既能分享短期的直接利益，又能以长远眼光注重整体的国家利益？

本书提出，中部地区除提供生态环境保护和生态恢复的任务外，作为承接东部生态补偿的地区，“练内功、树品牌”，理性地重视生态、绿色农产品的质量和安全问题，面向东部地区的健康安全需求，为其提供高质量的绿色农产品，打开东部地区的绿色农产品市场；充分挖掘当地的旅游资源，打造生态旅游、红色旅游、文化旅游等优质旅游产品和服务，积极吸引东部地区的中高端旅游客源，打开东部地区的高端旅游消费市场；吸引丰裕的资本，打开东部地区的资本市场；柔性吸纳东部地区高端产业发展方面的人才和技术等，通过地方政府间的协商以及相关政策的引导和推动，以对口援助等形式与东部地区加强合作。不是直接的横向转移支付，而是用提供高质量生态农产品、生态旅游产品服务等方式，换取东部地区的市场、资金、技术、人才等，与东部地区加强合作。以流域行政区之间高新技术产业、新材料产业、生物医药产业、生态农业、生态旅游业等产业合作的形式，以及支持产业发展的人才、技术合作的形式，形成长江流域东中部行政区之间合作的新模式。

第六章
主体功能区制度建设的复杂适应性

《全国主体功能区规划》主要以国土空间开发为抓手，重中之重在于寻找我国经济社会进一步发展的突破口。主体功能区的核心是对国土空间开发的定位。主体功能区建设问题主要解决的是经济和资源环境生态的协调发展和区域协调发展这两个重大问题。这是我国在改革开放 40 多年来经济社会发展过程中出现的比较紧迫和特别重大的问题。

就经济和资源环境生态的协调发展这一主线而言，客观地说，经济发展和资源环境生态问题是一个国家阶段性发展问题的两个方面，可以说，发展经济不可避免地会出现资源环境生态问题。这是一个经济社会发展在面对主要问题、主要矛盾时需权衡取舍的问题，并不存在对错。或者如环境库兹涅茨曲线所揭示的：一个国家经济发展水平与环境污染的程度呈倒 U 形曲线关系。随着人均收入的增加，环境污染程度由低趋高，环境恶化程度随经济的增长而加剧；当经济发展达到一定水平后，随着人均收入的进一步增加，环境污染程度又由高趋低，环境质量逐渐得到改善。改革开放 40 多年来，我国的高速发展导致的经济和资源环境生态的不协调以及区域发展的不协调，也是对西方发达国家曾经走过的发展之路——“先污染后治理”的重复。

如果只注重发达地区的经济增长，不补发展中地区的发展短板，忽略“先富带动后富，共同富裕”的区域协调发展，只有效率优先的发达地区的发展，未必对整个国家的长期经济发展和国际竞争力有益。所以，与改革开放 40 多年来我国经济高速增长相伴而生的是经济和资源环境生态的不协调以及区域发展的不协调，两个问题叠加，成为我国进一步发展（富起来后强起来）中亟待解决的瓶颈问题。

第一节 西方国家解决两个不协调问题的经验教训

一 西方国家对“先污染后治理”道路的双重标准

关于经济和资源环境生态的不协调，西方国家曾经走过“先污染后治理”的发展之路。关于美欧日等发达国家在发展过程中的污染状况，相关资料已作过详细介绍，本书不一一列举。

西方对于经济和资源环境生态的不协调问题存在一种特别悲观的论调。1962 年 Rachel Carson 在《寂静的春天》一书中警告到，地球容忍污染是有极限的。1968 年罗马俱乐部成立，开始对工业化、污染等全球性问题进行系统研究。1972 年《增长的极限》提出“环境保护”和“有限地球”的概念。2005 年贾雷德·戴蒙德出版了《崩溃：社会如何选择成败兴亡》，该书成为“未来学悲观派”的代表作。

西方学术界对发达国家环境污染、资源浪费的研究也逐渐深入。波特内主编的《环境保护的公共政策》对环境管理问题的研究比较系统。其中，A. 麦瑞克·弗里曼Ⅲ（2004）对美国水资源管理存在的低效和突出问题进行了详细分析。在论及美国 1965 年《水质法案》执行情况时，他指出，由于实施的责任都留给了每个州，该系统很难真正发挥作用。这是因为各州污染控制目标不同，人力资本状况不一样，可用于执行、监督及加强方案实施的资源以及用“善待环境”来抵制新工业利润诱惑的主观意愿等方面也存在差距。1972 年的《水质法案》（FWPCA－72）规定，环保局的具体执行措施是：列出针对各种产业和市政污染源污染的限制条款，提出针对具体污染源的特定要求，并在各污染源的许可证中详细列出这些要求。实际执行情况怎样？环保局在 1972～1977 年的 6 年里没有颁布任何条例，无法执行 FWPCA－72 提出的法治要求。污染许可证的条款与 FWPCA－72 要求的以技术为基础的污染限制标准差距较大，污染许可证的颁发使污染企业名义上符合了许可证的要求。1981～1982 年美国会计总署（GAO）所作的为期 18 个月的调查，最终没有采用独立调查和经证实的排放数据，而是采用了排放源提供的数据，从中发现了严重不遵守管制条例的污染问题。6 个州中工业和市政排放源样本违规比例达 82%，样本严重违规比例为 24%，排放量超过许可水平的占 50%。因为污染源存在严重瞒报现象，违规程度实际上要严重得多。直到 1994 年，美国会计总署在检查中仍然发现约 16.7% 的工业和市政排放源严重违反排放许可证规定的条款。1998 年美国有关环保机构的检查发现，联邦和州层面的工业和市政排放源存在广泛违反许可证条款和执行程序的情况。

具体而言，站在国家整体利益和受损方利益的立场，关于隐性经济规模对环境污染的影响问题，这种“上有政策，下有对策”的现象，既是经济与资源环境生态不协调方面的一个痼疾，也是区域发展不协调问题的一个顽症，甚至是以邻为壑、公地悲剧难以避免的坏疽。

学者们研究认为，环境管制加剧了隐性经济对环境质量的恶化效应。如杨灿明等（2010a）统计得出，我国各省（区、市）1998 ~ 2007 年的平均隐性经济规模为 10.5% ~ 14.6%，且呈逐年缓慢上升的趋势。杨灿明等（2010b）指出，我国隐性经济规模在 1978 ~ 2008 年为 10.7% ~ 26.73%，较重的税收负担和过多的政府管制是隐性经济规模扩大的主要原因。余长林等（2015）的统计数据显示，1998 ~ 2012 年我国平均隐性经济规模为 11.14% ~ 15.37%；东部地区平均隐性经济规模为 11.45% ~ 16.93%，中部地区平均隐性经济规模为 9.77% ~ 14.34%，西部地区平均隐性经济规模则为 11.65% ~ 15.79%。他进一步指出，隐性经济规模对环境污染存在正向影响，环境管制强度对环境污染存在显著负向影响，隐性经济规模与环境管制强度的交互作用对中国的环境污染存在显著正向影响。环境管制既通过减少官方经济活动减少了环境污染，又通过扩大隐性经济规模增加了环境污染。我国的环境管制不利于环境质量的改善，环境管制强度越高，隐性经济对中国环境质量的恶化效应就越大。杨灿明的结论为流域间合作进行污染防治和生态保护提供了一定的支持。张博、韩复龄（2017）进一步指出，在市场化和行政化双重环境规制下，隐性经济规模与环境规制强度之间的交互作用对环境污染具有显著负向影响。

可见，地方经济、隐性经济在规避税收和政府管制的同时，造成了经济与资源环境生态不协调、区域发展不协调问题。单纯依靠有关部门的税收监管和环境管制，在当下的经济发展阶段因为信息不对称、管理成本太高、利益输送造成的不作为等，收效并不理想。需要在中央政府指导协调下，地方政府或行政区之间打破行政分割，加强合作。

在西方流行的“地球末日论”论调中，研究者对发展中国家的贫穷表现出了令人惊讶的冷漠。他们将资源环境生态问题以及地区贫穷和安全问题，归咎于发展中国家的人口压力及其发展权利。如米香（2011）将发展中国家的经济发展问题和发达国家加以区别。他指出，与西方国家的情形不同，因为第三世界国家的人们成为沉重的人口压力，必须努力地生存下去，所以他们都无一例外地试图忽略即将发生的经济灾难所发出的清晰的危险信号，他们仍然采掘煤矿、砍伐森林、污染河流湖泊，以及用其他方法来慢慢侵蚀生态系统。人们不计后果地掠夺造成的灾难终会落到后代身上。

伴随着全球化浪潮，发达国家已经进入后工业化阶段，逐渐缺失增长动力，逐渐拉大贫富差距；而发展中国家在承接发达国家的产业转移过程中成为发达国家的“环境污染避难所”，走上了“先污染后治理”的发展路径，导致不只在区域内，甚至全球性的环境污染和生态退化也在加剧。

工业化过程中经济发展及其负溢出效应——资源环境生态问题，充分暴露了各方面的利益矛盾。在国际层面，最突出的是已经经过了工业化经济发展过程、享受到了发展红利并转嫁了发展负溢出效应的发达国家和贫困落后的发展中国家的利益矛盾。

1998 年 6 月 25 日，美国国会参议院以 95 票全部赞成的结果通过了《伯德·哈格尔决议》。该决议以减排协议将对美国经济产生严重危害为借口，要求美国政府不得签署“区别对待发展中国家和发达国家的、有具体目标和时间限制的减排协议”。

2000 年，在荷兰海牙召开的《联合国气候变化框架公约》第六次缔约方大会上，美国坚持要求大幅削减美国的减排指标，使大会无法继续进行，在拖延到 2001 年 7 月的德国波恩会议上仍拒绝缔约。2002 年，布什政府正式宣布彻底退出《京都议定书》，暴露了已经经过工业化过程的发达国家对全球气候变暖等环境问题不承担责任和义务、袖手旁观的自私冷漠态度。

江晓原（2007）注意到，通过产业转移，产生污染的工厂从泰晤士河边搬迁到第三世界的某一条河边，以邻为壑，将污染转移到别处，污染就是这样被“治理”的。于是他质问道：这算什么治理？从整个地球的角度来看，污染还是同样的污染。现实当中，发达国家的许多污染都是这样被“治理”的。实际上污染从发达国家转移到发展中国家，从发达地区转移到发展中地区是经常发生的。发展中国家和地区为了快速脱贫致富，也往往不排斥，而是乐于接受这种转移。

贾根良（2012）指出，与当初美国初级产品出口导向型经济转型时的困境类似，我国处于国际低端的产业价值链上，出口导向型经济同样产生了“贫困性增长”的陷阱。自然资源大量被消耗，生态环境遭到破坏，产能大量过剩，导致贸易条件持续恶化，生产增加，出口收入下降。

道格拉斯·多德（2011）进一步指出，这些主要的权力国家，还指责那些绝望中的贫穷国家没有负起责任。权力国家能形成今天的经济力量，都或多或少地依赖于它们在过去几个世纪里对弱小国家的残酷剥夺。环境破坏对发展中国家经济的影响要比富裕国家严重得多。我们正日益迫近这样一个时刻：环境灾难降临于它唯一的归宿——整个地球。

发达国家及地区与发展中国家及地区的发展差距大，资源环境生态治理也存在较大差距，这是实际情况。但恃强凌弱，借口保护环境剥夺发展中国家及地区的发展权，是极为不公平不公正的；借发展中国家及地区发展之际落井下石、以邻为壑，进行污染转移，也是欠缺正义良知的。令人悲痛的是，国内少数论调对中西部地区的发展问题也存在一种冷漠和无视态度。

有关环境治理问题，经济理论界最流行的是“庇古税”和产权理论。然而米香（2011）认为，只有一小部分极其相似的例子可以使用产权制度，对于其余的更严重的环境问题，产权这种方法的解决力是十分有限的。莱斯特·R. 布朗（2002）从另一个角度指出，经济学家把环境看作经济的一个子系统，而生态学家把经济看作环境的一个子系统。由于经济学家的观点流派众多，如果人们对理论不加鉴别，理解必将陷入混乱，在改造现代世界的过程中就会出现和生态系统不相适应的经济系统。经济理论和经济指标对经济如何破坏环境、摧毁地球的自然系统不做解释，但是估量已经出现了的超常的社会代价，乃是经济学家的基本职责。

那么，实现经济与资源环境生态协调发展、区域协调发展的双重协调发展的出路在哪里？

经济合作与发展组织（OECD，2001）提出了一种全球范围内地方政府间的合作趋势。环境生态和经济协调发展，实现经济可持续发展，需要区域内各个地方政府间协力制定各种相关政策。区域间经济发展差距拉大，逐渐失衡，需要地方政府间通力合作解决不平衡问题。受全球化浪潮的冲击，区域内各地方政府间必须进行资源和行动的整合，发挥他们“1 + 1 > 2”的协同效应，来提升地方竞争力。地方政府间需要建立一种相互依存的伙伴关系。道格拉斯·多德（2011）也强调，穷国需要的东西恰恰相反，他们需要相互间的充分合作，以及他们和富裕国家间的合作。

针对公共管理问题，西方学术界进行了大量的地方政府合作研究。如Worth 和 Denhardt（1999）指出，在现代社会中，不同的地方政府在服务供给中的合作能力决定了公共计划的制订及其可行性和执行力。Helen Sullivan 和 Chris Skelcber（2002）指出，英国地方政府跨区域合作主要采用契约、合伙、网络等合作方式，主要集中在政治、执行、财政等方面，在实施过程中，采用公司治理模式、协同发展组织、合作机制来保障和提升其执行能力。Ansell 和 Gash（2007）提出了合作治理，强调多方参与，如多个政府部门和非政府部门的利益相关者直接参与；主要的目的是制定或执行公共政策或管理公共事务，通过集体决策，以共识为导向，是一种正式制度安排。

在公共管理实践方面，西方国家更加重视地方政府间的合作。如美国跨地区性公共事务治理就比较典型。在污水处理、废物排放、公共交通等方面，各级地方政府由于自身资源和财力等的不足，越来越难以单独有效处理日益增加的公共事务，必须多个辖区政府共同协作，才能满足现代治理的需要。地方政府之间如果还是像过去那样，彼此是资源要素的竞争者，那就不能满足经济社会发展的需要，他们必须在一系列领域中进行广泛的合作。

由于整个区域的经济发展和社会发展越来越紧密联系在一起，在治理公共事务上，地方政府间进行合作就成为必然。在经济发展、环境保护等许多方面，各个地方政府常常面临共同的问题，成为利益共同体。地方政府必须依赖对方的资源和协作，并使各方共同受益，才能实现他们共同的目标。

跨地区性公共事务的有效治理，更离不开相关地方政府间的合作。他们需要建立彼此信赖、相互支持的合作关系。因此，要想有效管理社会公共事务，必须对地方政府间的关系进行协调。

二　西方发达国家的区域不协调问题

（一）美国的经验

美国在推进工业化的过程中，其区域经济发展存在十分严重的不协调状况。20 世纪 30 年代以前，区域间的发展也出现了较大的差距。主要表现为工业较发达的北部地区和欠发达的西部、南部地区存在较大的差距。美国东北部和中北部地区形成了“制造业地带”，率先发展起来，是美国的发达地区。南部和西部地区以生产农产品和初级产品为主，工业不发达，在社会分工中处于不利地位，是美国的欠发达地区。主要原因是，北部地区资本主义工商业发展较为完善，向南部、西部地区输入工业品，而南部、西部地区向北部地区输入农产品、资源产品，最终形成了国内的“剪刀差”。单纯依靠市场调节，不仅在短时间内难以实现均衡发展，还形成了“马太效应”，使区域差距扩大。

美国区域经济发展的不协调，主要表现为：一方面，西部、南部地区工业经济薄弱，尚未形成有效的市场环境，导致企业投资不足，影响了美国经济的高速增长；另一方面，西部、南部地区经济的落后影响了美国消费市场的形成，加剧了资本主义生产的相对过剩。这种不协调不仅影响了国内的有效需求和资本市场的培育，弱化了经济发展的激励机制，制约了整体经济的发展，而且加剧了社会的不稳定。富兰克林・罗斯福总统在 1938 年指出：“正是由于南部地区的状况，整个国家的经济处于一种不平衡状态，我确信，南部现在的问题是全国最大的经济问题。”

首先，北部地区经济体系比西部和南部健全，从而造成了西部和南部地区的经济自我再生能力低于北部，最终不得不在资金、技术方面依赖北部输血，这种输血又会使经济利益过度向北部转移，从而弱化了美国经济发展的激励机制。20 世纪 30 年代，美国经济增长率一度落后于日本、德国，表面原因是投资不足，拓展国内市场容量的速度慢，实质在于落后地区的经济制约了美国整体有效需求的扩大，使得投资收益率低，回收期拉长。当生产社会化进一步深入，社会分工更加细密时，南部地区的落后又加大了区域间技术交流和物资交换的难度，使美国经济难以实现其内在的激励机制。其次，北部地区工业体系具有超前性，创造着不断膨胀的高附加值产品，而西部和南部由于缺乏技术、资金和高级人才，只能向北部提供农业生活资料和初级工业产品。区域经济的差异，分别弱化和强化了南、北财团的竞争力和利益分配条件，因而双方展开了激烈的争斗。然而由于人、财、物的制约，南部地区企业往往是规模不经济，经营粗放而且浪费严重，在竞争中易被挤垮，结果减少了就业机会，很多人被迫降低就业条件。这些现象直接冲击了社会的稳定，加大了南北之间的矛盾。区域的财政收入相差较大，落后地区利用集中起来的财政资金调节区内经济的能力较弱，致使基础设施建设、文化教育投资、社会福利保障等往往更多地依赖联邦政府的转移支付。所有这些都加剧了美国社会的不稳定。罗斯福总统逐步重视对西部、南部等落后地区的开发。一方面，希望能够挖掘落后地区经济发展的潜力；另一方面，希望能够让人们的生活水平比较均等，以化解社会矛盾、消化相对过剩的产品。二战后美国继续开发落后区域，通过协调区域发展，为美国经济寻求新的活力。支持落后地区发展高科技产业。美国在原本经济落后的西海岸旧金山海湾附近兴建了重要的电子技术研究中心和电子工业生产基地——硅谷。硅谷汇聚了一批高技术企业（肖翔，2018）。

美国逐步施行了促进区域经济协调发展的财政经济政策，使得地区间经济差距不断缩小。1960～1980 年，南部和西部地区非农业部门就业人数分别增长了 104.6% 和 99%。到 20 世纪 80 年代初，南部和西部地区的经济发展速度和城市化水平都已高于全国平均水平，东北部和中北部地区分别只增长了 31.3% 和 49.2%，已经低于全国平均水平，全美区域之间的经济发展基本趋于均衡化（李铁堆、岳学鲲，2008）。J. G. Williamson（1965）通过实证研究提出，地区差距随国民收入水平的提高呈现先扩大后缩小的倒 U 形。在早期发展阶段，二元结构对立，区际收入差距随着经济发展扩大；

当经济发展到成熟阶段，二元结构被打破，区际收入差距随着经济发展渐趋缩小。长期来看，地区不平等程度随着经济的增长和收入水平的提高，呈现先扩大后缩小的倒 U 形变化。Amos（1988）研究发现，1929～1978 年美国地区经济发展差距渐趋缩小，1978～1985 年经济发展差距又趋于扩大。

美国作为一个联邦制国家，在处理各州政府之间的关系时也存在一定的协调难度。各个地方政府是辖区利益的代表者，他们之间存在类似当代中国改革开放后各个地方政府为追求本地区利益最大化而导致的冲突。虽然联邦政府通过自身的权威，可以运用财政转移支付、司法判决等诸多手段来调节横向地方政府间关系，但新型治理机制，如州际关系的协调、设立委员会之类的州际组织、围绕跨地区性公共物品的供给形成地方政府间的合作网络、地方政府的双重治理或联合治理等合作方式，仍然是重要的协调手段。

以水污染跨地区治理为例。在美国，政府机构、企业、环境组织之间，为协调水污染的问题，经常会组成跨组织协调机构。由于出现俄亥俄河流域污染问题，流域八个州共同达成了俄亥俄河水治理协定，成立了一个由 27 人组成的跨政府间组织委员会，负责制定有关的环境规制和协调政策。委员会下设执行局，负责协调流域八个州的有关事务。

美国为解决区域协调问题设置了多个由政府组织的区域协调机构，并制定了相关制度。如区域规划委员会（RPCs）、政府联合会（COGs）、区域性特区及管理局（Regional Special Districts and Authority）、城市联邦制等。

（二）法国的经验

类似于我国的主体功能区规划，法国国土空间规划主要经历了从中心城市极化发展到区域整体均衡发展的演变。法国的功能区主要有：跨大区的特殊战略地区、作为一级行政地方的大区、跨市镇的城市连绵区。其主要目的也是达到经济发展与生态保护之间的均衡、城市发展和乡村发展的均衡等。法国的空间规划也逐渐向保护资源、生态和环境，以及促进可持续发展的方向转变。

法国的国土空间规划政策主要有三种：一是作为法国国土开发政策核心与主体的综合政策，从中央、大区到省、市镇和市镇联合体，都有权力颁布各自的综合政策；二是分区政策，由国家根据发展的实际需求，分别针对城市区域、乡村区域、城乡混合区、山区及滨海地区出台相应的国土开发政策；三是专项政策，由各级政府的专业部门在各自的职权范围内，出台各自的政策。总体来说，综合政策是法国国土开发政策的主体，分区和专项政策是对综合政策的补充和细化。

法国现行的空间规划编制体系也同样具有层级化的特点，由国家层面的国土规划、大区和跨大区层面的区域规划、市镇联合体层面的区域性城市规划以及市镇和市镇内局部地区的地方性城市规划等不同类型的规划编制共同组成。

20 世纪中期，法国国土开发突出的特点是区域发展不平衡。重点建设首都巴黎，无暇顾及其他地区。直到 1967 年颁布《土地开发指导法案》，其中包括市镇层面的城市规划《土地利用规划》、大区层面的区域规划《国土整治与城市规划指导纲要》等，才开始重视区域的均衡发展问题。

20 世纪末期，法国开始重视可持续发展问题。1995 年颁布了《加强环境保护法案》；1995 年和 1999 年，先后颁布了《国土整治与开发国家计划》和《共同服务纲要》。另外，在跨大区层面编制了《国土整治地区指令》，在大区层面编制了《国土整治与开发大区计划》。

进入 21 世纪，法国颁布了新的区域发展政策，明确了城市更新、协调发展和社会团结三个主要内容。强调节约利用空间和能源，复兴衰败的城市地域，提高社会的混合特性，协调各级政府的城市发展政策和各个部门的行业政策，以及通过多样化的住宅发展抵制社会分化现象。

法国空间规划机制有四个方面的特点。首先，事权清晰。从中央到大区，再到省和市镇，各级政府都有各自的规划权限，在相互尊重的前提下，各自独立管治，相互分工协作。其次，分工协作。在空间规划框架下，从中央到大区，再到省和市镇以及市镇联合体，各级政府通过签署形式多样的政府间协议，明确各自落实空间规划所承担的项目和经费，一方面保证国家和区域层面的宏观发展目标，另一方面尊重市镇和地方层面的微观发展权益，同时有效避免过度的国家干预和不必要的地方竞争。其中，中央政府作为“调解人”，更多扮演规则制定者和实施监督者的角色，并且是从过去的事前监管变成现在的事后监督；各级地方政府则作为“责任人”，更多扮演决策者和执行者的角色。再次，分区引导。国土整治政策和空间规划体系在强调区域整体协调发展的同时，也关注到区域发展的差异性。特别是作为国民经济主要空间载体的城市地区、与城市地区相辅相成的乡村地区、具有重要生态价值的山区和滨海地区，以及具有法国传统特色的城乡混合地区，会有针对性地制定国土整治政策，并将其落实到相应的空间规划编制中。最后，规划整合。从国土到区域，再到市镇地方，空间规划在不同的层面自上而下地开展，任一层面的空间规划不仅要遵循上位规划的规定，也要获得相邻地方的认同。其中，位于空间规划体系底层的市镇层面城市规划成为各级政府和各个部门国土开发政策整合和最终落实的载体（刘健，2019）。

（三）英国的经验

1990年英国政府以“区域规划指南”（RPG）为战略层次规划；1997年，强化RPG的指导作用，在每个区域成立了发展机构，并在伦敦以外的每个区域设立了议会，以平衡地区间发展和增强地区发展竞争力。对国家层面的“规划政策指南”（PPG）也进行了相应修订。区域议会的主要职责之一是制定“区域空间战略”（RSS），取代以前的RPG和结构规划，为地方政府编制发展规划提供新的框架。

随着经济社会的发展，英国区域规划的编制内容发生了显著的变化：从疏散大城市人口到平衡区域发展，从推动城市化进程到关注农村发展、城乡协调，从单纯研究区域经济发展问题到整合社会、经济和环境的可持续发展。

1979～1990年，英国政府过于强调市场和经济发展，忽视了环境和社会问题，对一体化和环境保护并不重视。到20世纪80年代末，英国竟然获得了“欧洲脏人”的称谓（Rose，1990）。为了缓解同欧盟其他国家的矛盾，英国声称将重视环境问题，并做出了一些绿色承诺，公布减少二氧化碳排放的目标，增设区域层次的管理机构，协调区域发展。到20世纪90年代末，区域规划已经成为积极促进可持续发展的工具。

英国开始重新重视国家政策与空间的结合，提出依托空间改善生活质量，重新整合经济、社会、环境的思想。主要包括：社会凝聚力与包容，环境保护与改进，对自然资源的明智使用，可持续的经济发展，开发规划中的整体可持续发展。

2010 年以来，英国政府致力于重构可持续的空间规划体系，使空间规划能够真正成为推进地方增长的政策工具。在环境层面，为保护和改善自然环境，需要审慎地使用自然资源、减少废弃物和污染、减缓和适应气候变化。

2012 年 5 月，英国国家规划政策框架获得议会通过。该框架明确了规划应该建立在有助于可持续发展的基本前提下，并贯穿整个规划编制和决策制定环节，致力于社会、环境和经济的可持续发展。

第二节　保护与高质量发展并举的流域行政区合作机制

一　研究背景与问题的提出

十九大提出“完善主体功能区配套政策”。如果按照主体功能区规划，长江中游地区被划定为或部分被划定为限制开发区域和禁止开发区域，或农产品主产区和重点生态功能区，那么中部地区势必遇到一系列难题，核心问题仍然是发展。

如果中部地区承担了保护水资源、保护环境和维护生态的功能，它的经济发展问题（特别是当地社会的发展）和人民生活水平提高问题就成为摆在面前的重要问题。

如果东中部地区仍然是竞争格局，那么中部地区除了承载保护水资源、保护环境和维护生态的功能，还要完成经济发展的任务。就目前中部地区的条件而言，这势必不可行。中部地区地方政府由于利益驱动，势必尽量规避保护水资源、保护环境和维护生态，而着重发展地方经济，像一段时间以来承接东部地区的产业转移那样，采取粗放式发展方式，高投入、高能耗、高污染、低效益，以牺牲资源环境生态为代价，以邻为壑，罔顾国家整体利益，特别是水资源安全问题。

有学者提出，中央政府可以采取生态补偿策略，直接给承担保护水资源、保护环境和维护生态功能的中部地区利益补偿。但中央政府在与地方进行财政分权后，实施分税制，中央政府的财政也有一系列的开支，比如下属机构的开支、国防建设的开支等，中央政府能够拿出来的补偿金额不足以补偿承担保护水资源、保护环境和维护生态功能的中部地区的利益。当然，也可以加大对东部地区的征税力度，但这种博弈在财政分权过程中已较为清楚，东部地区“叫苦不迭”，再加大其份额，会影响东部地区的发展积极性。

在主体功能区建设过程中，流域政府之间的关系属于横向府际关系。府际关系理论指出，在横向府际关系之中最重要的是“竞合”关系。各级政府为了执行政策或提供服务而形成了互动合作关系。主体功能区建立在多级政府基础上，政府间的关系是影响主体功能区发展的重要因素。在主体功能区内充斥着各种制度的交叉与制度的空档，因此只有加强各地政府以及部门间的合作，才能实现对资源、信息等的有效利用。

长江中下游区域协同发展，是为了解决省级行政区之间经济与资源环境生态不协调及区域发展不协调双重叠加的问题。简单说，就是保护中游的生态和水资源，防止流域水资源污染问题。问题主要集中在长江中游的水资源保护上。

水资源作为准公共品，其产权初始配置无法确定，中游地区具有优先使用权。中游地区经济发展产生的负外部性必将使下游地区付出较大代价。同时，如果中游地区保护环境生态，产生了正外部性，下游地区便可以“搭便车”，从而得到增量收益机会。中游地区要使得环境生态不被破坏，必须转变经济发展方式，选择低能耗、低污染、绿色的高质量发展方式。

但中游地区不具备高质量发展的条件。这就需要下游地区在人才、技术、市场、资本等要素方面的大力支持。这也是实现“两个大局”思想中“先发展起来的地区帮助后进地区”的政策承诺，是实现科学发展观中区域协调发展的高标准要求，是长江经济带“共抓大保护、不搞大开发”的实践。

仅就长江流域区域发展而言，2014 年下发的《国务院关于依托黄金水道推动长江经济带发展的指导意见》指出，针对长江流域的开发工作，要建立健全生态环境保护和水资源管理制度，推动上中下游地区协调发展、沿海沿江沿边全面开放，致力于将长江经济带打造成横贯东西、辐射南北、通江达海、经济高效和生态良好的生态文明示范带。

2016 年 3 月由中共中央政治局审议通过，并于 9 月正式印发的《长江经济带发展规划纲要》，则重申和强调要以不破坏生态环境为前提有限制地开发长江经济带。积极响应习近平总书记“共抓大保护、不搞大开发”的号召，走生态优先的绿色发展道路，集中优势将长江经济带发展成生态更优美、交通更顺畅、经济更协调、市场更统一以及机制更科学的黄金经济带。

2017 年 8 月国家发改委进一步强调要把修复长江生态环境摆在压倒性位置，坚决淘汰落后污染产能，着力优化沿江产业结构。在同年 10 月 18 日召开的中国共产党第十九次全国代表大会上，习近平总书记再次提出，要“加快生态文明体制改革，建设美丽中国”，积极践行“绿水青山就是金山银山”的生态文明理念，走生产发展、生活富裕、生态良好的文明发展道路。充分体现了新时代中国特色社会主义生态文明建设的发展理念和思想。

就长江经济带生态环境保护与经济高质量发展并举而言，为实现区域内“既要金山银山又要绿水青山”的发展目标，内部十一省市之间是否存在合作可能性是一个首先需要考虑的问题。其次，应当考虑如何构建一个合理有效的区域合作机制，在该机制下各个内部区域又将采取怎样的行动策略。最后，从动态发展角度来看又有何动态演变趋势和特征，是另一个值得重点关注的现实问题。

二　长江流域东中部生态经济区域合作的复杂性

改革开放以来，我国区域政策的演进大致经历了四个阶段：以经济特区为重心的沿海地区优先发展阶段，以浦东开发区为龙头的沿江沿边地区重点发展阶段，以缩小区域差距为导向的西部大开发阶段，以区域协调发展为导向的共同发展阶段。从中可以看出我国区域发展战略呈现先东部再西部、先局部再整体的总体特征，也间接反映出我国东中西部区域发展差距大、区域发展不均衡等问题。

我国省级行政区划制度长期以来存在以各自行政区划为限，画地为牢，各自发展的局面。由此导致各区域间片面追求经济增长，以牺牲生态环境为代价的“唯 GDP 论”“政治锦标赛”等竞争，进而也形成了我国区域间以生态环境为代表的公共问题“霍布斯丛林”局面。其中又以植被破坏和水环境污染等最为突出。

要实现区域间协同发展，就必须避免区域间发展更加不均衡情况的发生及马太效应的加强，从体制上打破行政壁垒，消除限制区域间要素自由流动的制度性根源。由此，跳出行政区划分割局面，从理论上来讲有必要进行区域合作，包括健全区域协调机制、重构政府绩效评价、突出企业主体地位等。

区域经济合作，即区域内多个行为主体为维护共同的经济和政治利益，采取共同经济政策，通过专业化分工，实现区域间的共赢和协同发展。这里所说的“合作”，并非单单强调“我帮助你，你也帮助我”的利他主义行为，更多的是一种非博弈的均衡，亦即区域内各方所确定的区域合作模式在有序竞争的前提下，其最终均衡能够使得各方均受益。本书所探讨的区域生态经济合作问题，实际上是长江经济带特别是其中的东中部地区，如何基于生态环境保护，实现经济高质量均衡发展的合作模式。

水资源作为一种拥有多维属性的准公共物品，具有多用途、稀缺性、不可替代性、高排他成本等特点。流域内水资源消费具有序贯性，导致流域内水资源的产权界定成本高，长江流域水资源中的效用和价格问题难以确定，从而很难单纯通过上中下游地区间的价值补偿来调节供需矛盾。

根据《中华人民共和国水法》（以下简称《水法》）第三条和第十二条的规定，“水资源属于国家所有”，“国家对水资源实行流域管理与行政区域管理相结合的管理体制”。加上长江流域水环境相关管治部门与行政区管理部门具有较高的交叉性，造成区域合作模式的复杂多样性。在该产权机制及行政管理体制下，容易造成长江流域水资源行政辖区管理的失灵，从而增大长江流域水环境有效保护的难度。

三 长江经济带区域生态经济合作机制分析

（一）长江经济带区域生态经济合作中的交易成本分析

交易的特性可以细化为资产专用性、不确定性和交易频率三个方面，可将其视为经济分析的基本单位。交易是通过契约实现的，组织制度问题可表述为契约问题（Williamson，1985）。在此基础上，可以将交易费用划分为契约签订之前的（事前的）和契约签订之后的（事后的）两种类型。也可以将市场交易费用概括为信息和谈判费用、讨价还价和决策费用以及监督和执行费用等多个类型（弗鲁博顿、芮切特，2006）。还可根据合作对象选择、协议签订、执行以及监督等各个阶段，将交易成本划分为信息、谈判、执行和代理四种类型，并将区域合作选择和决策阶段出现的信息和谈判成本统称为“事前交易成本”，将包括执行与代理成本在内的区域合作执行和监督阶段出现的交易成本称为“事后交易成本”（锁利铭，2014）。

中央政府与地方政府之间存在严重的信息不对称情况。具体而言，中央政府由于难以获取有用的信息，常常处于“理性无知”情境下。相对而言，地方政府对于诸如生态保护这样的区域公共物品的供给和环境污染这样的区域公共问题的解决更加熟悉，拥有的信息更多。

地方政府间的相互协商对于处理环境生态问题更加有效。地方政府有各自的利益，部分地方政府机会主义行为占上风，不惜损害区域整体利益以维护当地利益，导致区域公共物品负外部性问题很难得到有效解决。这种行为破坏了互利互惠的合作基础，侵害了区域生态经济合作，致使区域以邻为壑现象持续发生，恶性循环，渐趋严重。

为了有效解决这一问题，可借用新制度经济学中第三方介入的方式来协调彼此间关系，但又势必会增加行为主体之间的交易费用。因此，比较经济的方式是，放弃中央政府高成本的宏观调控的介入，而是通过区域间的讨价还价，以博弈过程中出现（潜在）的谈判费用、时间成本以及机会成本等双方总成本为基础，实现“互动策略型博弈”。在执行上破除政策“代理违背”的博弈困境（金太军，2007）。

地方政府的区域合作意愿与其交易成本的大小存在较为紧密的联系。区域内各行为主体采取合作策略，均以追求交易成本最小化目标的实现为前提。在区域合作的行为选择过程中，行为主体会在内生交易成本和外生交易成本之间选择最佳的合作规模，并由此决定是否参与到长江流域水环境保护与经济高质量发展的区域合作之中。

我们认为，长江流域区域个体间，在水环境有效保护的前提下为实现经济高质量发展采取合作行为，主要依赖区域个体间的总内生交易成本最低和区域个体内部总交易成本最低时的双重最优决策。以此形成长江经济带区域间及区域内部总交易成本最小化的合作选择模型。

一方面，随着区域内合作的规模扩大，单个个体的内部协调管理所带来的内生交易成本也在上升。从区域个体间内生交易成本最低合作行为选择来看，以两个行为主体为例，当且仅当两者间的（反向）内生交易成本曲线相交时，才实现了区域个体间的总内生交易成本最低，进而达到实现最终均衡状态的最佳合作点 A。

另一方面，由市场交易所产生的外生交易成本在不断降低，从区域单个个体的内部总交易成本最低合作行为选择来看，理性的单个行为主体总是会在以上两种交易成本之间寻求最佳合作点，以实现个体内部总交易成本最低，最终也决定了另一个最佳合作点 B（见图 6－1）。

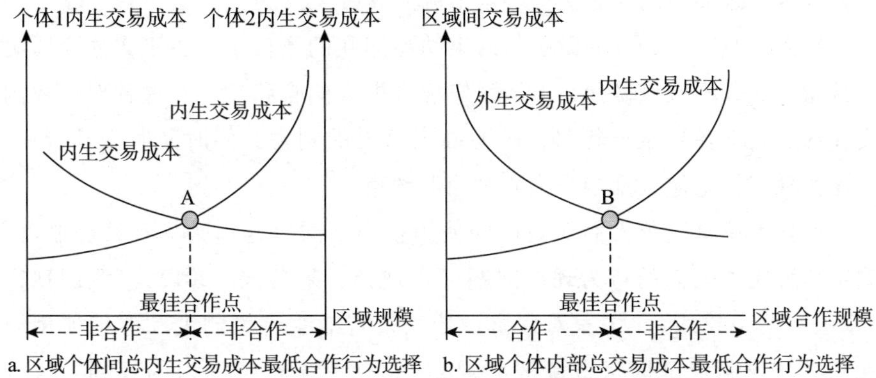

图 6－1　长江经济带区域个体间及区域个体内部总交易成本最小化问题的合作选择模型

因此，对于单个行为主体而言，选择是否参与合作以及参与多大规模的区域合作是首先要解决的问题。与此同时，是选择集体理性实现区域个体间总内生交易成本最低，还是选择个体理性达到区域内个体内部总交易成本最低，是另一个决策难题。

（二）长江经济带区域生态经济合作中的相关产权理论分析

1. 激励功能

产权的激励功能主要通过利益机制实现。因此，如若人们意识到产权受到了威胁，即给其预期带来了不确定性，就会降低产权对当事人的激励效应。换句话说，产权不明晰将导致责任无法明确，无法达到人们的预期效果，因而不利于激励当事人达成合作共识。

我国《水法》明确规定：“水资源的所有权由国务院代表国家行使。”

"国家鼓励单位和个人依法开发、利用水资源，并保护其合法权益。"从国家法律层面明确了长江流域水资源的产权和责任体系，在一定程度上为流域内区域间的战略合作创造了潜在可能性。

2. 约束功能

产权的约束作用类似于一种负激励，并与激励保持着相辅相成的关系。当某种产权划分标准对当事人某一方只有激励的利益关系时，可以认为该产权结构并不能达到最终的帕累托最优状态。好比在产权没有明确界定的情况下，由于只有利益的驱使而没有责任的约束，往往导致对森林的滥砍滥伐，进而引起生态失衡、水土流失等后果。

因此，只有在产权的激励与约束功能同在的条件下，当事人才会明确应该做什么、不应该做什么，从而实现当事人的自我约束。这种对产权的责任约束，即在界定产权时，既明确当事人的利益，同时又明确其责任，以此实现产权主体（即当事人）的自我约束。

产权不单单赋予人们对财产的使用权利，同时还作为一种社会制度，确定和解决了人们的行为规范问题（卢现祥、朱巧云，2012）。我国现行《水法》明确要求，"国家对水资源依法实行取水许可制度和有偿使用制度"，"国家制定全国水资源战略规划"。有关流域范围内的规划，执行"区域规划服从流域规划，专业规划服从综合规划"的原则，并且"规划一经批准，必须严格执行"。在一定程度上体现了水资源管理和使用方面产权的约束作用。

3. 外部性内在化

从经济学角度来看，要解决长江流域的区域生态经济合作问题，首先应解决自然和社会资源的稀缺性引发的区域间利益冲突问题。从外部性出发，科斯阐述了其产权理论。通过对产权的有效划分，不论其最初属于谁，只要交易费用为零或很小，最终市场可以实现资源的有效配置，达到帕累托最优（科斯定理 1）。产权作为界定当事人究竟是获利还是受损的权利，其最初的归属权问题决定了当事人中谁向对方提供补偿，以修正其参与行为。同时，只有当内在化的所得大于内在化的成本时，人们才可能通过产权激励使外部性内在化。

4. 资源配置功能

产权决定了哪一方在某个经济体系中占主体地位，也规定着社会财富和稀缺资源以一种特定的和可预期的方式实现合理配置。与此同时，以阿尔钦为代表的产权经济学家认为，私有产权的资源配置效率远远高于共有产权。因为共有产权将使每个自由进入的当事人都具有平均分享报酬的权利，势必导致资源的过度开发。

比如对长江流域水资源的过度开发就是由于长江流域水资源的准公共物品属性和区域间“搭便车”等情况的存在，在很大程度上也是缺乏合理的产权结构体系的结果。考虑到产权所具有的排他性、可分割性、可转让性及安全性等独特属性，在有效保护长江流域水环境前提下，探讨实现区域间经济高质量发展合作问题时，需要将产权理论运用于界定、变更和安排稀缺资源之中，以实现有效配置的合作模式。通过产权的相关界定，减少甚至消除长江流域区域合作过程中市场机制运行所造成的社会费用问题，以提高区域合作机制运行效率。

（三）可行性分析

区域间政府合作，在交易平台、交易主体、交易客体以及匹配特征等多个方面都与交易费用理论的基本框架有较高的拟合度。交易费用产生于政府合作过程中，并对政府间的后续合作进程具有重要影响（王丽丽、刘琪聪，2014）。多个区域之间通过交易实现合作，是一种由“低合作意愿高交易成本”向“高合作意愿低交易成本”帕累托最优的动态实现过程，同时也是在产权明晰前提下实现资源有效配置的过程。这将为区域内各行为主体寻求“更少的成本、更好的发展”目标的实现创造机会，达成区域间的互利共赢，进而实现集体理性的最大化。因而，长江流域区域间的生态经济合作具有较强的可行性。

四　长江经济带区域生态经济合作机制设计

（一）区域生态经济动态合作过程

1. 区域生态经济合作阶段论

从区域生态经济合作实现的步骤上，可将合作过程概括为四个阶段：合作准备阶段、合作缔约阶段、合作执行阶段和合作监督阶段（王丽丽、刘琪聪，2014）。跨区域合作需经历初始、发展、扩张、形成四个阶段（张建军等，2016）。区域生态经济合作机制的整体构建可归纳为七个阶段：诊断区域生态问题、确定生态合作主体、确定生态合作对象、梳理合作主体间关系、拟定合作方案及意见征询、实施合作方案并监督以及最终的区域生态经济合作效率评价（张永勋等，2015）。地方政府间实现区域合作需要经历三个阶段：合作选择、合作实现与合作协调。区域生态经济合作是一个从“协调”到“合作”，从“治理”到“区域合作治理”，再从“区域合作治理”到“社会网络”的动态演变过程（锁利铭等，2013）。

从区域生态经济合作的整体演变趋势来看，我们认为，区域生态经济合作是在区域生态经济合作结构的初始状态上，随着区域主体行为选择的变化而变化，随之引起区域生态经济合作绩效的改变，进而引起区域主体新的行为选择，由此又将导致区域生态经济合作结构发生相应改变，并再次对区域主体行为选择带来影响。如此循环往复，最终形成了一个区域合作治理的动态演变过程。

2. 区域生态经济合作动态演变过程

根据区域个体间及区域个体内部总交易成本最小化的合作选择模型，以及参与合作的总交易成本及合作意愿两大指标，大体上可将水环境保护背景下长江流域经济高质量发展的区域合作行为选择划分为四个类型：高合作意愿低交易成本、高合作意愿高交易成本、低合作意愿低交易成本、低合作意愿高交易成本。

就潜在实现合作的规模和合作绩效而言，各种类型之间存在较为明显的区别。“高合作意愿低交易成本”意味着区域间个体进行合作的意愿强烈，其总交易成本因相对不参与合作、完全进行内部发展而更低，是一种“最好”的均衡状态；“低合作意愿低交易成本”虽然并未对区域间合作产生很大的激励作用，但同样由于其总交易成本较低，相对而言促成区域间合作的可能性较大，是一种“次好”的状态；“高合作意愿高交易成本”在总交易成本较高的同时合作意愿较强，在一定程度上起到了激励区域间合作的作用，是一种“再次好”的状态；“低合作意愿高交易成本”既没有激励区域间合作，又造成了较高的交易成本，因此是一种“最差”的区域合作类型。

在区域合作的实现过程中，不难看出，同样遵循着以上评价标准。在区域合作的深入发展过程中，区域合作类型是一个经过动态化的协调实现帕累托改进，最终达到“高合作意愿低交易成本”帕累托最优的动态演变过程。当且仅当区域内各行为主体在区域合作过程中均具有“高合作意愿低交易成本”时，方可达到最终的均衡稳态（见图6－2）。

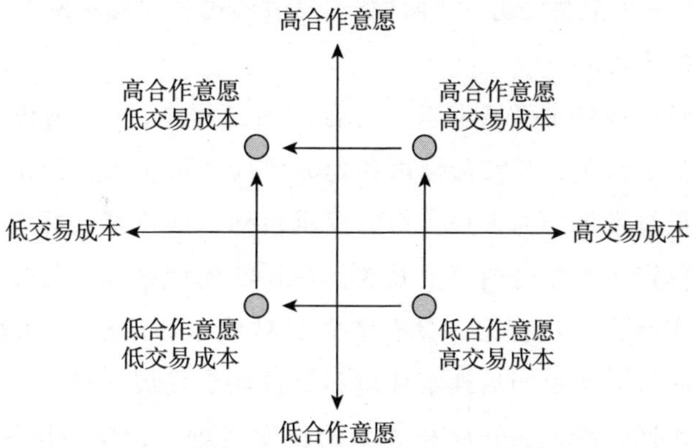

图6－2　长江经济带区域间合作意愿与交易成本类型

（二）区域生态经济合作模式

1. 长江经济带区域生态经济多层次合作框架

我国区域水资源的有效治理可从纵向和水平两个维度得到解决（马捷、锁利铭，2010）。具体而言，从纵向维度上看，长江经济带区域生态经济合作的实现，依赖于以单一地方政府为主要参与者的个体层次和各个地方政府之间协同治理的组织层次。前者主要是一种基于市场机制，追求个体效用最大化，即总交易成本最低的区域间经济协调过程。后者则是各地方政府基于社会、经济和生态属性，通过职能协作使公共部门之间建立协同治理水环境和发展经济的合作模式。该组织层次以追求社会总福利最大化为区域合作目标。

从水平维度上看，为达到长江经济带区域生态经济合作的预期效果，实现长江经济带水资源保护与经济高质量发展双重合作目标，需要国家权力机构、各地方政府职能部门、直接参与合作过程的社会公民、以生产型企业为代表的市场主体、具有高新知识技术的人才等不同类别的合作行为个体共同参与其中。同时，要充分运用各自特殊资源，如各地方政府的政策执行权、水资源环境专家的相关知识、企业的经济增长贡献等。

2. 长江经济带区域生态经济合作“大圆模式”实现路径

在粤琼两省以及泛珠三角地区的区域合作联动发展模式过程中，有一种适用于相邻区域合作的“椭圆模式”（王海飞，2015）。王海飞认为，相邻区域的合作和发展将经历三个阶段：“离散形式”、“椭圆模式”、高度一体化的“大圆模式”。

在实现长江经济带区域生态经济合作的过程中，“大圆模式”具有重要的参考价值。首先，长江流域内各地方政府，可将长江经济带水环境保护和经济高质量发展作为区域合作的双重目标。这样就较好地解决了不同区域间的目标定位和整合内容。其次，在长江流域区域一体化战略下，各地方政府在实际合作过程中，具有节省交易成本和追求个体理性的激励，有利于相互间进一步协同治理水环境和促进经济发展。最后，各地方政府践行创新、协调、绿色、开放和共享的新发展理念，坚持区域空间联动、行政联动和市场联动等方式，共同促使长江流域各区域间达成更深层次的合作（见图6－3）。

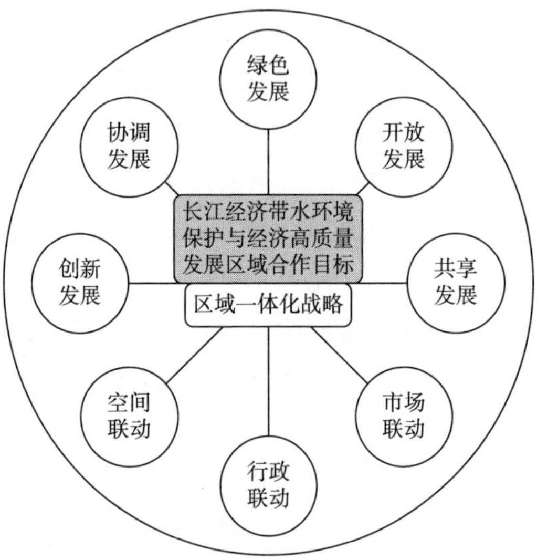

图6－3　长江经济带区域生态经济合作“大圆模式”实现路径

因此，就长江经济带区域生态经济合作的发展目标而言，如何确定和具体细化各种合作方式、合作路径、合作内容是亟待解决的问题。

3. 长江经济带区域生态经济合作“纽带模式”实现路径

为具体细化各种合作方式的实现路径，长江中游地区的合作机制应当是一个由主体机制、目标机制、动力机制、运行机制和保障机制等五大方面组成的完整有机体，同时各机制之间还应具有相互联系和相互作用的关系（龚胜生等，2014）。区域经济合作机制应包含：能引发“做大蛋糕”的积极性的动力机制、各地方政府集体“做蛋糕”的协调机制、以市场机制“分蛋糕”的分配机制以及确保区域合作过程中各参与者的情况均能得到改善的补偿机制（郝寿义、程栋，2015）。跨区域合作机制应当是一个包含目标机制、动力机制、运行机制、创新机制、决策机制以及保障机制等在内的复合生态经济合作系统（张建军等，2016）。

本书认为应引入一种以“区域生态经济合作”为纽带，以主体机制、目标机制、动力机制、运行机制、创新机制、协调机制、分配机制、补偿机制以及保障机制等为驱动力，通过长江流域各地方政府间的生态经济合作所产生的“合力”，实现包括长江经济带水资源环境保护和经济高质量发展等目标在内的联动发展的“纽带模式”（见图6-4）。

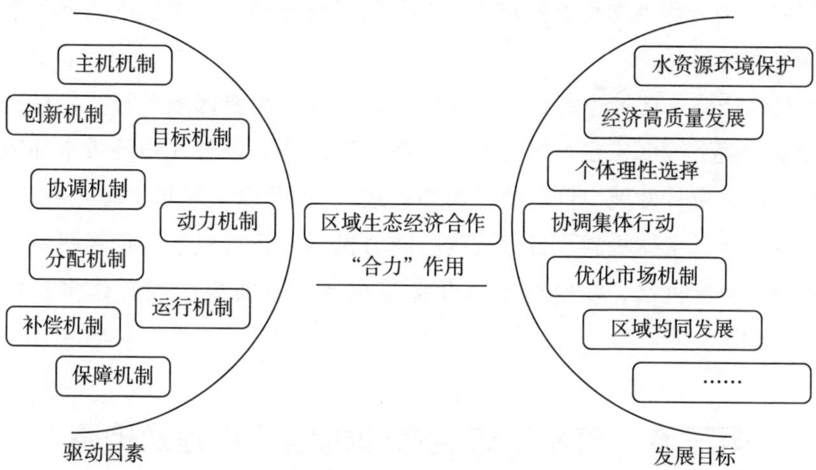

图6-4 长江经济带区域生态经济合作“纽带模式”实现路径

五 小结

长江经济带区域生态经济合作已实现了跨江发展、飞地经济、港口整合、通关一体化，设立了一些长江流域资源开发管理机构，出台了一系列相关法律法规。但还存在中心城市产业高度偏低，经济受行政区制约严重，要素流通不畅，市场化程度低，区域创新能力不足，流域开发管理缺乏综合性法律法规保障，水资源环境和生态补偿等方面的区域合作进程发展缓慢等不足。

新制度经济学中的交易成本理论，较好地解决了各地方政府究竟如何选择才能既追寻个体理性，同时又兼顾集体理性的问题。产权理论则较好地回答了建立长江流域区域水资源等准公共物品产权体系时，如何运用产权理论对长江流域各地方政府之间的合作行为进行激励约束，如何将经济外部性内在化以及实现资源有效配置等问题。

长江经济带区域生态经济合作，是一个由区域生态经济的初始合作结构引起的区域主体行为选择。它可带来区域生态经济合作绩效的变化，进而引起区域主体新的行为选择，又促使区域生态经济合作结构相应改变，并再次对区域主体行为选择带来影响，是一个循环往复的区域合作治理动态演变过程。从动态演变的最终趋势来看，它还是一个随着区域合作的逐渐深入，区域合作类型经过不断的帕累托改进，由“低合作意愿高交易成本”向“高合作意愿低交易成本”帕累托最优发展，最终实现均衡稳态的动态演变过程。

长江经济带区域生态经济合作的顺利实现，需要区域各行为主体从纵向和横向两个维度，在多层次的合作框架下，建立以长江经济带水环境保护和经济高质量发展为目标的“大圆模式”，以及以“区域生态经济合作”为纽带，通过主体机制、目标机制、动力机制、运行机制、创新机制、协调机制、分配机制、补偿机制以及保障机制等，实现区域合作多目标的“纽带模式”。

第三节　流域行政区合作机制的构建及仿真

一　研究背景与假设

2009 年 11 月 10 日，世界自然基金会发布的《长江流域气候变化脆弱性与适应性研究》称，受全球气候变化的影响，我国长江流域未来 50 年地面气温可能上升 1.5 摄氏度至 2 摄氏度，极端气候事件发生的频率将呈进一步上升趋势。

在气候变化和人类活动的双重压力下，长江中下游湿地在过去几十年面积急剧萎缩，湿地破碎化程度加剧。水温升高和水位下降已经威胁到湿地的生物多样性，导致鱼类、候鸟的种类和数量下降，同时也改变了湿地植物群落的物种组成。未来的气候变化将会进一步加剧长江流域湿地生态系统的脆弱性，影响生态系统的服务功能。

气候变化会增加流域地区森林的敏感性和脆弱性，特别是长江源区和中下游的江西、湖南林区。在气候变化的影响下，长江源区大部分的草地生态系统将变得更加脆弱。如果只考虑气候因素，气候变化将使长江流域的水稻等主要农作物产量显著下降。

长江流域，特别是长江中下游地区，地理位置优越，资源丰富，工农业发达，经济基础雄厚，城市化水平高，人口稠密，在我国国民经济中具有举足轻重的地位。

长江中下游平原由两湖平原、鄱阳湖平原、苏皖沿江平原、皖中平原和长江三角洲平原组成，面积约 20 万平方千米。是中国重要的粮、油、棉生产基地，亦为中国水资源最丰富地区。长江天然水系及纵横交错的人工河渠使该区成为全国河网密度最大的地区。该区是中国淡水湖群分布最集中地区，著名淡水湖有鄱阳湖、洞庭湖、巢湖等。湖沼地区有丰富的水生生物资源，是中国水生植物分布最广、产量最大的地区，其淡水水生动物资源也为全国之冠。

长江三角洲地区工业基础雄厚，商品经济发达，水陆交通方便，是全国最大的外贸出口基地，是我国目前经济发展速度最快、经济总量规模最大、最具有发展潜力的经济板块。是由上海、南京、杭州、镇江、扬州、泰州、南通、苏州、无锡、常州、嘉兴、湖州、宁波、绍兴、舟山及台州等 16 个城市组成的城市群。该地区河湖除承受着当地地表水径流外，还承受着上游 15 个省区的约 200 万平方千米范围的来水，素有“水乡泽国”之称。

长江作为联结东西的纽带，使长江中下游地区在地理位置上具有一种割不断、分不开的整体关系。尤其在水资源、生态环境、疾病传播方面，更形成了一种一损俱损的连带效应。

人类活动对生态环境的破坏导致了自然灾害的频发，这已经成为多数学者的共识。长江 1998 年的特大洪水，与中上游地区植被破坏严重、水土流失加剧、生态环境恶化、暴雨汇流过程加快有重要关系。

历史上，长江流域是森林茂密、生态环境优越的地区。近百年来，由于人类活动剧增，对自然资源进行掠夺式开发，森林面积锐减。长江流域森林占比由 20 世纪 50 年代的 22% 降到 20 世纪 90 年代的 10%。由于森林面积减小、树种减少、群落类型结构趋于简单化，森林涵养水源和保持水土的功能大大减弱，地表径流加速，从而加速了水土流失，使得河床淤积，进一步抬高了河床水位，导致洪灾的发生。

随着长江流域经济社会的快速发展，流域用水量快速增加，必然会减少长江口的入海水量，导致长江口咸潮入侵。流域废污水排放总量的逐年增加，导致长江口及其临近海域的水质进一步恶化。长江口入海泥沙量减少，引致河口海岸侵蚀，给长江口滩涂资源开发和维持湿地平衡带来不利影响。

在共同应对自然灾害和保护水资源问题上，对上中游生态环境的保护治理成为关键。长江中游湖泊的连续性，除了表现在与长江的关系外，还反映在湖泊与陆地之间的过渡和联系，即湖泊—滩地（沼泽）—陆地的空间格局。其中，湖泊与陆地之间的过渡地带——沼泽，对调节湖泊洪水和净化陆地污水具有重要作用（李长安等，2003）。

虽然具有这样一种割不断、分不开的整体关系和一损俱损的连带效应，在长期的区域经济发展过程中，因为财政分权造成地方政府间竞争，所以还是形成了地方政府注重独自发展地方经济的市场分割状态。这成为阻碍区域间经济合作的一条鸿沟。

关于区域合作协调发展问题，20 世纪 80 年代，邓小平提出了我国现代化建设的“两个大局”思想。20 世纪后期，中央从国家整体利益出发，适时出台了“中部崛起”的发展战略。“坚持以人为本，树立全面、协调、可持续的发展观，促进经济社会和人的全面发展”，“统筹城乡发展、统筹区域发展、统筹经济社会发展、统筹人与自然和谐发展、统筹国内发展和对外开放”，进一步推动中国经济改革与发展。这成为本研究的重要政策基础。

以中部的鄱阳湖生态经济区生态环境保护为例，从理论上而言，鄱阳湖生态经济区对生态环境的保护和恢复不仅将为长江下游省份提供经济发展和人民生活所必需的水资源的涵养，还将使东部地区免遭自然灾害、疾病传播的侵袭，避免灾害带来的巨大损失。江西省为保护生态环境做出了贡献和牺牲，国家和东部省份应该通过生态系统服务付费或转移支付等手段对鄱阳湖生态经济区给予经济补偿。

但是，在具体的实践过程中，单纯由于对生态环境的保护和恢复就要求东部省份给予生态补偿，没有一种促进区域合作的有效激励机制，那么东部省份在生态补偿问题上就不会积极配合，甚至因不情愿而进行扯皮和抵制。

区域协作的关键点是互惠互利。如何使双方既能责任共担，又能利益共享？在鄱阳湖生态经济区建设过程中，让东部地区既能分享短期的直接利益，又能以长远眼光注重长期的、整体的、国家的利益？

本书在构建东中部生态补偿机制的研究过程中提出，鄱阳湖生态经济区除提供生态环境保护和恢复的服务外，作为承接东部生态补偿的地区，可以通过提供生态农产品和生态旅游服务等方式与东部地区加强合作。

从全球农业发展的大环境看，发展生态农业和农业产业化已经成为发展趋势和主攻方向。20 世纪 60 年代，农药危害人类环境、污染食品，进而引起各类威胁性强的病症，已经引起全球重视。20 世纪 80 年代，受可持续发展思想的影响，可持续农业的概念应运而生，并在全球范围内传播。农业的可持续发展，要求保障农产品的质量安全。1997 年后，我国农产品实现了从供不应求到总量基本平衡、丰年有余的历史性跨越。至此，我国对农产品安全的关注逐步由数量安全（food security）转移到质量安全（food safety）上来。

鄱阳湖生态经济区具备发展生态农业和生态旅游业的优越条件。鄱阳湖生态经济区气候条件优越，自然资源丰富，适宜农业的发展，是全国重要农产品产区和有重要影响的“鱼米之乡”。拥有驰名海内外的名山、胜水、古城。从江西省生态经济发展的整体条件看，发展生态农业和生态旅游业是其比较优势。因此，江西省将鄱阳湖生态经济区定位为：全国粮食安全的战略核心区、畜禽水产健康养殖和高效经济作物的主产区、生态高效及循环农业的示范区和生态旅游精品区。

作为欠发达地区的江西省在发展生态农业和生态旅游业的过程中有两方面需要注意。一方面，生态农业需要从传统农业向现代农业转型，实现生态农业产业化；生态旅游业需要从传统旅游向精品旅游转型，实现生态旅游产品（服务）绿色质量的提高和服务功能的增强；高科技产业、文化产业在技术、人才、资金、信息等方面不具备优势，需要长江下游省份在科技、人才、信息、物流、金融、市场诸方面给予必要的支持。

长三角集中了近半数的全国经济百强县，聚集着近100个年工业产值超过100亿元的产业园区，拥有万向集团、金山石化、扬子乙烯、大众汽车、上海贝尔、东方通信等数千家规模大、实力强的企业，有大批领先国际国内的科研院所和高等院校。市场发达，在科技、人才、信息、物流、金融、市场诸方面实力强劲。特别是金融方面快速积聚的国际资本和民间资本，不仅规模大，而且极具活力。

鄱阳湖生态经济区建设要实施东部地区与江西在资本、科技、人才、信息、物流、经营管理等诸方面的合作。特别要注重联合长三角实力派企业、科研院所和高等院校，积极主动参与鄱阳湖生态农业产业化发展、生态旅游资源的保护开发、高科技产业及文化产业的发展。

另一方面，鄱阳湖生态经济区的绿色农产品和生态旅游产品，需要长江下游省份的市场支持。长三角经济区的辐射影响不只在长江出海口这一个地区，还在一定程度上拉动着整个沿江内陆地区的经济发展。长三角城市群是我国城市化程度最高、城镇分布最密集、经济发展水平最高的地区之一。包括上海、南京、杭州、镇江、扬州、泰州、南通、苏州、无锡、常州、嘉兴、湖州、宁波、绍兴、舟山及台州等16个城市。城市化程度高、城市人均可支配收入高，意味着城市居民对于绿色农产品、绿色食品及生态旅游产品和服务的需求旺盛。这对于鄱阳湖生态经济区针对长三角市场需求，生产特色生态农产品和绿色食品，以及发展生态旅游业提供了机遇。

鄱阳湖生态经济区发展生态农业，生产生态农产品、绿色食品，发展生态旅游业要紧盯长三角城市的市场需求。生态农业产业化应从产前、产中、产后及消费环节着眼，构建高质量、无公害、绿色、安全、健康的生态农业产业链。要想在长三角城市中赢得消费者信赖，必须提高品牌的美誉度，最好把生态农产品、绿色食品的安全检测权交由对方地区或国际权威的农产品、食品安全检测机构。同时，在消费者中加大对高质量、绿色、安全方面的宣传力度，真正从田间地头至餐桌赢得消费者优良的口碑。生态旅游产品和服务要注重绿色质量、体验质量的高品位，这样才能打开并占领长三角城市消费市场。

基于上述内容，我们提出以下研究假设。

（1）如果进行长江中游生态环境建设的社会成本（生态环境恶化带来的损失＋保护生态环境的成本）足够高，单个行政区无法承担，在生态环境方面具有一损俱损连带效应的行政区共同负担是否存在可能性？

（2）如果社会成本越高，对各个行政区乃至国家的危害越严重，在国家层面以及各行政区自身能否激发出合作可能性？

（3）如果在保护生态环境的前提下，发展经济的成本升高，各行政区能否出现合作的可能性？

（4）在保护生态环境的前提下，发展经济的成本越高，企业扩大产能的成本越高，东中部企业之间能否出现合作的可能性？

（5）在保护生态环境的前提下，发展经济的成本越高，增加一个企业的成本越高，东中部企业之间能否出现合作的可能性？

二　理论分析与模型描述

为分析方便起见，我们将东部地区视为能够从国家发展的战略高度，基于国家政治安全、经济安全、生态安全以及自身从鄱阳湖生态经济区建设中受益的角度考虑，做出积极主动参与鄱阳湖生态经济区建设，从而在生态补偿问题上进行合作的理性选择。我们将鄱阳湖生态经济区建设，看作一个东部地区和鄱阳湖生态经济区之间的无限重复博弈过程（见图6－5）。在鄱阳湖生态经济区建设过程中，鄱阳湖生态经济区和东部地区的博弈存在两个战略：不合作和合作。

设：鄱阳湖生态经济区和东部地区的博弈是无限重复博弈，并且下一轮博弈的概率是0.9，那么，n 轮博弈的概率是 0.9^n。

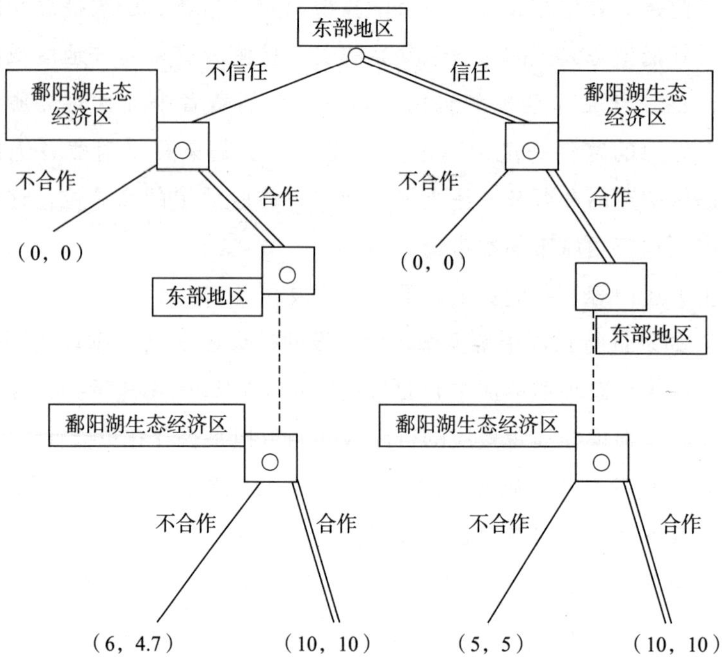

图 6-5 鄱阳湖生态经济区和东部地区的博弈模型

解：

如果一方不信任对方，从而实现双方不合作，那么双方收益均为 0。

假如不能确定本轮博弈的未来收益，那么收益期望值是：$1+0.9+0.9^2+0.9^3+\cdots+0.9^n=10$。

（1）如果双方均选择信任对方，从而实现双方合作，那么双方收益均为 10。但此种情形过于理想，不切实际。

（2）如果双方均选择信任对方，从而实现双方合作，但因为合作过程中的不确定因素，最终东部地区违约，取消合作，结果双方收益为（5，5）。

（3）如果东部地区不信任对方，而鄱阳湖生态经济区选择信任对方，从而选择合作；根据触发策略，东部地区亦选择信任对方，从而导致双方合作；经过多轮博弈，结果双方收益亦均为 10。

（4）如果东部地区不信任对方，鄱阳湖生态经济区信任对方，并选择合作，但东部地区仍选择不合作，从而导致双方不合作。设第一轮的收益为（1.5，0.2），那么随后各轮的收益均为（0.5，0.5），这样，鄱阳湖生态经济区的收益期望值是 $1.5+0.9\times0.5+0.9^2\times0.5+0.9^3\times0.5+\cdots=6$，东部地区的收益期望值是 $0.2+0.9\times0.5+0.9^2\times0.5+0.9^3\times0.5+\cdots=4.7$。如果东部地区根据针锋相对策略，进行多轮博弈，那么双方收益为（6，4.7）。

模型显示，博弈有两个纳什均衡——情形（2）和（3），但情形（3）的收益要明显好于情形（2）的收益。这样，情形（3）为一个谢林均衡。可以预计，在上述几种可能中，情形（3）发生的概率很大。

罗纳德·J. 奥克森指出，交换是市场模型中双方的基本关系。它基于双方相互间明确的补偿，是帕累托最优状态，即双方都会发展得更好，没有一方会发展得更坏。但是，上述的博弈结果还需要结合现实做进一步的修正。

我们将鄱阳湖生态经济区建设看作一个鄱阳湖生态经济区和东部地区的合作博弈。鄱阳湖生态经济区与东部地区达成一个合作合约。双方履约的理性基础是：鄱阳湖生态经济区在发展生态农业，生产加工生态农产品、绿色食品过程中，选择“练内功、树品牌”，极为重视生态农产品、绿色食品的质量安全问题。东部地区能够从国家发展的战略高度，基于国家政治安全、经济安全、生态安全以及自身从鄱阳湖生态经济区建设中受益的角度考虑，做出积极主动参与鄱阳湖生态经济区建设的选择。鄱阳湖生态经济区建设带来了远远高于双方不合作、不建设鄱阳湖生态经济区的经济收益。

东部地区和鄱阳湖生态经济区在博弈过程中的收益是不确定的。双方不是在就社会分配中的各自份额进行讨价还价，而是就预期合作收益进行讨价还价。若双方不合作，则不会产生任何收益。鄱阳湖生态经济区与东部地区在合作中产生了一定的收益。

在起始点上，鄱阳湖生态经济区的原始效用水平为 a'，鄱阳湖生态经济区的要价为 a^*；东部地区的原始效用水平为 b'，东部地区的要价为 b^*。双方在对方能够接受其要价的约束条件下，就分割合作收益尽可能地要最高的价。一方接受另一方要价的条件是，其情况和不与对方进行交易相比没有变差。这样，为了达成一致，双方都对其初始要价做出一定的让步。设最后一致同意给予对方的效用水平是（a^0，b^0），则鄱阳湖生态经济区的相对让步为（a^*-a^0）/（a^*-a'），东部地区的相对让步为（b^*-b^0）/（b^*-

b')。若 $a'=0$、$b'=0$，则鄱阳湖生态经济区的相对让步为（a^*-a^0）/a^*，东部地区的相对让步为（b^*-b^0）/b^*。由于双方都是理性的，故各方会期望对方做出其不愿做出的让步。这样，一致同意在一个最小化的最大相对让步值上获得，即均衡点（a^0，b^0）（见图6－6）。

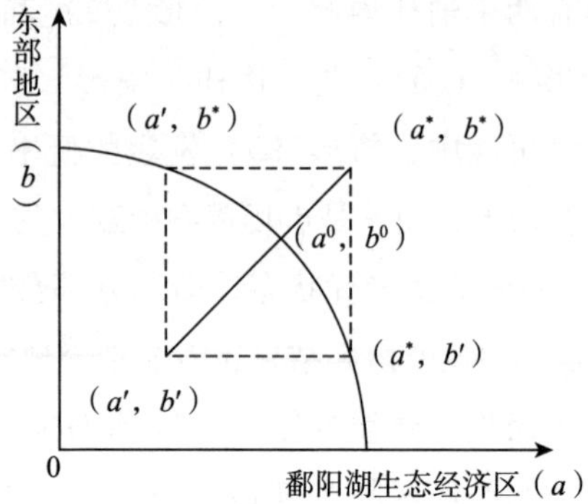

图6－6　鄱阳湖生态经济区与东部地区合作收益分配博弈

一般而言，合作收益将按各方要价的同一比例进行分割。这样的相对让步显然是理性和公正的，故而是符合道德要求的。对于鄱阳湖生态经济区而言，合作选择应表现为：鄱阳湖生态经济区在发展生态农业，生产加工生态农产品、绿色食品及发展生态旅游业过程中，“练内功、树品牌”，下功夫重视生态农产品、绿色食品、生态旅游产品的质量安全和服务问题。对于东部地区而言，合作选择应表现为：从国家发展的战略高度，基于国家政治安全、经济安全、生态安全以及自身从鄱阳湖生态经济区建设中受益的角度考虑，积极主动参与鄱阳湖生态经济区建设。显然，这样的选择更符合收益最大化原则。因此，基于生态补偿机制构建视角，鄱阳湖生态经济区除提供生态环境保护和恢复的服务外，作为承接东部生态补偿的地区，可以通过提供生态农产品和生态旅游服务等方式与东部地区加强合作。只有如此，东部地区与江西在生态经济区建设问题上才能形成一种合作共赢的长效机制。可以说，构建区域合作型生态经济发展模式是东部地区与江西在鄱阳湖生态经济区建设问题上的最佳选择。

综上所述，我们分析认为：

（1）如果进行长江中游生态环境建设的社会成本（生态环境恶化带来的损失＋保护生态环境的成本）足够高，单个行政区无法承担，则需要在生态环境方面具有一损俱损连带效应的行政区共同负担。

(2) 社会成本越高，对各个行政区乃至国家的危害越严重，在国家层面以及各行政区自身激发出合作的可能性越大。

(3) 在保护生态环境的前提下，发展经济的成本越高，各行政区出现合作的可能性越大。

(4) 在保护生态环境的前提下，发展经济的成本越高，企业扩大产能的成本越高，东中部企业之间合作的可能性越大。

(5) 在保护生态环境的前提下，发展经济的成本越高，增加一个企业的成本越高，东中部企业之间合作的可能性越大。

三 仿真分析

本书在分析构建东中部合作机制及横向生态补偿机制时，一个重要的前提是长江中下游地区在地理上存在一种割不断、分不开的整体关系，在水资源、生态环境、疾病传播方面具有一种一损俱损的连带效应。即长江中下游地区在面临资源环境生态等一系列发展压力时，发展难度越来越大，必然会为经济社会发展付出越来越高的总社会成本。

为方便起见，我们利用 Netlogo 模型库中的 Cooperation 模型来模拟分析长江中下游地区在区域发展及横向生态补偿问题上进行合作的趋势。我们以 Metabolism（新陈代谢率）代表东中部行政区为弥补生态环境恶化带来的损失和保护生态环境所要付出的成本，包括企业扩大产能的成本；以 Reproduction-cost（繁殖成本）代表东中部行政区经济社会进一步发展的成本，包括每增加一个企业要付出的成本。以 Greedy cows 和 Cooperative cows 数量的对比反映不合作或合作的趋势。当 Greedy cows 数量大于 Cooperative cows 数量时，意味着不合作；当 Cooperative cows 数量大于 Greedy cows 数量时，意味着合作。分别操纵 Metabolism、Reproduction-cost 两个变量，探讨它们对东中部地区在区域发展及横向生态补偿问题上的合作趋势的影响。

（一）Cooperation 模型单变量操作及数据分析

以 Metabolism 为自变量，将其他变量作为控制变量，保持在初始默认值。

(1) 当 Metabolism = 5，运行 Ticks = 881 时，Cooperative cows = 0，仿

真结果如图 6 - 7 所示。

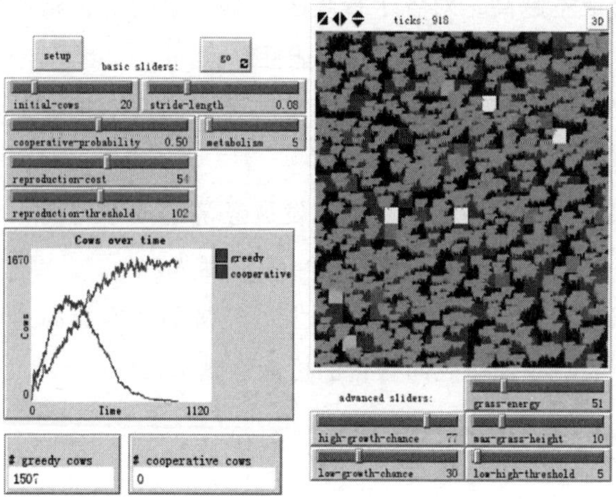

图 6 - 7　Metabolism = 5 时的仿真结果

其中，当 Ticks = 23 时，Cooperative cows 数量（ = 238）开始超过 Greedy cows 数量（ = 207），直到 Ticks = 332 时，Cooperative cows 数量（ = 1031）开始小于 Greedy cows 数量（ = 1037）。即，Ticks = 23 ~ 331 时，Cooperative cows 数量均大于 Greedy cows 数量，意味着这一阶段，东中部地区在区域发展及横向生态补偿问题上趋于合作，且 Ticks = 218 时，合作的可能性达到最大，Cooperative cows 数量达到最大值 1159。

（2）当 Metabolism = 6，运行 Ticks = 1275 时，Cooperative cows = 0，仿真结果如图 6 - 8 所示。

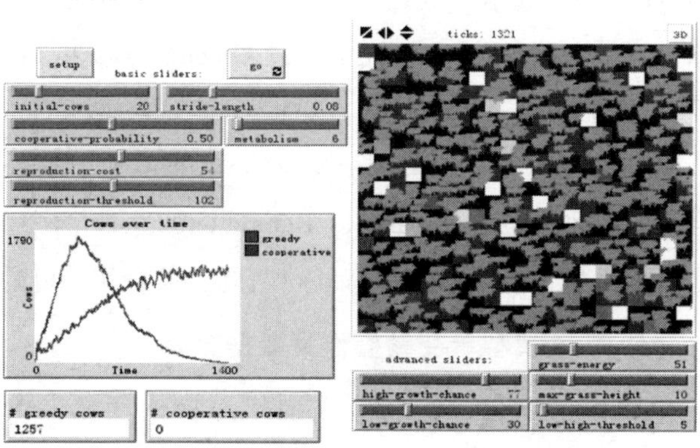

图 6 - 8　Metabolism = 6 时的仿真结果

其中，当 Ticks = 20 时，Cooperative cows 数量（ = 171）开始超过 Greedy cows 数量（ = 148），直到 Ticks = 547 时，Cooperative cows 数量（ =956）开始小于 Greedy cows 数量（ =961）。即，Ticks = 20 ~ 546 时，Cooperative cows 数量均大于 Greedy cows 数量，意味着这一阶段，东中部地区在区域发展及横向生态补偿问题上趋于合作，且 Ticks = 300 时，合作的可能性达到最大，Cooperative cows 数量达到最大值 1721。

（3）当 Metabolism =7，运行 Ticks =2503 时，Cooperative cows =0，仿真结果如图 6 -9 所示。

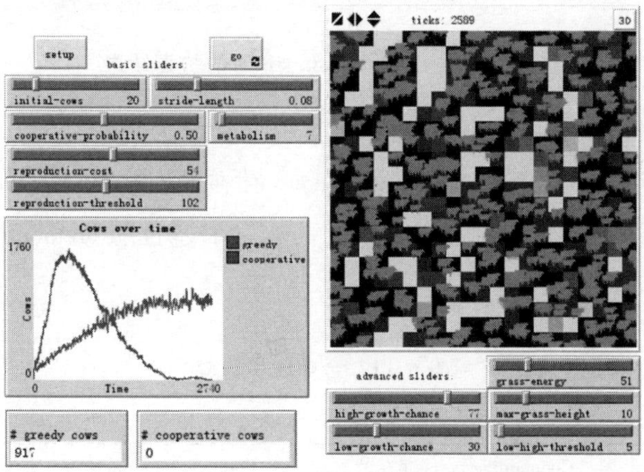

图 6 -9　Metabolism =7 时的仿真结果

其中，当 Ticks = 23 时，Cooperative cows 数量（ = 203）开始超过 Greedy cows 数量（ = 192），直到 Ticks = 1117 时，Cooperative cows 数量（ =741）开始小于 Greedy cows 数量（ =742）。即，Ticks = 23 ~ 1116 时，Cooperative cows 数量均大于 Greedy cows 数量，意味着这一阶段，东中部地区在区域发展及横向生态补偿问题上趋于合作，且 Ticks = 526 时，合作的可能性达到最大，Cooperative cows 数量达到最大值 1600。

（4）当 Metabolism =8，Ticks =4 ~ 19 时，Cooperative cows 数量（ =38 ~ 172）小于 Greedy cows 数量（ =40 ~ 183）。从 Ticks =20 起，Cooperative cows 数量均大于 Greedy cows 数量。仿真结果如图 6 - 10 所示。Metabolism >8 时的情况也如此。

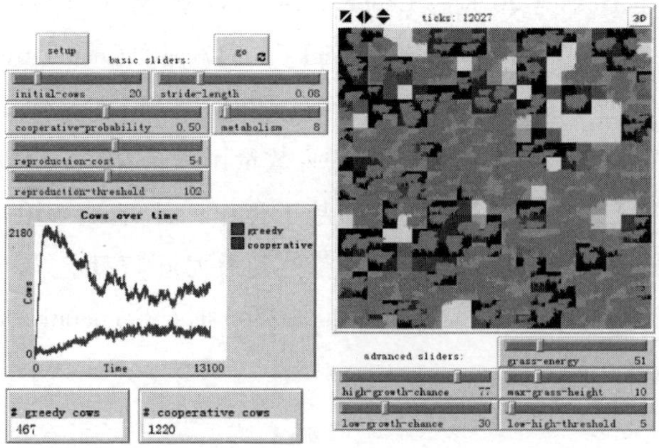

图 6－10　Metabolism＝8 时的仿真结果

通过以 Metabolism 为自变量，将其他变量作为控制变量，保持在初始默认值的合作仿真发现，Cooperative cows 存在的时步随 Metabolism 的增大而增多，Cooperative cows 大于 Greedy cows 的时步也随 Metabolism 的增大而增多（见表 6－1）。

表 6－1　合作时步比较

单位：个

	Cooperative cows 存在的时步	Cooperative cows 大于 Greedy cows 的时步
Metabolism＝5	880	309
Metabolism＝6	1274	527
Metabolism＝7	2502	1094
Metabolism＝8	＋∞	＋∞

可见，计算机模拟的仿真结果与我们前面的模型分析结果是一致的，即在保护生态环境的前提下，发展经济的成本越高，各行政区出现合作的可能性越大；企业扩大产能的成本越高，东中部企业之间合作的可能性越大。

以 Reproduction-cost 为自变量，将其他变量作为控制变量，保持在初始默认值。

（1）Reproduction-cost＝50，运行 Ticks＝1250 时，Cooperative cows＝0，仿真结果如图 6－11 所示。

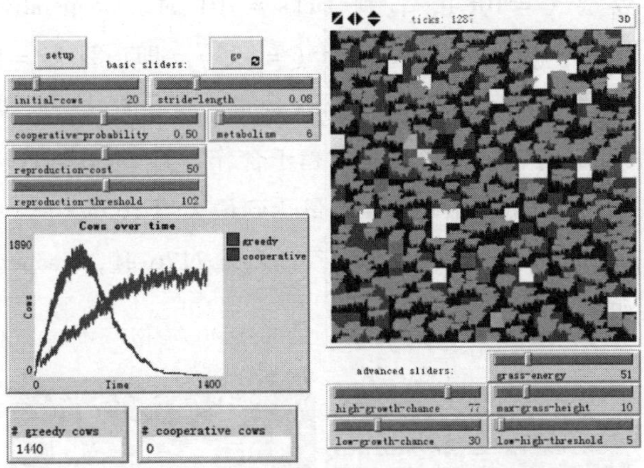

图 6－11　Reproduction-cost＝50 时的仿真结果

其中，当 Ticks = 23 时，Cooperative cows 数量（= 205）开始超过 Greedy cows 数量（= 145），直到 Ticks = 555 时，Cooperative cows 数量（=902）开始小于 Greedy cows 数量（=909）。即，Ticks = 23 ~ 554 时，Cooperative cows 数量均大于 Greedy cows 数量，意味着这一阶段，东中部地区在区域发展及横向生态补偿问题上趋于合作，且 Ticks = 360 时，合作的可能性达到最大，Cooperative cows 数量达到最大值 1746。

（2）Reproduction-cost = 60，运行 Ticks = 1437 时，Cooperative cows = 0，仿真结果如图 6－12 所示。

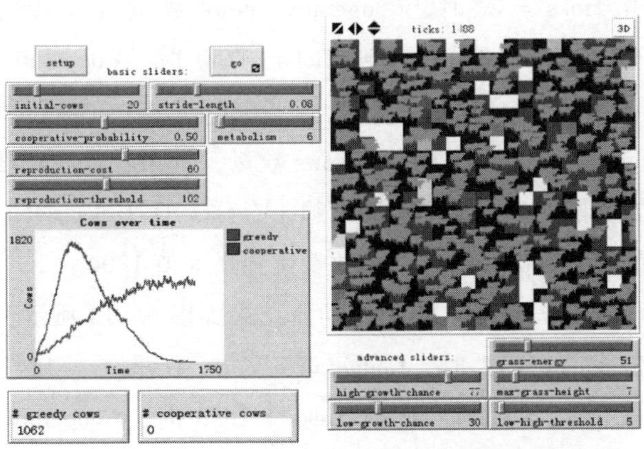

图 6－12　Reproduction-cost＝60 时的仿真结果

其中，当 Ticks = 17 时，Cooperative cows 数量（= 120）开始超过

Greedy cows 数量（=108），直到 Ticks = 701 时，Cooperative cows 数量（=825）开始小于 Greedy cows 数量（=834）。即，Ticks = 17 ~ 700 时，Cooperative cows 数量均大于 Greedy cows 数量，意味着这一阶段，东中部地区在区域发展及横向生态补偿问题上趋于合作，且 Ticks = 344 时，合作的可能性达到最大，Cooperative cows 数量达到最大值 1653。

（3）Reproduction-cost = 70，运行 Ticks = 2176 时，Cooperative cows = 0，仿真结果如图 6 – 13 所示。

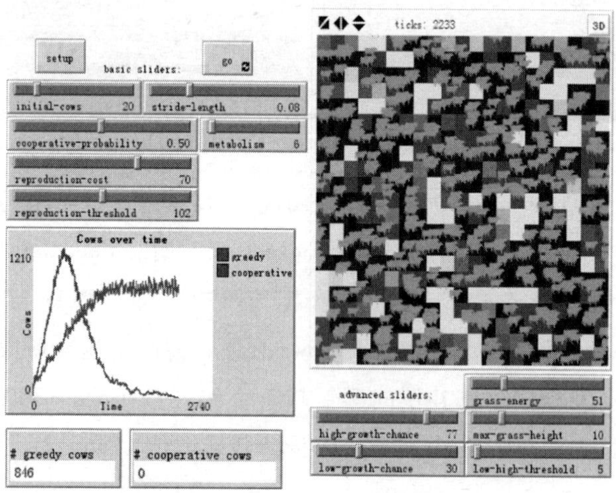

图 6 – 13　Reproduction-cost = 70 时的仿真结果

其中，当 Ticks = 12 时，Cooperative cows 数量（=108）开始超过 Greedy cows 数量（=107），直到 Ticks = 750 时，Cooperative cows 数量（=670）开始小于 Greedy cows 数量（=684）。即，Ticks = 12 ~ 749 时，Cooperative cows 数量均大于 Greedy cows 数量，意味着这一阶段，东中部地区在区域发展及横向生态补偿问题上趋于合作，且 Ticks = 464 时，合作的可能性达到最大，Cooperative cows 数量达到最大值 1204。

（4）Reproduction-cost = 80 时，仿真结果如图 6 – 14 所示。

其中，当 Ticks = 14 时，Cooperative cows 数量（=114）开始超过 Greedy cows 数量（=112），直到 Ticks = 2553 时，Cooperative cows 数量（=549）开始小于 Greedy cows 数量（=560）。即，Ticks = 14 ~ 2552 时，Cooperative cows 数量均大于 Greedy cows 数量，意味着这一阶段，东中部地

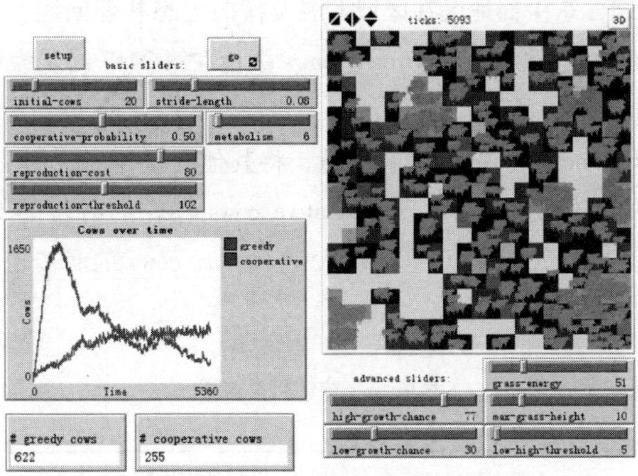

图 6－14　Reproduction-cost＝80 时的仿真结果

区在区域发展及横向生态补偿问题上趋于合作，且 Ticks＝738 时，合作的可能性达到最大，Cooperative cows 数量达到最大值 1606。从模拟结果可以看出，Reproduction-cost＝80 时，Cooperative cows 比之前存在得更长久。

（5）Reproduction-cost＝90 时，仿真结果如图 6－15 所示。

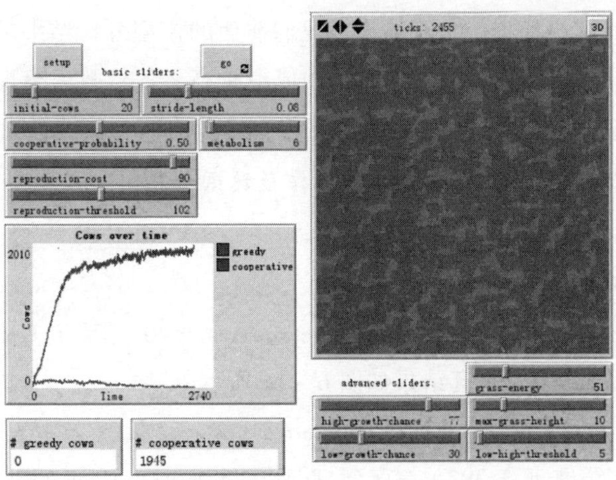

图 6－15　Reproduction-cost＝90 时的仿真结果

其中，前 5 时步，Cooperative cows 数量等于 Greedy cows 数量，这与之前差异不大。第 6 时步到第 14 时步，Cooperative cows 数量小于 Greedy cows 数量。当 Ticks＝15 时，Cooperative cows 数量（＝98）开始超过 Greedy cows 数量（＝87），此后 Cooperative cows 数量远远超过 Greedy cows 数量，意味着

从第 15 时步起，东中部地区在区域发展及横向生态补偿问题上会一直合作，且合作的可能性呈递增趋势。Greedy cows 数量在第 2417 时步为 0，意味着完全没有了不合作的可能性。

通过以 Reproduction-cost 为自变量，将其他变量作为控制变量，保持在初始默认值的合作仿真发现，Cooperative cows 存在的时步随 Reproduction-cost 的增大而增多，Cooperative cows 大于 Greedy cows 的时步也随 Reproduction-cost 的增大而增多（见表 6 - 2）。

表 6 - 2　合作时步比较

单位：个

	Cooperative cows 存在的时步	Cooperative cows 大于 Greedy cows 的时步
Reproduction-cost = 50	1249	532
Reproduction-cost = 60	1436	684
Reproduction-cost = 70	2175	738
Reproduction-cost = 80	+ ∞	2539
Reproduction-cost = 90	+ ∞	+ ∞

可见，计算机模拟的仿真结果与我们前面的模型分析结果是一致的，即在保护生态环境的前提下，发展经济的成本越高，各行政区出现合作的可能性越大；增加一个企业的成本越高，东中部企业之间合作的可能性越大。

（二）Cooperation 模型双变量操作及数据分析

以 Metabolism、Reproduction-cost 为自变量，将其他变量作为控制变量，保持在初始默认值。

（1）当 Metabolism = 5，Reproduction-cost = 40，运行 Ticks = 783 时，Cooperative cows = 0，仿真结果如图 6 - 16 所示。

其中，当 Ticks = 24 时，Cooperative cows 数量（ = 453）开始超过 Greedy cows 数量（ = 392），直到 Ticks = 348 时，Cooperative cows 数量（ = 1454）开始小于 Greedy cows 数量（ = 1490）。即，Ticks = 24 ~ 347 时，Cooperative cows 数量均大于 Greedy cows 数量，意味着这一阶段，东中部地区在区域发展及横向生态补偿问题上趋于合作，且 Ticks = 207 时，合作的可能性达到最大，Cooperative cows 数量达到最大值 2282。

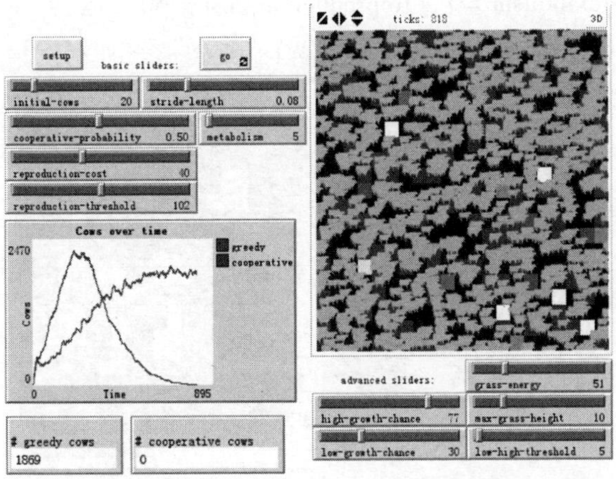

图 6-16　**Metabolism = 5，Reproduction-cost = 40 时的仿真结果**

（2）当 Metabolism = 6，Reproduction-cost = 50，运行 Ticks = 1067 时，Cooperative cows = 0，仿真结果如图 6-17 所示。

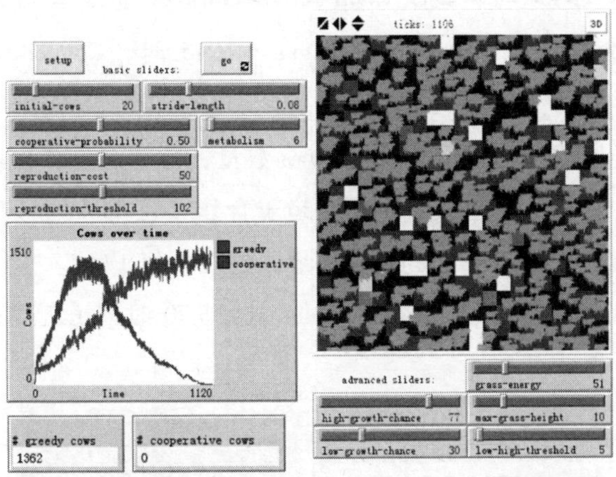

图 6-17　**Metabolism = 6，Reproduction-cost = 50 时的仿真结果**

其中，当 Ticks = 22 时，Cooperative cows 数量（= 244）开始超过 Greedy cows 数量（= 228），直到 Ticks = 493 时，Cooperative cows 数量（=859）开始小于 Greedy cows 数量（= 870）。即，Ticks = 22 ~ 492 时，Cooperative cows 数量均大于 Greedy cows 数量，意味着这一阶段，东中部地区在区域发展及横向生态补偿问题上趋于合作，且 Ticks = 351 时，合作的可能性达到最大，Cooperative cows 数量达到最大值 1358。

（3）当 Metabolism = 7，Reproduction-cost = 60，运行 Ticks = 2717 时，Cooperative cows = 0，仿真结果如图 6 - 18 所示。

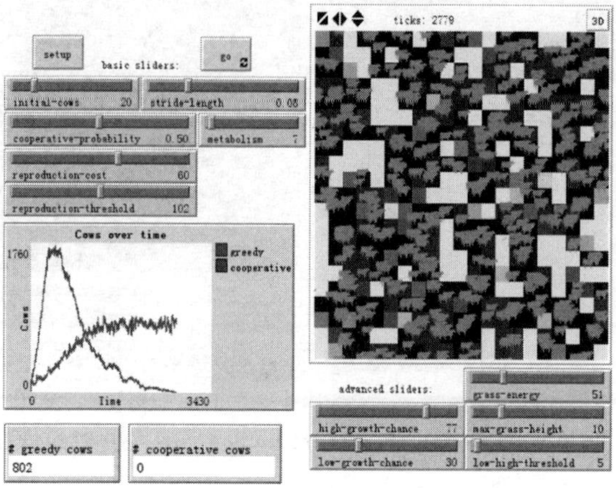

图 6 - 18　Metabolism = 7，Reproduction-cost = 60 时的仿真结果

其中，当 Ticks = 24 时，Cooperative cows 数量（= 170）开始超过 Greedy cows 数量（= 167），直到 Ticks = 1015 时，Cooperative cows 数量（= 696）开始小于 Greedy cows 数量（= 714）。即，Ticks = 24 ~ 1014 时，Cooperative cows 数量均大于 Greedy cows 数量，意味着这一阶段，东中部地区在区域发展及横向生态补偿问题上趋于合作，且 Ticks = 457 时，合作的可能性达到最大，Cooperative cows 数量达到最大值 1717。

（4）当 Metabolism = 8，Reproduction-cost = 70 时，仿真结果如图 6 - 19 所示。

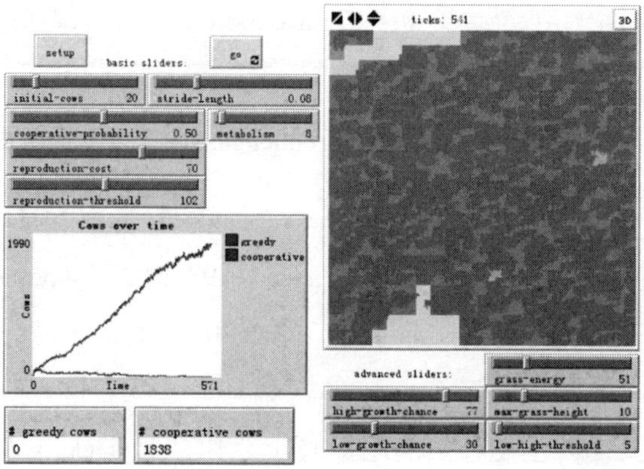

图 6 - 19　Metabolism = 8，Reproduction-cost = 70 时的仿真结果

其中，前4时步，Cooperative cows数量等于Greedy cows数量，这与之前差异不大。第5时步到第16时步，Cooperative cows数量小于Greedy cows数量。当Ticks = 17时，Cooperative cows数量（ = 101）开始超过Greedy cows数量（ =94），此后Cooperative cows数量远远超过Greedy cows数量，意味着从第17时步起，东中部地区在区域发展及横向生态补偿问题上会一直合作，且合作的可能性呈递增趋势。Greedy cows数量在第502时步时为0，意味着完全没有了不合作的可能性。

通过以Metabolism、Reproduction-cost为自变量，将其他变量作为控制变量，保持在初始默认值的合作仿真发现，Cooperative cows存在的时步随Metabolism、Reproduction-cost的增大而增多，Cooperative cows大于Greedy cows的时步也随Metabolism、Reproduction-cost的增大而增多（见表6－3）。

表6－3　合作时步比较

单位：个

	Cooperative cows 存在的时步	Cooperative cows大于Greedy cows的时步
Metabolism =5，Reproduction-cost =40	782	324
Metabolism =6，Reproduction-cost =50	1066	471
Metabolism =7，Reproduction-cost =60	2716	991
Metabolism =8，Reproduction-cost =70	+∞	+∞

可见，计算机模拟的仿真结果与我们前面的模型分析所得结论是一致的，即在保护生态环境的前提下，发展经济的成本越高，企业扩大产能的成本越高，增加一个企业的成本越高，则东中部各行政区之间、东中部企业之间合作的可能性越大。

四　小结

以全球生态不断遭到破坏，环境日渐恶化为背景，选择长江中下游各行政区在保护生态环境和保障经济社会发展的合作为例，以长江中下游地区在地理上存在一种割不断、分不开的整体关系，在水资源、生态环境、疾病传播方面具有一种一损俱损的连带效应为前提，提出构建东中部合作机制及横向生态补偿机制的理论构想。

区域合作的关键是互惠互利。为使双方既能责任共担，又能利益共享，要让东部地区既能分享短期的直接利益，又能以长远眼光注重长期的、整体的、国家的利益。考虑到在具体的实践过程中，单纯由于生态环境的保护和恢复就要求东部省份给予生态补偿，没有一种促进区域合作的有效激励机制，那么东部地区在生态补偿问题上就不会积极主动配合，甚至因不情愿而进行扯皮和抵制，所以本书提出，在构建东中部合作及横向生态补偿机制的研究过程中，中部省份除提供生态环境保护和恢复的服务外，作为承接东部生态补偿的地区，可以通过提供生态农产品和生态旅游服务等方式与东部地区加强合作。

理论分析认为，长江中下游地区在面临资源环境生态等一系列发展压力时，发展难度越来越大，必然会为经济社会发展付出越来越高的总社会成本。（1）如果进行长江中游生态环境建设的社会成本（生态环境恶化带来的损失+保护生态环境的成本）足够高，单个行政区无法承担，则需要在生态环境方面具有一损俱损连带效应的行政区共同负担。（2）社会成本越高，对各个行政区乃至国家的危害越严重，则在国家层面以及各行政区自身激发出合作的可能性越大。（3）在保护生态环境的前提下，发展经济的成本越高，各行政区出现合作的可能性越大。（4）在保护生态环境的前提下，发展经济的成本越高，企业扩大产能的成本越高，东中部企业之间合作的可能性越大。（5）在保护生态环境的前提下，发展经济的成本越高，增加一个企业的成本越高，东中部企业之间合作的可能性越大。

利用Netlogo模型库中的Cooperation模型，通过单变量、双变量操作及数据分析，模拟分析长江中下游地区在区域发展及横向生态补偿问题上进行合作的趋势，仿真结果也较好地支持了理论分析的结论。

在保护生态环境的前提下，流域行政区合作是一种资源优化配置、分工合理、优势互补、互惠共赢的新型区域经济发展关系，在理论研究和具体实践中还比较少见，但它将会成为新的研究重点和经济社会发展的必然趋势。本研究为我国流域间行政区在保护生态环境和经济社会发展方面的合作、横向生态补偿机制的建立，以及主体功能区的建设等提供了思路。

第七章
主体功能区制度建设的实践应用

在高质量发展、绿色发展、生态发展背景下，中部地区以生态经济发展为切入点，与东部地区进行产业合作的逻辑，应该体现在区域发展的实践应用中。借助东部地区的高新技术、资金、市场、教育、人才等高端要素，通过高新技术对口支援、产业合作，围绕 LED 产业、新材料产业、生物医药产业等高新技术产业，以及生态农业和生态旅游业，构建东中部产业发展合作机制，以及在此基础上的人才合作机制。以此实现经济和资源环境生态协调发展及区域协调发展。

第一节　中部地区生态经济发展状况评价

在我国社会经济发展越来越追求质量与协调的背景下，生态经济、生态文明建设受到广泛关注。我国提出要加大生态系统保护力度，改革生态环境监管体制，牢固树立社会主义生态文明观，推动形成人与自然和谐发展的现代化建设新格局。

生态经济评价以生态经济学理论的研究为基础，在评价分析各地区的经济发展状况时，充分纳入生态经济学的研究要素。生态经济发展的总结果是社会经济的变量和生物物理的变量共同作用的函数，生态经济强调经济与生态系统之间的协调。

江西省正在大力进行生态文明建设，全力打造生态文明先行示范区。2014 年 11 月，国家发改委等六部委正式批复了《江西省生态文明先行示范区建设实施方案》。江西建设生态文明经济区，要实施 9 大类 50 个生态工程项目。评价江西省各地级市的生态经济发展现状，可以充分发掘限制和促进其生态经济发展的因子，为经济规划和发展模式的选择起到指导作用。江西省已经将生态经济作为政府考核的一项重要指标，实行专项考核和综合考核相结合的办法来评价干部的实际工作业绩，这对江西各市进行生态经济的动态综合评价研究更具参考意义和实用价值。

一 研究设计

“生态经济学”概念由美国经济学家 Boulding 于 1966 年提出。他认为传统经济发展忽视了自然生态环境，导致人类经济活动走入了有增长无发展的不良循环模式。生态经济研究综合性强、涉及学科范围广，学者们分别从生态学、地理学、管理学及经济学等领域，以不同的视角进行研究。著名的环境库兹涅茨曲线（EKC）学说认为：经济发展与资源环境变化之间存在由互竞互斥到互适互补的过程，生态环境与经济发展呈现倒 U 形曲线关系。国内外学者按照这一范式进行了系统研究。

目前，国际上对生态经济的前沿研究主要集中在以下领域：（1）设立环境和经济整合账户；（2）对可持续发展的衡量；（3）对自然资源的评估；（4）对资源的可持续利用和环境政策的管理。

我国生态经济评价机制普及与应用水平都有了很大提高，但以静态评价为主，缺乏动态评价研究。生态经济评价研究实际上是对“社会—经济—自然”复合系统的研究，生态经济的发展变化与观测时间的长短密切相关，因此非常有必要在生态经济评价中引入时间因素进行动态综合评价。

本书创建了趋优融合的灰色熵权评价方法，对 2009～2013 年江西省 11 个地级市的生态经济进行动态综合评价研究，并针对评价结果提出相应的对策建议。

（一）指标体系构建

按照生态经济学理论，将人类活动引起的生态环境成本整合进经济分析中，形成“社会—经济—自然”的系统视角，结合江西省生态经济评价的理论内涵，可知各市的生态经济评价应该包括社会发展、经济增长、生态建设、资源利用和环境保护等五方面。据此，从构建评价指标体系的科学性、系统性、层次性、区域性、代表性和数据的可获得性等原则出发，参照黄和平等（2014）构建的鄱阳湖生态经济区生态指标体系构架，构建江西省各市生态经济评价指标体系。该指标体系框架为“目标层—准则层—指标层”，详见表 7－1。

表 7－1　江西省各市生态经济评价指标体系

目标层	准则层	指标层	指标性质	权重 2009	2010	2011	2012	2013
生态经济评价指标体系	社会发展	城镇就业率/%	正向	0.033	0.034	0.028	0.027	0.034
		毕业生率/%	正向	0.060	0.051	0.076	0.079	0.072
		人口自然增长率/%	逆向	0.044	0.046	0.057	0.062	0.075
		城市化率/%	正向	0.052	0.056	0.064	0.064	0.065
		人均消费水平/元	正向	0.049	0.048	0.052	0.054	0.038
	经济增长	人均 GDP/元	正向	0.066	0.051	0.059	0.056	0.056
		人均可支配收入/元	正向	0.065	0.062	0.060	0.057	0.056
		人均教育经费支出/元	正向	0.041	0.060	0.044	0.039	0.031
		第三产业占 GDP 比重/%	正向	0.028	0.025	0.030	0.037	0.042
		环保投入占 GDP 比重/%	正向	0.033	0.041	0.041	0.037	0.038
	生态建设	森林覆盖率/%	正向	0.014	0.015	0.015	0.014	0.015
		生态用地覆盖率/%	正向	0.031	0.033	0.032	0.030	0.030
		城市绿地覆盖率/%	正向	0.027	0.045	0.030	0.032	0.037
		人均绿地面积/m^2	正向	0.035	0.022	0.022	0.043	0.028
	资源利用	能源利用效率/（万元/吨标准煤）	正向	0.023	0.023	0.027	0.025	0.032
		水资源利用效率/（元/吨）	正向	0.047	0.047	0.050	0.043	0.045
	环境保护	氮氧化物排放环境效率/（元/吨）	正向	0.081	0.068	0.070	0.064	0.065
		SO_2 排放环境效率/（元/吨）	正向	0.067	0.047	0.047	0.038	0.039
		工业固体废弃物排放环境效率/（元/吨）	正向	0.076	0.064	0.067	0.064	0.066
		危险废弃物排放环境效率/（元/吨）	正向	0.072	0.111	0.063	0.062	0.066
		工业烟尘排放环境效率/（元/吨）	正向	0.057	0.051	0.068	0.072	0.072

（二）数据来源

所采用数据来源于江西省统计局官方网站和中国知网“中国经济与社会发展统计数据库”，部分指标需要通过公式计算得到。指标计算公式为：

城镇就业率 = （城镇就业人员数/城镇人口数） ×100%

毕业生率 = （高等教育毕业生数/总人口数） ×100%

城市化率 = （城镇人口数/总人口数） ×100%

能源利用效率 =地区生产总值/煤炭消费量

水资源利用效率 =地区生产总值/用水总量

氮氧化物排放环境效率 =地区生产总值/氮氧化物排放总量

SO_2 排放环境效率 =地区生产总值/SO_2 排放总量

工业固体废弃物排放环境效率 =地区生产总值/工业固体废弃物排放总量

危险废弃物排放环境效率 =地区生产总值/危险废弃物排放总量

工业烟尘排放环境效率 =地区生产总值/工业烟尘排放总量

二 研究方法

（一）熵权法

熵权法是一种纯粹依据各指标观测值所提供的信息量大小来确定指标权重的方法，是一种客观的权重计算方法。假定有 n 个被评价对象，m 项评价指标，熵权法确定指标权重的具体步骤如下。

步骤 1，对原始数据进行无量纲化处理。因为熵权法要求待处理的数据不为 0，所以采用功效系数法来消除不同指标数据的量纲。具体公式如下：

$x'_{ij} = \{[x_{ij} - \min(x_{ij})]/[\max(x_{ij}) - \min(x_{ij})]\} \times 0.9 + 0.1$（正向极大型指标）；

$x'_{ij} = \{[\max(x_{ij}) - x_{ij}]/[\max(x_{ij}) - \min(x_{ij})]\} \times 0.9 + 0.1$（逆向极小型指标）。

其中，x_{ij}表示第 $i(i=1,2,\cdots,n)$个被评价地级市的第 $j(j=1,2,\cdots,m)$项评价指标。

步骤 2，计算指标的熵值：$E_j = -\frac{1}{\ln(n)}\left(\sum_{i=1}^{n} P_{ij}\ln P_{ij}\right)$。其中，$P_{ij} = x'_{ij}/\sum_{i=1}^{n} x'_{ij}$。

步骤 3，计算指标的熵权：$w_j = (1 - E_j)/\sum_{j=1}^{m}(1 - E_j)$。

根据2009~2013年江西省各市生态经济评价的面板数据，在每个截面下利用步骤1、2和3来确定各指标的权重。熵权法确定的指标权重在不同年份有所不同，原因在于不同年份各个生态经济评价指标的观测值有所不同，进而各指标不同年份的信息熵不同。信息熵越小，其指标观测值之间的差异越大，评价信息的效用就越高，指标权重就越大；反之亦然。本书使用熵权法计算获得的各年份的指标权重详见表7-1。

（二）趋优融合下的灰色关联分析法

灰色关联分析方法根据数据序列曲线几何形状的相似程度来判断不同序列之间的联系是否紧密，它对样本容量和样本规律没有要求，且通常不会出现量化结果与定性分析结果不符的情况。所以本书从评价者对生态经济评价趋优考虑的角度出发，通过引入前期与本期生态评价系统的理想值参与本期灰色关联分析，创建趋优融合下的灰色关联分析方法，对生态经济进行动态综合评价。具体步骤如下。

第一步：确定生态经济发展的最优状态序列，将其作为参考序列 $x(t)^*$。各个被评价地区生态经济发展不同时期的最优状态表现在生态经济评价信息中，就是正向指标的极大化，逆向指标的极小化。为描述方便，这里假设所有的评价指标都是正向的。

$$x(t)^* = \begin{cases} \max[x_{i1}(t), x_{i2}(t), \cdots, x_{ij}(t), \cdots, x_{im}(t)] & t=1 \\ \max\{x(t-1)^*, \max[x_{i1}(t), x_{i2}(t), \cdots, x_{ij}(t), \cdots, x_{im}(t)]\} & t>1 \end{cases} \tag{1}$$

$x_{ij}(t)$ 表示第 $t(t=1,2,\cdots,T)$ 时期的第 i 个被评价地级市的第 j 项评价指标。（1）式表示第一期的参考序列取当期各指标最优值构成，其他期取第一期与当期中的最优值构成。这样在不同时序下得到的参考序列是一个随着时间变化的发展型序列，这与生态经济随着时间变化趋优发展的状态相符。所以，通过将各期的指标数据与 $x(t)^*$ 做关联分析，可以反映被评价地区生态经济的时序趋优情况。

第二步：对所有的数据进行初值化（无量纲化）处理。这里将所有数据和第一个地区的数据做除法，得到初值化后的数据。

$$x_{ij}(t) = x_{ij}(t)/x_{1j}(t) \tag{2}$$

第三步：计算各个时期各地区生态经济发展指标与当期系统最优指标

的关联系数 $\xi_i(j)(t)$。

$$\xi_i(j)(t) = \frac{\min\limits_i \min\limits_j |x_j(t)^* - x_{ij}(t)| + \rho \max\limits_i \max\limits_j |x_j(t)^* - x_{ij}(t)|}{|x_j(t)^* - x_{ij}(t)| + \rho \max\limits_i \max\limits_j |x_j(t)^* - x_{ij}(t)|} \tag{3}$$

第四步：计算各个时期各地区的趋优综合关联度 $r_i(t)$。

$$r_i(t) = \sum_{j=1}^{m} [w_j(t) \times \xi_i(j)(t)] \tag{4}$$

其中，$w_j(t)$是第 t 时期第 j 个评价指标的权重。

第五步：对静态趋优融合下的灰色关联度 r_i（t）进行线性加权平均（不考虑时间偏好），得到综合关联度 r_i。

$$r_i = \frac{1}{T}\sum_{t=1}^{T} r_i(t) \tag{5}$$

三　实证分析

（一）评价过程与结果

选取江西省 11 个地级市 2009 ~ 2013 年的面板数据进行分析评价。使用基于趋优融合的灰色熵权法对江西省 11 个地级市生态经济的具体评价步骤如下。

第一步：使用熵权法步骤计算出各年份各指标的权重，结果如表 7 - 1 所示。

第二步：从社会发展、经济增长、生态建设、资源利用和环境保护五个方面，分别使用趋优融合下的灰色关联法的步骤对指标层进行评价，再对这五个方面的评价结果进行线性加权，得到综合评价结果（见表 7 - 2）。

将江西省 11 个地级市各年生态经济的关联度和综合关联度用图形表示（见图 7 - 1），图中的数据标签为最终综合关联度的数值。综合维度下生态经济评价排名由高到低分别是：南昌市、新余市、抚州市、景德镇市、吉安市、九江市、赣州市、鹰潭市、萍乡市、上饶市、宜春市。

2009 ~ 2013 年，从生态经济评价指标分析，江西总体发展趋势良好。社会发展、经济增长、生态建设、资源利用和环境保护五个子系统运行正常，整体提升。在子系统社会发展和经济增长中，城镇就业率及城市化率

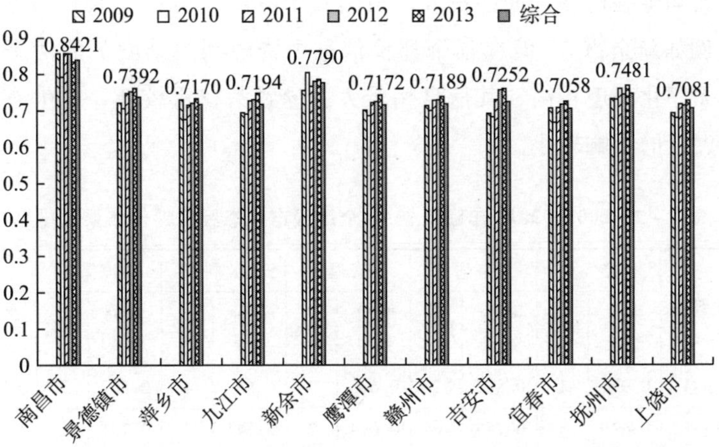

图 7-1　2009~2013 年江西省 11 个地级市生态经济评价结果

都呈现正向增长，人均可支配收入水平及消费水平都有所提高，社会发展与经济增长相互促进。生态建设方面，森林覆盖率及城市绿地覆盖率都呈增长态势，生态环境保护较好。从资源利用情况可以发现，经济的发展并不是依靠资源消耗的粗放发展模式，资源利用率的提高保障了生态经济的可持续发展，这一点在环境保护子系统中有所体现。

2009~2013 年，大气污染物排放量降低，工业固体废弃物减少，生态环境逐步改善。由图 7-1 可知，2010 年除了新余市综合趋优关联度呈正增长外，其余地区都呈负增长。接下来的年份中，大部分地级市呈正增长。仅在 2011 年时，新余市呈负增长；2012 年时，抚州市和上饶市呈负增长；2013 年时，南昌市呈负增长。

由此可知，2009~2013 年江西省生态经济是整体正向趋优发展的，生态经济发展水平有很大的提升。通过表 7-2 中详细的趋优状况数据，可知在被评价的 11 个地级市生态经济的社会发展方面，南昌市、新余市和景德镇市发展较好；经济增长方面，发展较好的有新余市、南昌市和吉安市；生态建设方面，发展较好的有九江市、景德镇市和抚州市；资源利用方面，抚州市、吉安市和赣州市发展较好；环境保护方面，发展较好的是南昌市、抚州市、景德镇市。

综合来看，南昌市、新余市和抚州市的生态经济发展水平位于江西省各市的前列。这源于它们在保持社会经济较高速度增长的同时，注重教育、环保和生态建设方面的投入。虽然其中有些城市在资源利用方面水平较低（例如新余市），但在整个评价信息中资源利用维度下的两个指标观测值的无序化程度较高，其信息熵较大，导致其权重较低，对生态经济动态综合评价的影响较小。

表 7－2　2009～2013 年江西省 11 个地级市生态经济评价结果及排名

年份	地级市	社会发展		经济增长		生态建设		资源利用		环境保护		综合	
		评价结果	排名	评价结果	排名	评价结果	排名	评价结果	排名	评价结果	排名	评价结果	排名
2009	南昌	0.971	1	0.882	2	0.668	3	0.644	4	0.867	2	0.858	1
	景德镇	0.620	5	0.785	6	0.694	2	0.541	7	0.791	7	0.721	5
	萍乡	0.621	4	0.776	9	0.502	11	0.383	10	0.914	1	0.731	4
	九江	0.583	6	0.778	8	0.625	5	0.469	8	0.782	11	0.695	9
	新余	0.689	2	0.902	1	0.662	4	0.383	11	0.805	5	0.755	2
	鹰潭	0.634	3	0.786	5	0.554	8	0.453	9	0.791	6	0.704	8
	赣州	0.518	11	0.769	11	0.530	10	0.963	1	0.817	4	0.714	6
	吉安	0.538	9	0.819	3	0.535	9	0.577	5	0.784	10	0.693	11
	宜春	0.551	7	0.772	10	0.608	6	0.787	2	0.784	9	0.707	7
	抚州	0.543	8	0.7856	7	0.7377	1	0.7458	3	0.8212	3	0.7326	3
	上饶	0.524	10	0.797	4	0.608	7	0.570	6	0.790	8	0.694	10
2010	南昌	0.909	1	0.825	2	0.745	6	0.594	3	0.746	2	0.792	2
	景德镇	0.689	3	0.761	5	0.824	2	0.517	7	0.685	7	0.708	4
	萍乡	0.679	4	0.740	11	0.729	8	0.396	11	0.674	11	0.678	10
	九江	0.636	6	0.740	10	0.883	1	0.476	9	0.676	10	0.692	5
	新余	0.746	2	0.878	1	0.741	7	0.398	10	0.896	1	0.804	1
	鹰潭	0.666	5	0.751	7	0.714	10	0.477	8	0.694	4	0.688	6
	赣州	0.570	11	0.742	8	0.761	5	0.731	2	0.689	5	0.685	7
	吉安	0.592	8	0.789	3	0.718	9	0.585	4	0.680	8	0.683	8
	宜春	0.600	7	0.741	9	0.709	11	0.553	5	0.677	9	0.669	11
	抚州	0.591	9	0.770	4	0.807	3	0.999	1	0.718	3	0.731	3
	上饶	0.580	10	0.758	6	0.796	4	0.541	6	0.687	6	0.682	9
2011	南昌	0.984	1	0.802	2	0.733	8	0.732	4	0.865	1	0.860	1
	景德镇	0.666	3	0.746	5	0.806	2	0.501	8	0.862	7	0.748	4

续表

年份	地级市	社会发展		经济增长		生态建设		资源利用		环境保护		综合	
		评价结果	排名	评价结果	排名	评价结果	排名	评价结果	排名	评价结果	排名	评价结果	排名
2011	萍乡	0.631	4	0.735	8	0.709	9	0.388	10	0.861	10	0.717	10
	九江	0.594	6	0.738	7	0.866	1	0.460	9	0.862	8	0.729	6
	新余	0.686	2	0.868	1	0.749	6	0.387	11	0.861	9	0.767	2
	鹰潭	0.612	5	0.739	6	0.657	11	0.574	6	0.862	3	0.722	8
	赣州	0.538	11	0.729	11	0.737	7	0.841	2	0.862	4	0.728	7
	吉安	0.554	9	0.757	4	0.753	5	0.744	3	0.862	5	0.733	5
	宜春	0.559	8	0.731	9	0.686	10	0.561	7	0.861	11	0.707	11
	抚州	0.562	7	0.773	3	0.782	3	0.988	1	0.864	2	0.761	3
	上饶	0.544	10	0.730	10	0.762	4	0.659	5	0.862	6	0.718	9
2012	南昌	0.982	1	0.822	2	0.744	7	0.690	4	0.861	1	0.861	1
	景德镇	0.660	3	0.764	5	0.812	3	0.547	8	0.859	6	0.754	4
	萍乡	0.638	4	0.756	6	0.706	10	0.396	10	0.859	7	0.723	9
	九江	0.605	6	0.754	8	0.834	1	0.461	9	0.859	9	0.732	6
	新余	0.698	2	0.882	1	0.814	2	0.394	11	0.859	10	0.781	2
	鹰潭	0.622	5	0.752	9	0.677	11	0.563	7	0.859	3	0.725	8
	赣州	0.542	11	0.766	4	0.736	8	0.800	3	0.859	5	0.729	7
	吉安	0.553	9	0.812	3	0.787	5	0.914	1	0.859	4	0.756	3
	宜春	0.558	8	0.739	11	0.723	9	0.668	5	0.859	11	0.716	10
	抚州	0.563	7	0.756	7	0.797	4	0.869	2	0.860	2	0.745	5
	上饶	0.545	10	0.745	10	0.748	6	0.644	6	0.859	8	0.716	11
2013	南昌	0.889	1	0.844	2	0.749	7	0.663	4	0.857	1	0.837	1
	景德镇	0.698	3	0.774	5	0.801	2	0.549	8	0.857	3	0.763	4
	萍乡	0.672	5	0.7662	10	0.6883	11	0.4534	10	0.8570	4	0.7347	9
	九江	0.645	6	0.774	6	0.826	1	0.497	9	0.856	10	0.747	6
	新余	0.731	2	0.879	1	0.784	4	0.443	11	0.856	11	0.786	2
	鹰潭	0.674	4	0.769	8	0.699	10	0.554	7	0.856	7	0.745	7
	赣州	0.594	10	0.769	7	0.743	8	0.686	3	0.856	5	0.737	8
	吉安	0.608	8	0.811	3	0.775	5	0.755	2	0.856	6	0.759	5

续表

年份	地级市	社会发展		经济增长		生态建设		资源利用		环境保护		综合	
		评价结果	排名	评价结果	排名	评价结果	排名	评价结果	排名	评价结果	排名	评价结果	排名
2013	宜春	0.607	9	0.752	11	0.715	9	0.592	5	0.856	8	0.726	11
	抚州	0.615	7	0.776	4	0.794	3	0.942	1	0.857	2	0.770	3
	上饶	0.592	11	0.767	9	0.760	6	0.582	6	0.856	9	0.730	10

（二）生态经济评价结果的聚类分析

聚类分析将个体或对象分类，使同一类中对象之间的相似性比与其他类对象的相似性更强。为更直观地展现江西省 11 个地级市在各维度下的发展情况，运用 SPSS 18.0 中的系统聚类法，对江西省 11 个地级市的生态经济评价结果进行 Q 型聚类，聚类结果详见图 7－2 至图7－7。综合该聚类结果与前面的评价数据，将它们分为三类。Ⅰ类城市：南昌市、景德镇市和萍乡市。Ⅱ类城市：九江市、新余市、鹰潭市和赣州市。Ⅲ类城市：吉安市、宜春市、抚州市和上饶市。相较而言，Ⅰ类为发展较好，Ⅱ类为发展一般，Ⅲ类为发展较差有待提升，详见表 7－3。

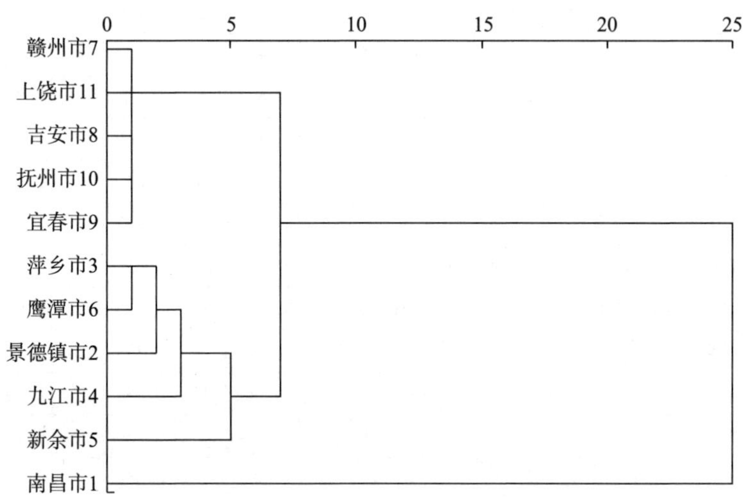

图 7－2　社会发展维度下聚类分析

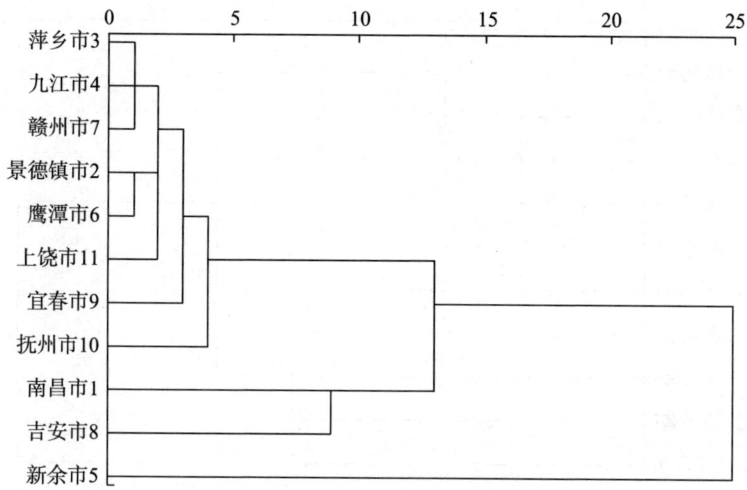

图 7-3 经济增长维度下聚类分析

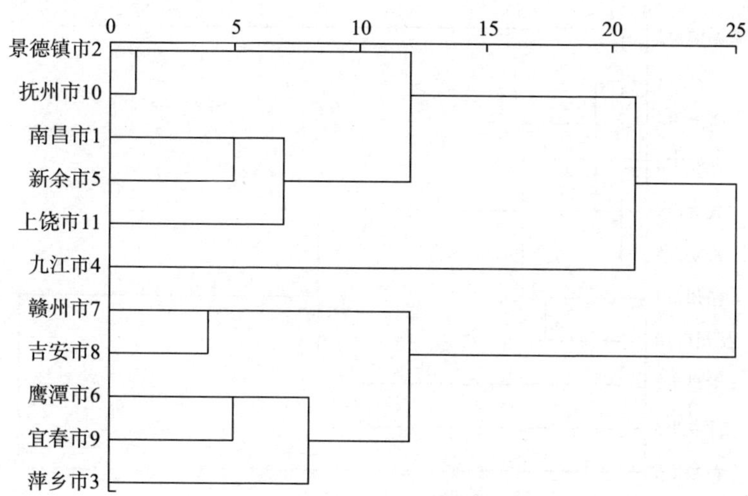

图 7-4 生态建设维度下聚类分析

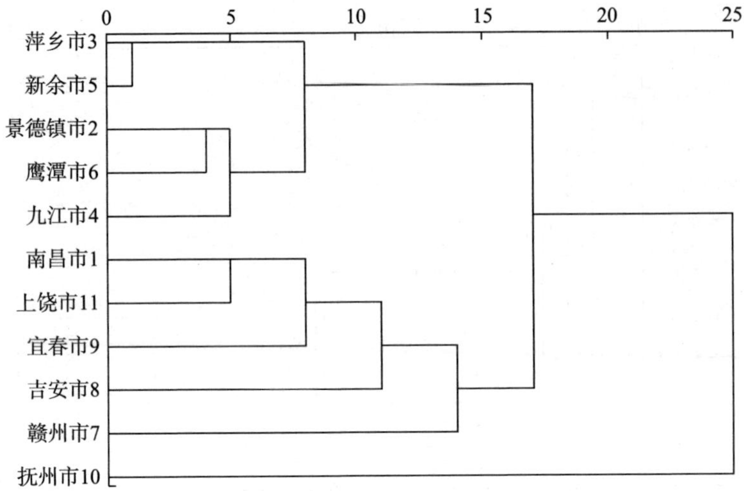

图 7-5　资源利用维度下聚类分析

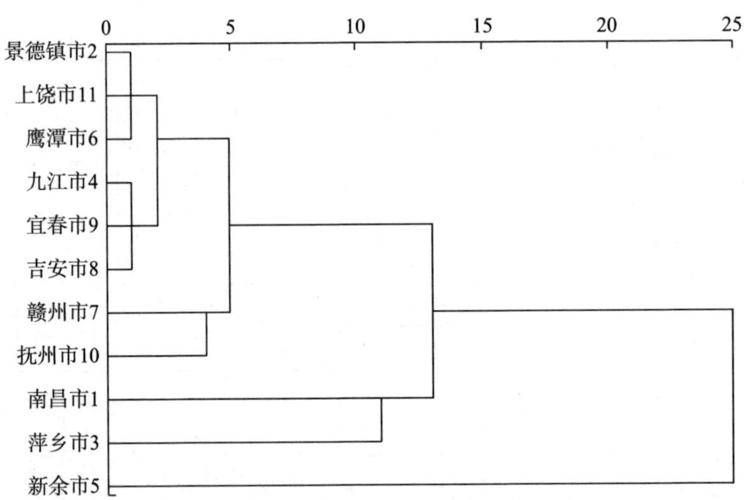

图 7-6　环境保护维度下聚类分析

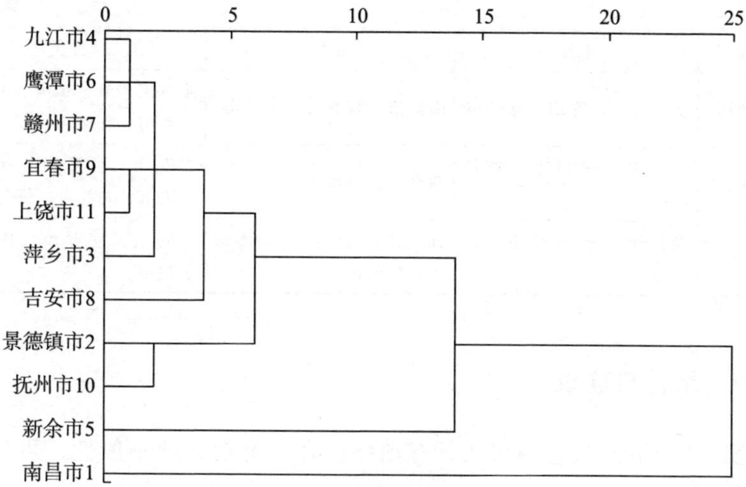

图 7-7 综合维度下聚类分析

从各维度下聚类分析的结果中不难发现，在生态经济评价的社会、经济与自然三大系统中，社会、经济两大系统发展较好的地区即使在自然系统的生态建设和资源利用中发展一般甚至较差，其在综合维度下的排名仍旧靠前。原因在于，该面板数据下由熵权法确定的社会发展与经济增长方面的权重较大，两个方面权重之和在 2009～2013 年分别为 0.471、0.474、0.511、0.512 与 0.507。但这些地区在与自然系统密切相关的环境保护方面表现良好，例如新余市和南昌市。环境保护方面的权重又比生态建设和资源利用两者的权重高，其在 2009～2013 年分别为 0.353、0.341、0.315、0.300 与 0.308。故社会、经济发展较好并且注重环境保护的地区在本次评价的最终结果中排名靠前。

表 7-3 江西省 11 个地级市生态经济评价各维度下的分类情况

维度	Ⅰ类	Ⅱ类	Ⅲ类
社会发展	南昌市、新余市	景德镇市、鹰潭市、萍乡市、九江市	抚州市、吉安市、宜春市、赣州市、上饶市
经济增长	新余市、南昌市、吉安市、抚州市	景德镇市、九江市、赣州市	鹰潭市、上饶市、萍乡市、宜春市
生态建设	九江市、景德镇市、抚州市	新余市、吉安市、上饶市	南昌市、赣州市、宜春市、鹰潭市、萍乡市

续表

维度	Ⅰ类	Ⅱ类	Ⅲ类
资源利用	抚州市、吉安市、赣州市	南昌市、宜春市、上饶市	鹰潭市、景德镇市、九江市、萍乡市、新余市
环境保护	南昌市、抚州市、景德镇市	萍乡市、赣州市	吉安市、鹰潭市、宜春市、上饶市、九江市、新余市
综合	南昌市、景德镇市、萍乡市	九江市、新余市、鹰潭市、赣州市	吉安市、宜春市、抚州市、上饶市

四　结论与建议

趋优融合下的灰色熵权法具有动态综合评价功能的一般性，可供对被评价对象整体发展有时序趋优考虑的评价者选用。我们运用该方法对江西省 11 个地级市 2009～2013 年的生态经济发展状况进行了动态综合评价，由实证分析得出的结论与建议如下。

（1）江西省将生态经济作为政府考核的一项重要指标，实行专项考核和综合考核相结合的办法来评价干部实际工作成绩。江西将生态经济纳入政府考核，这对生态经济的良好发展起了正向激励作用，已经初见成效。具体表现在，2011～2013 年大部分地市生态经济综合趋优关联度呈正增长，这有利于各地生态经济趋优健康发展。因此，将生态经济纳入政府考核的政策应该坚持推行，在发展经济的同时，加强对生态环境的保护，以进一步推动生态经济的发展。

（2）生态经济评价中的社会发展和经济增长之间联系紧密，关联系数高，相互影响作用强。因此，要想在社会和经济两个系统的发展方面有所突破，从评价指标维度来看，就必须：重视高等教育普及率，着力解决社会就业难问题，提高就业率；扶持第三产业的发展，提高第三产业的投入比重；加快城镇化进程，缩小城乡差距；在社会经济健康平稳发展的同时，注意环保问题，杜绝“先污染后治理”的末端管理模式，保障社会经济的可持续发展。

（3）从本次江西省生态经济评价结果各维度间的趋优情况来看，环境保护和经济增长两方面趋优程度较高，生态建设、社会发展和资源利用三方面的趋优程度较低。因此，江西省各地市在保持环境保护和经济增长较好趋优发展的同时，应更加注重生态建设、社会发展和资源利用方面的投入。尤其需要进一步提高各种资源的利用效率，提高节约能源、循环利用和绿色环保意识，利用制度创新、能源技术创新和减排技术创新等补齐短板，从而提升整体的生态经济发展水平。

（4）江西省各个地级市应该根据评价结果进行横向对比，相互之间取长补短，找到相应维度下表现较差的深层次原因，在进行经济规划与宏观经济决策时扬长避短，以切实提高生态经济发展水平。值得注意的是，一些市近年来在生态文明建设方面取得了较大进步。如宜春出台了《关于加快推进生态文明先行示范区建设的实施意见》、《关于加快推进昌铜高速生态经济带建设的实施方案》和《昌铜高速生态经济带总体规划》等文件，大力实施“生态立市，绿色崛起”战略，并于2015年获评国家森林城市。这表明宜春以实际行动弥补了此次评价过程中在生态经济发展上的不足。

第二节　长江流域东中部地区高新技术产业发展合作机制

一　基于LED产业发展的长江流域东中部经济合作机制

我国东中部地区的经济发展水平具有明显的差距。东部地区得天独厚的地理位置，加上近代国际贸易发展迅猛的历史背景，以及改革开放以来政府为着力促进沿海地区快速崛起所给予的政策上的优先支持，为引进国外资金、技术，促进东部地区经济发展创造了巨大优势，使得东部地区发展水平处于我国前列。

中部地区位于我国内陆腹地，既缺乏交通上的便利，资本和技术渗透也比较缓慢，发展步调比东部地区慢一些。于是，形成东部地区经济发达，中部地区相对落后的情形。对于环境生态问题，单个行政区凭借自己的力量解决起来难度很大，长江经济带的中部省份更是如此。从国家层面而言，这种在区域发展上出现的一定程度的不协调，极大地影响了整个国家和民族“两个一百年的奋斗目标”。所以，亟须加强我国东部地区与中西部地区的互利合作。

随着我国经济的不断发展，中部地区与东部地区在高新技术、人才、资本、市场等要素合理流动，以及相关产业合作方面，存在合理分工、优化配置、优势互补、合作共赢的契机与基础。如何利用这些契机和基础来构建东中部协调发展的合作模式，是目前区域协调发展的突出难题和崭新课题。

本节以 LED 产业为例，通过长江经济带东部地区与中部地区高新技术产业的合理分工、优化配置、优势互补、合作共赢，探讨东中部地区高新技术产业的合作机制。

（一）基于 DEA 的东中部 LED 产业竞争优势分析

在高新技术产业方面，东部地区占据技术优势，中部地区占据劳动力资源优势。但是，东部地区属于高新技术产业密集地区，竞争激烈，中小企业难以生存；中部地区虽然缺乏技术优势，却有一个有利于企业发展的低成本环境，高新技术产业往往能得到长足发展。应综合考虑各地区的优势，将这些优势为企业所用，形成企业自身的竞争优势。具有不同竞争优势的同类企业间应该分工协作，以达到降低生产成本、互利共赢的目的。

1. 东中部高新技术产业发展状况评价模型

数据包络分析（DEA）是著名运筹学家 A. Charnes 和 W. W. Cooper 等于 1978 年提出的一种以相对效率概念为基础的系统分析方法。这种方法主要用于评价具有相同类型的多投入、多产出的决策单元（DMU）是否有效。决策单元在某种程度上是一种约定，可以是银行、企业，也可以是学校、医院等。DEA 的优点是可以不涉及具体的参数估计和权重的确定，且评价的结果不会因为量纲不同而受到影响。

在评价决策单元的相对效率时，其目的是判断决策单元是否 DEA 有效。DEA 有效是指决策单元位于生产可能集的生产前沿面上。“生产前沿面”即相对于生产可能集而言，所有以投入最小、产出最大为目标的帕累托最优点所构成的面。所以，可以根据各决策单元与有效前沿的距离来确定其是否 DEA 有效，还可以利用投影分析确定决策单元非 DEA 有效或弱 DEA 有效的原因，并指明其改进的方向。

分析我国东部和中部地区高新技术产业的合作机制，可以借助于研究东部和中部高新技术产业的竞争优势，进而根据产业竞争优势理论来确定其合作和发展模式。东中部高新技术产业的竞争优势可以利用 DEA 来分析，通过研究产业中企业的技术有效性及规模有效性，来判断其竞争优势的大小。因此，本节将以 LED 产业为例，构建东中部高新技术产业发展的 DEA 评价模型。

假设有 n 个 LED 产业的上市公司 $DMU_j(1 \leqslant j \leqslant n)$，每个 LED 产业上市公司都有 m 种输入和 s 种输出，以 X_{ij} 表示第 j 个 LED 上市公司的第 i（$i \leqslant m$）种要素投入量，$X_{ij}=(X_{1j},X_{2j},\cdots,X_{mj})^T$，以 Y_{rj} 表示第 j 个 LED 产业上市公司的第 $r(r \leqslant s)$ 种产出的输出量，$Y_{ij}=(Y_{1j},Y_{2j},\cdots,Y_{sj})^T$。在生产过程中，各种输入和输出的地位（即所起的作用）是不同的，因此，在对某个 DMU 评价时，须对它的输入和输出进行综合，即将其看成只有一个总体输入和一个总体输出。这便需要对每项输入和输出指标进行赋权，在这里，我们假设投入指标 X_i 的权重为 v_i，产出指标 Y_r 的权重为 u_r。由此，我们可以构建第 j 个决策单元的效率评价指数：$h_j = \sum_{r=1}^{s} u_r Y_{rj} / \sum_{i=1}^{m} v_i X_{ij} (j = 1,2,\cdots,n)$ 。总是可以通过变化权重系数 v_i 和 u_r 到适当的水平，使得 $h_j \leqslant 1$。粗略地说，h_{j_0} 越大，表示 DMU_{j_0} 越可以通过较少的输入得到较多输出。因此，我们以第 j_0 个决策单元的效率指数为目标，以所有决策单元的效率指数为约束，构建出如下的 C^2R 模型：

$$
\begin{cases}
\max\ h_{j_0} = \sum_{r=1}^{s} u_r Y_{rj_0} \Big/ \sum_{i=1}^{m} v_i X_{ij_0} \\
\text{s. t.}\quad \sum_{r=1}^{s} u_r Y_{rj} \Big/ \sum_{i=1}^{m} v_i X_{ij} \leqslant 1 \quad (j = 1,2,\cdots,n) \\
\qquad v_i \geqslant 0, u_r \geqslant 0
\end{cases}
$$

上述规划模型是一个分式规划，对其使用 Charnes-Cooper 变换，令 $t = 1/v^T X_0$，$w = tv$，$\mu = tu$，可得 $w^T X_0 = 1$，由此可变成线性规划模型 P：

$$
\begin{cases}
\max\ h_{j_0} = \mu^T Y_0 = V_p \\
\text{s. t.}\quad w^T X_j - \mu^T Y_j \geqslant 0 \quad (j = 1,2,\cdots,n) \\
\qquad w^T X_0 = 1 \\
\qquad v_i \geqslant 0, u_r \geqslant 0
\end{cases}
$$

对于 C^2R 模型，可以用线性规划模型 P 来表示。通过建立对偶模型

D，并求解出对偶模型的线性规划最优解，则可以从理论和实践上做更加深入的分析。根据线性规划对偶理论可知，P 的对偶规划模型为：

$$\begin{cases} \min \theta = V_D \\ \text{s.t.} \quad \sum_{j=1}^{n} \lambda_j X_j \leqslant \theta X_0 \\ \qquad \sum_{j=1}^{n} \lambda_j Y_j \geqslant Y_0 \\ \qquad \lambda_j \geqslant 0, j = 1,2,\cdots,n \quad \theta \text{ 无约束} \end{cases}$$

为了计算和讨论问题方便，我们进一步引入松弛变量 S_i^+ 和剩余变量 S_i^-，将对偶规划模型 D 中的不等式约束变为等式约束。最终的线性规划模型如下式所示：

$$\begin{cases} \min[\theta - \varepsilon(\sum_{i=1}^{m} S_i^- + \sum_{r=1}^{s} S_i^+)] \\ \text{s.t.} \quad \sum_{j=1}^{n} \lambda_j X_{ij} + S_i^- = \theta X_{ij}(i = 1,2,\cdots,m) \\ \qquad \sum_{j=1}^{n} \lambda_j Y_{rj} - S_r^+ = Y_{rj}(r = 1,2,\cdots,s) \\ \qquad \lambda_j \geqslant 0, j = 1,2,\cdots,n \\ \qquad S_i^- \geqslant 0, S_i^+ \geqslant 0 \end{cases}$$

其中，ε 为非阿基米德无穷小，一般取10^{-6}。假设解得此线性规划的最优解为 θ^*、λ^*、S^{*-}和 S^{*+}，那么根据 DEA 理论可得出以下结论。

首先，DEA 的有效性分析。若 $\theta^* = 1$，且 $S^{*-} = 0$，$S^{*+} = 0$，则该 LED 产业上市公司是 DEA 有效的，即同时实现了技术有效和规模有效。若 $\theta^* = 1$，而 $S^{*-} \neq 0$，$S^{*+} \neq 0$，则该 LED 产业上市公司为弱 DEA 有效。此时，如果某个 $S^{*-} > 0$，则表明第 i 种输入 S^{*-}未能得到充分利用；如果某个 $S^{*+} > 0$，则表明第 r 种输出指标距离最大输出值还差 S^{*+}。若 $\theta^* < 1$，则表明该 LED 产业上市公司非 DEA 有效。

其次，规模效益分析。λ_j 使各个有效点连接起来，形成有效前沿面。非零的 S_i^- 和 S_i^+ 使有效前沿面可以沿水平和垂直方向延伸，形成包络面。若 $\sum_{j=1}^{n} \lambda_j^* = 1$，则表示该 LED 产业上市公司的规模效益不变，此时公司达到了最大的产出规模。若 $\sum_{j=1}^{n} \lambda_j^* < 1$，则表示该 LED 产业上市公司规模效益递增，即如果增加投入，则可以实现产出水平提高。若 $\sum_{j=1}^{n} \lambda_j^* > 1$，则表示该 LED 产业上市公司规模效益递减，即如果继续增加投入的话，会导致产出水平降低。

最后，投影分析。当某 LED 产业上市公司非 DEA 有效时，则可以通过投影分析，在维持输出不变的前提下减少原来的输入，或在维持输入不变的前提下增加输出，以达到提高经营绩效的作用。假定 $X_{ij}^* = \theta_j^* X_{ij} - S_i^{*-}$，$Y_{rj}^* = Y_{rj} + S_r^{*+}$，则称$(X_{ij}^*, Y_{rj}^*)$为该上市公司在生产可能前沿面上的投影，它是 DEA 有效的。$\Delta X = X_{ij} - X_{ij}^* \geqslant 0$ 为输入剩余，$\Delta Y = Y_{rj} - Y_{rj}^* \geqslant 0$ 为输出亏空。

2. 构建东中部高新技术产业竞争力的评价体系

第一，决策单元和评价指标的选取。

选取东部和中部地区共 10 家具有 LED 产业代表性的上市公司作为决策单元，原始数据见表 7 - 4。

表 7 - 4　LED 产业上市公司投入、产出指标原始数据

DUM	股票名称	投入指标		产出指标		
		X_1（万元）	X_2（万元）	Y_1（万元）	Y_2（万元）	Y_3（元）
1	天龙光电	73913.0	138137.4	84171.8	8638.4	73913.0
2	水晶光电	29164.2	97391.9	43307.8	12417.5	29164.2
3	士兰微	142535.6	172321.1	154598.9	15571.8	142535.6
4	阳光照明	223422.4	139033.6	235443.4	22034.0	223422.4
5	联创光电	117119.9	118705.0	117059.5	10403.6	117119.9
6	天通股份	140390.5	138936.7	135822.5	1469.4	140390.5
7	东山精密	109211.7	146293.6	117696.7	6238.7	109211.7
8	长电科技	377685.5	255680.1	376243.3	8812.3	377685.5
9	上海科技	36865.4	631.5	30923.7	1793.5	36865.4
10	上海贝岭	62083.8	172867.4	60075.9	3187.0	62083.8

资料来源：大智慧炒股软件各上市公司 2011 年年报。

为衡量 10 个 LED 产业上市公司的运行效率，以分析其产业竞争优势，选取了5个能综合反映公司竞争力状况的投入和产出指标。投入指标包括主营业务成本（X_1）和股东权益（X_2），产出指标包括主营业务收入（Y_1）、净利润（Y_2）和每股收益（Y_3）。

各财务数据具有不同的量纲，若将其直接带入DEA模型中将难以求得线性规划的最优解，进而影响DEA的有效性分析。因此，我们先把原始数据按照某种关系式归一化到某一无量纲区间。对此，我们选取功效系数法。功效系数法是根据多目标规划原理，针对每一项评价指标确定一个满意值和不允许值，以满意值为上限，以不允许值为下限，计算各指标实现满意值的程度，并将其最终转化为对研究对象的评价分数。在本书中为计算方便，我们将功效系数的值域确定为[1，10]，计算公式为：$z'_{ij}=1+9\times(z_{ij}-b_j)/(a_j-b_j)$。其中，$a_j=\max\limits_{1\leq i\leq n} z_{ij}$，$b_j=\min\limits_{1\leq i\leq n} z_{ij}$。经过调整，我们得出的数据如表7-5所示。

表7-5 LED产业上市公司投入、产出指标无量纲化数据

DUM	股票名称	投入指标		产出指标		
		X_1（万元）	X_2（万元）	Y_1（万元）	Y_2（万元）	Y_3（元）
1	天龙光电	2.16	5.85	2.39	4.14	3.50
2	水晶光电	1.00	4.41	1.32	5.79	10.00
3	士兰微	3.93	7.06	4.22	7.17	3.85
4	阳光照明	6.02	5.88	6.33	10.00	6.02
5	联创光电	3.27	5.17	3.24	4.91	2.98
6	天通股份	3.87	5.88	3.73	1.00	1.00
7	东山精密	3.07	6.14	3.26	3.09	3.87
8	长电科技	10.00	10.00	10.00	4.21	1.51
9	上海科技	1.20	1.00	1.00	1.14	1.25
10	上海贝岭	1.85	7.08	1.76	1.75	1.23

第二，DEA的计算。

将表7-5的数据带入C^2R模型，对于该模型，我们使用专门用于线性规划的lingo 11软件进行求解。最终，我们计算得到各LED产业上市公司的经营效率θ^*、剩余变量S_i^{*-}和松弛变量S_r^{*+}，以及$\sum\lambda_j$的值，结果如表7-6所示。

表 7-6　10 家 LED 产业上市公司 C^2R 模型计算结果

上市公司	所属省市	θ^*	$\sum \lambda_j$	S_1^{*-}	S_2^{*-}	S_1^{*+}	S_2^{*+}	S_3^{*+}	规模效益
天龙光电	江苏	0.9322	1.1814	0	0	0	3.3981	7.6539	递减
水晶光电	浙江	1	1	0	0	0	0	0	不变
士兰微	浙江	0.9625	1.3815	0	0	0	2.8425	8.0609	递减
阳光照明	浙江	1	1	0	0	0	0	0	不变
联创光电	江西	0.9018	0.9226	0	0	0	2.1313	4.6400	递增
天通股份	浙江	0.8811	1.0158	0	0	0	6.8891	7.2600	递减
东山精密	江苏	0.9385	1.1946	0	0	0	5.2412	6.7392	递减
长电科技	江苏	0.9494	1.6307	0	0	0	11.8260	8.5626	递减
上海科技	上海	1	1	0	0	0	0	0	不变
上海贝岭	上海	0.7465	1.1855	0	0	0	5.2780	10.4698	递减

从计算结果上看，10 家上市公司中有 3 家处于 DEA 有效状态，分别为水晶光电、阳光照明和上海科技，且其规模效益均不变，说明它们的生产状况良好，公司发展较为成熟。其余的 LED 产业上市公司中，位于东部地区的天龙光电、士兰微、天通股份、东山精密、长电科技和上海贝岭均呈现递减的规模效益。位于中部的联创光电虽然未处于 DEA 有效状态，但其规模效益为递增。

第三，东中部地区 LED 企业的合作逻辑分析。

首先，东部地区 LED 企业的合作选择。在上述所列 LED 产业上市公司中，有的生产状况良好，发展较成熟，处于 DEA 有效状态，故其合作意愿较低；而未达到 DEA 有效的公司，则希望通过合作方式实现生产上的改观。

综合分析东部地区厂商可以发现，它们具有相似规律：处于长三角地区的厂商往往由于劳动力昂贵，出现供给不足的窘境。《中国劳动统计年鉴》显示，2010 年上海劳动力平均工资为 66115 元，江苏为 39772 元，浙江为 40640 元，均远高于江西的 28363 元。同时，近年来上海、江苏和浙江等地的开发建设中，土地供给不足，原材料供应困难。稀土是发光二极管的重要原材料。2012 年 12 月国土资源部官方网站发布消息称，我国不断加大对稀土等优势矿种的保护力度，全国稀土采矿权将由 113 个减少至 67 个。在这 67 个采矿权中，江西独揽 45 个。采矿权方面的优势使江西省的稀土矿原料供应相对丰富，而沿海省市供应相对不足。

因此，即使存在技术和资本上的优势，厂商也很难长期以规模经济发展。厂商间的竞争往往在产品达到成熟期以后，成本将成为一项重要指标。能以低成本生产价格优势占据市场的厂商，在竞争中就会占据绝对优势。

鉴于此，东部地区中未达到DEA有效的厂商，存在劳动力和原材料供不应求的状况。近年来的民工荒更是证明了这一点。此外，东部地区厂商往往需要先占据当地市场，然后进一步向外部扩散。当大量厂商涌现于规模较小的市场时，需求不足问题也进一步加重。在扩散过程中，交通运输成本也是一个不可忽略的重要方面。据此，若东部地区厂商想走出困境，合作将是其必然选择。

其次，中部地区LED企业的合作选择。以江西省为中部地区代表，选取江西联创光电作为代表性厂商。在包络分析中，联创光电 $\theta^* = 0.9018$，略低于东部地区部分厂商。该厂商总部位于江西省南昌市。南昌是重要的铁路交通枢纽之一。因此，其交通运输优势显而易见。

江西省属于发展中地区，劳动力成本较低，拥有大量的劳动力资源。在中部五省中经济发展水平较低，资本和技术成为限制该厂商发展的主要因素。同时，江西省蕴藏着大量的稀土资源，在原材料上可以提供较大空间的优惠。

近年来，在国际经济疲软的背景下，江西省对外贸易依存度较低，受国际经济的影响相对于东部地区而言较小。其产品由于成本低廉、价格便宜，在中低端客户市场前景广大。在所选10家LED产业厂商中，联创光电表现较好。

整个中部地区具有劳动力资源和原材料供给的禀赋，部分城市又存在交通运输上的优势，不仅交通网络密集，而且运输费低廉。中部地区市场容量巨大。东部地区企业具有研发的热情和禀赋，但难以凭借后续推广占据市场；中部地区企业创新能力不足，但后续生产能力具有绝对优势。因此，双方厂商间存在优势互补的合作趋势。

（二）东中部高新技术产业合作路径分析

在竞争激烈的环境中，东部地区的高新技术产业呈现两极分化的状况。东部地区高新技术产业密集，竞争激烈，投资回报率高。高额的回报使高新技术企业不断涌入东部地区。从表 7-6 中我们可以看到，处于 DEA 有效状态的 LED 产业上市公司均位于东部地区，且规模效益不变；未处于 DEA 有效状态的东部地区 LED 产业上市公司的 θ^* 值并不高，且 $\sum \lambda_j$ 值大于 1，即处于规模效益递减的状态。

相反，处于中部地区的联创光电，其 $\theta^* = 0.9018$，虽未处于 DEA 有效状态，但其 $\sum \lambda_j = 0.9226$，即处于规模效益递增状态。表明江西省在近年来对高新技术产业尤其是 LED 产业方面的投入是有效益的。所产生的效益较高，说明我国中部地区高新技术产业的发展空间较为广阔。

从整体上看，我国东部和中部地区技术、劳动力以及资源禀赋等不同，造成东中部地区高新技术产业发展并不均衡。东部和中部地区通过优势互补可以更好地发挥各自企业的潜力，变规模效益递减或不变为规模效益递增，促进共同发展，因此存在较大的合作空间。具体合作路径如下。

第一，在高新技术产品上市初期，研发厂家需要尽快将资金回笼，以进行再投资，研发新产品，或者市场接受新事物需要一定的时间，因而新型产品上市初期往往价格较高，需求力不足，市场占有率较小。此时，中部地区企业可以利用其廉价劳动力和丰富的资源优势在技术落后的劣势下，大量生产成本较低且价格低廉的替代商品以满足大多数消费者的需求，从而在市场份额上占据有利地位。

在此基础上，各企业通过组建专家团队等方法，对东部地区技术优势型产品进行调研和开发，逐步提升产品质量，以弥补中部地区产品技术水平较低的劣势。在新型产品逐步进入成熟期，东部地区企业开始规模化生产的同时，中部地区企业迅速提高产品技术含量，以追求与东部地区企业一样的利润。

第二，东中部地区企业根据主营业务上的区别，优先发展具有技术优势的产品，在彼此合作的基础上达到共同分享市场的目的。如中部地区的代表企业联创光电的主营业务是 LED 隧道灯、LED 路灯等 LED 灯泡的研发和销售。该企业在 LED 照明技术上处于国家领先水平，享有多项国家级认证。表 7-6 所示的东部地区企业中，生产状况较好、处于 DEA 有效状态的成熟型企业水晶光电则更多地倾向于显示屏等光学加工技术方面的研发与生产。这为两者的合作以及共同开发市场创造了契机。

双方企业可以采取由前者加大 LED 灯泡等照明设备的生产力度，而后者在显示屏方面加大发展力度，从而使产品收益互补，以达到合作经营的目的。另外，东部地区企业由于享有信息优势，如 LED 会展、论坛等，能快速与国际先进技术接轨。中部地区企业在与东部地区企业的合作过程中，也将享受自身所不具备的信息优势，紧随东部地区企业的脚步，不断研发出与之配套的新产品，提高自身的实力。

第三，在生产环节上，东部地区具有资本和技术禀赋，中部地区具有廉价劳动力和丰富资源，因而可由东部地区进行尖端技术部分的生产，剩余过程中的套件与组装等部分由中部地区企业代为完成。这样既带动了中部地区生产能力的提升，也弥补了东部地区劳动力及相关资源不足的劣势，降低了其生产环节上的成本，促使其将更多的资金用于研发新产品。

第四，东部地区的企业由于具有较大的竞争压力，仅靠自身现有的技术与资本难以持久占据优势地位。客观上东部地区企业有着向竞争压力较小的中部地区转移的愿望。而中部地区政府有着利用其他地区优秀企业进入本地区以拉动本地经济发展、提高就业率的考虑。在此基础上，中部地区政府可以通过提供土地、税收等方面的补贴优惠政策，吸引东部地区企业携带其优势技术和资本在中部地区设立分厂。而东部地区企业也将在低廉的固定资产成本和大量的劳动力资源优势下进行生产，从而使其企业本身占据竞争优势。

（三）结论及展望

从定量和定性两个方面，以 LED 产业为例，分析了我国东中部地区高新技术产业存在的非常广阔的合作空间。相对于中部地区而言，东部地区受改革开放以来国家政策的扶持，率先发展高新技术产业。同时，又依靠其较高的教育水平，在众多高校和科研院所中拥有一大批从事高新技术产业的科研人员，人才的优势使东部地区占据了技术方面的优势。另外，东部地区也具有资金优势、市场优势等。中部地区则拥有广大的消费市场、劳动力以及资源优势。因此，东部和中部存在优势互补的合作趋势。建立东中部地区高新技术合作机制，可以极大地提升劳动生产效率，发挥“1+1>2”的经济效应及社会效应，从而实现东中部地区高新技术产业的共同繁荣。

需要指出的是，在未来的数年里，中部与东部地区资源、市场、技术和资本的合作，将形成东中部地区合作双赢的局面。率先选择以合作模式发展的企业则会在未来一轮的竞争中取得优势。企业间合作经营方式的研究为未来企业合作行为提供了理论上的可行性指导，在实践过程中，企业之间一系列相关策略的博弈还有待企业自身的深刻探索，但就合作本身而言，合作双赢乃至多赢的理念无疑是正确的。

二　基于生物医药产业发展的长江流域东中部经济合作机制

（一）生物医药产业发展前景及其产生的环境问题

20 世纪 70 年代，随着 DNA 技术和单克隆抗体技术的出现，以基因工程、酶工程、发酵工程为代表的现代生物技术发展迅猛，生物医药产业显示出广阔的市场前景。1998 年以来，生物医药产业年销售额一直保持 15% ~ 33% 的增长速度，成为发展最快、经济效益最显著的高技术产业之一。

生物医药产业是指应用基因工程等生物技术改良传统医药产业，开发用作疾病治疗、诊断和预防的新药的产业。从技术工艺看，包括微生物、酶工程、单克隆抗体、转基因技术等；从产品看，包括抗生素类药物、抗癌症药物、免疫反应抑制剂、临床诊断试剂及诊断用品等。广义的生物医药产业是指由应用重组 DNA 技术、单克隆抗体技术、细胞培养技术、生物反应器、蛋白质工程、克隆技术、干细胞技术、生物信息学技术、高通量筛选技术等，开发的药品或试剂、医疗诊断手段、医疗器械及相关产品所形成的产业。狭义的生物医药产业仅指生产基因工程药物企业的集合体。生物医药产业具有以下几点特征。

（1）高技术。众所周知，生物医药是一个技术含量高、知识密集、多学科高度综合与相互渗透的领域。药物开发多是针对目前无法有效治疗的疾病或者对已有的药品存在的缺陷进行改进，存在很大难度且涉及的知识面较广。

（2）高投入。生物医药产业的发展需要雄厚的资金作为保障，资金主要用于医药产品的研发和医药厂房以及设备的配备。到目前为止，国内大部分企业还是只停留在仿制阶段，缺少创新，并且设备较落后，缺少生物医药科研资金的投入。

（3）长周期。开发一种新药周期一般为 8 ~ 10 年，甚至 10 年以上。欧美一些公司具有强大的资金实力，能够支持企业进行新药品的研发，而中国的大部分企业缺少资金支持，无法支撑长周期的研发，所以陷入恶性循环。

（4）高风险。生物医药创新面临极高的不确定性。这种不确定性主要表现在两个方面：一是产品研发的风险；二是市场风险。

（5）高收益。高风险就意味着高收益，生物医药产业利润空间很大，利润回报率很高。

从世界生物医药产业发展趋势来看，目前正处于生物医药技术大规模产业化的初始阶段，预计到 2020 年之后将进入快速发展期，并逐步成为世界经济的主导产业。金融危机后，全球生物医药研发遇到了困难，研发资金减少，股市低迷，银行放贷紧缩，导致生物医药产业通过股权融资和银行贷款所能筹集的资金减少。

生物医药产业作为我国的高新技术产业之一，具有很强的竞争力，其产业规模在不断扩大，平均每年以 25% 的速度增长。尤其是在经历了金融危机以后，生物医药产业每年仍以高于 GDP 的速度在增长，成为中国经济增长的一大亮点。2013 年，光伏产业受到重创，而生物医药产业在生物产业净利润排名中已上升至第九位，并且生物医药制品在诊断、预防、控制乃至消灭传染病，保护人类健康，延长寿命中发挥着越来越重要的作用，这使生物医药产业越来越受到人们的关注。

我国生物医药产业发展较快，但是存在的问题也不容忽视。突出的问题表现在：研发力量薄弱，科研成果化进程缓慢；产业结构分布不合理，规模效益差；高技术企业的重复建设，造成资源极大浪费，引发市场恶性竞争；企业缺乏长远目光，注重短期收益，造成严重污染；企业规模小，资金缺乏，经营分散，缺乏整体竞争力。受到传统计划经济体制的影响，中国的医药企业普遍具有“小、散、乱”的特点，这不利于企业获得规模效益，同时也不利于控制企业污染。

早在 2002 年，国家环保总局要求对 12 个污染严重的行业进行重点治理，医药行业名列其中。2008 年 1 月 8 日和 22 日，国家环保总局相关工作人员两次到中国化学制药工业协会，探讨制药行业“双高”（高污染和高环境风险）问题。生物医药制造工业特别是原料药工业的污染非常严重，所产生的“三废”量大，废物成分复杂，污染危害严重。目前，上海等地重点发展高附加值、低污染的生物医药产业，主要走“经适”路线，但生产这些成药需要大量的原料药。这些原料药工业主要分布在中部地区，而中部地区企业的效率较低，又没有很齐全的药厂污水、废渣、废气处理设备和技术，污染严重，对当地的生态造成很大影响。

生物医药产业的污染问题十分严重。药品在生产、运输和使用等环节都会产生大量的污染物。各国政府加大了对新药审批的监管，使得研发周期延长、研发成本增加。各国加强对生物医药产业污染的管理，迫使企业进行设备升级、技术改进和产业升级。生物医药产业区域合作太少，基本上还是依靠国家政策推动区域合作，缺少地方主导的协同发展模式。本节选取长江经济带东中部的几个地区，运用超效率 DEA 模型来研究生物医药产业的效率水平，分析它们的污染程度，并依此讨论东中部地区的合作发展模式。

（二）基于 DEA 的东中部生物医药产业竞争优势分析

假设有 n 个厂商，每个厂商为 1 个决策单元，即 1 个 DMU，其中 $DMU_k(k=1,2,\cdots,n)$ 表示第 k 个厂商的决策单元，DMU_k 使用 m 种投入 $X_{ik}(i=1,2,\cdots,m)$ 生产 n 种产出 $Y_{rk}(r=1,2,\cdots,n)$，所以 DMU_j 可以表示为：

$$
(1)\begin{cases}\min\theta\\ \sum_{k=1}^{n}\lambda_k X_{ik}+S_i^-\leqslant\theta X_i\\ \sum_{k=1}^{n}\lambda_k X_{rk}-S_r^+\geqslant Y_r\\ S_i^-\geqslant 0,S_r^+\geqslant 0,\lambda_k\geqslant 0\end{cases}\qquad(2)\begin{cases}\min\theta\\ \sum_{\substack{k=1\\k\neq j}}^{n}\lambda_k X_{ik}+S_i^-\leqslant\theta X_i\\ \sum_{\substack{k=1\\k\neq j}}^{n}\lambda_k X_{rk}-S_r^+\geqslant Y_r\\ S_i^-\geqslant 0,S_r^+\geqslant 0,\lambda_k\geqslant 0\end{cases}
$$

模型（1）中 θ 值表示第 k 个决策单元的总效率值，其中 $0\leqslant\theta\leqslant1$。当 $\theta=1$ 时，表示 DMU_j 相对有效；当 $\theta<1$ 时，表示 DMU_j 相对无效。$(1-\theta)$ 表示 DMU_j 中多投入的比例，即可以减少投入的最大比例。模型（2）的基本想法就是将 DMU_j 从原本的模型中剔除出来，由其他所有决策单元的投入和产出的线性组合代替。一个有效的决策单元可以使其投入按一定的比

例增加，而其效率保持不变。其投入增加的比例即为超效率评价值，具有较大的超效率评价值的决策单元是更为有效的决策单元。在模型（2）中，无效率单元的效率评价值与模型（1）的结果是一样的，而相对有效的决策单元在模型（1）中效率评价值只能是1，在模型（2）中其效率评价值是有可能大于1的。

本书主要选取2004～2011年上海、江苏、浙江、安徽、湖北、湖南、江西7个省市的数据，采用3个投入指标、4个产出指标（见表7-7），分析了这7个省市的效率情况。实证结果及分析见表7-8。

表7-7　投入、产出指标

	变量	指标
投入	资本投入	科技活动经费、仪器设备费
	劳动投入	科技机构活动人员
	技术投入	R&D经费内部支出
期望产出	产业增长	销售收入
	技术增长	拥有发明专利数
非期望产出	环境污染	二氧化硫排放量
		工业废水排放总量

表7-8　2004～2011年东中部七省市效率情况

年份	地区	纯技术效率	规模效率	超效率	生产效率
2004	上海	1	1	3.6959679	0.8528777
	安徽	1	0.76257445	1	1.04546458
	江苏	1	0.85010152	1.81465048	1.17042807
	江西	0.75379593	0.99999487	0.75379593	2.18299607
	浙江	0.93474538	0.6253758	0.93474538	1.13167477
	湖北	0.89230233	0.99265239	0.89230233	1.06613903
	湖南	1	0.680325	1	0.90890198
2006	上海	2.296236	0.97939599	2.248924	1.21846265
	安徽	1.088121	0.70081786	0.762574	0.97555277
	江苏	1	0.85010152	0.850102	1.67293077

续表

年份	地区	纯技术效率	规模效率	超效率	生产效率
2006	江西	0.895279	0.84196314	0.753792	1.09172597
	浙江	0.89054	0.65641864	0.87873473	1.52020466
	湖北	0.964564	0.91828658	0.885746	1.23032621
	湖南	1	0.698936	1	1
2007	上海	1.01528	0.55642898	1.00972675	1.647177
	安徽	0.515579	0.7751351	0.69262651	0.87625539
	江苏	1	0.50693412	2.2429948	1.213137
	江西	1.221295	0.45825463	1.07705171	1.365655
	浙江	1.154145	0.31431193	1.11583547	1.156352
	湖北	0.909752	0.6832564	0.94072841	1.34399824
	湖南	1	0.30242916	1	0.404834
2008	上海	1.283199	0.99855076	1.28807451	0.87667666
	安徽	0.886345	0.96051853	0.84622259	0.91083171
	江苏	1	0.86251556	2.22132662	0.89551236
	江西	1	0.81510558	1	0.66396555
	浙江	0.918899	0.646426	1.01173936	1.10321488
	湖北	1.106382	0.82575796	1	0.63771719
	湖南	1	0.6731237	1	0.53091167
2009	上海	0.805215	0.937598	0.76871874	1.519614
	安徽	1	0.856678	1	1.02869
	江苏	1	0.90356427	0.872118	1.2018405
	江西	1	0.837071	1	1
	浙江	1.091455	0.646426	0.95252237	1.14317065
	湖北	1.251624	0.910174	1.14156945	1.2495321
	湖南	1	0.872118	1	1
2010	上海	1.489564	0.984631	1.452555	1.83302551
	安徽	1	0.93256002	1	0.806692
	江苏	1	0.64261207	2.03739832	1
	江西	1	0.83707084	1	0.712794
	浙江	1.091455	0.64642615	1.16022977	1.226761

续表

年份	地区	纯技术效率	规模效率	超效率	生产效率
2010	湖北	1. 325926	0. 670852	1. 04607693	0. 98774363
	湖南	1	0. 44897676	1	0. 61884718
2011	上海	1. 489564	0. 9875258	1. 28118027	2. 427885
	安徽	0. 90573593	0. 91007167	0. 90573593	0. 806692
	江苏	1	0. 710829	2. 18737817	1
	江西	1	0. 929258	1	1. 168978
	浙江	1. 240694	0. 705545	1. 16607214	1. 354871
	湖北	0. 97563747	0. 81411804	0. 97563747	0. 715033
	湖南	1	0. 7971174	1	0. 607095

注：2005 年《中国高新技术产业统计年鉴》因个别省份数据不全，故未录入。

资料来源：2004～2011 年《中国高新技术产业统计年鉴》《中国环境统计年鉴》。

从表 7－8 中可以看出，东部省市中，上海、江苏、浙江这三个省市生物医药产业发展得较好。

上海的规模效率除 2007 年外都是最高的，说明上海的生物医药产业能够很好地获得规模收益，摆脱了“小、散、乱”的局面，这与上海目前的发展方向也是非常一致的。上海建设了六大生物医药产业园，集聚效应显著。

浙江的纯技术效率处于中上游水平，说明浙江生物医药企业的技术水平较高，并且对污染控制得非常好，获得绿色收益较多。

江苏每年的生产效率都比较高，说明江苏生物医药产业成长性较好，发展较为活跃，但是江苏生物医药产业的规模效率比较低，说明江苏的规模效益不显著，集聚程度不够，生物医药企业的规模偏小。

中部地区中湖北生物医药产业的发展较为接近东部地区，但是湖北的生产效率和规模效率总体偏低，说明湖北生物医药企业以中小企业为主，缺少大型企业，不利于企业获得规模效益，并且企业的产量有限，相同的投入给企业所带来的产出相对于东部地区而言偏少。

湖南的纯技术效率相对于其他省市而言呈现下降的趋势，说明湖南仍然以牺牲环境为代价来获取短期收益，给当地的环境造成很大的污染。

江西、安徽的纯技术效率在东中部地区处于中等偏下的位置，说明当地生物医药企业的技术比较落后，创新能力不足。

只有同时具备较高的技术势能、较短的与技术合作伙伴之间的距离、便捷的通道等三方面的条件，技术扩散才能顺利进行。由于技术势能在空间上具有不连续性，技术通道在空间上具有不均衡性，加上距离的影响，技术扩散在空间上表现为复杂的技术区位指向（林兰、曾刚，2007）。所以提高技术势能、接近技术扩散源、疏通技术扩散通道，从而优化企业的技术区位，是生物医药产业获得外部技术资源、培育自身技术创新能力和实现对外技术扩散的途径。长江中下游企业通过劳动力、资金、产业结构之间的互补性合作，可以使得二者之间的技术传播距离缩短、技术扩散通道更加便捷，从而促进中部地区企业升级，并且优化污染物的循环利用流程。一方面，可以减少生物医药产业的污染，获得长期的“绿色收益”；另一方面，可以提高长江经济带东中部地区生物医药产业的生产效率、规模效率、纯技术效率，使企业获得超额收益、规模收益和成本优势，提高企业市场占有率和竞争力。

总体来说，生物医药产业中，东部地区的纯技术效率、规模效率、生产效率要明显高于中部地区，东部地区基本走的是“经适”路线。中部地区生物医药产业生产效率有部分改善，但是生产所造成的污染比较严重，且中小企业偏多，缺少创新型的大型企业来带动整个省市生物医药产业的发展。

（三）构建东中部生物医药产业合作模式

区域发展不平衡是我国目前面临的主要困难之一。东部地区仍保持着快速的发展，中西部地区虽正在加快发展，但在经济增长格局中的位次呈后移之势。

从世界经济一体化的角度看，打破各个区域独立发展的固定思维，区域间的联合已成为一种趋势，开启了区域协调互动发展的模式。我国政府有明确的区域发展战略，提出“促进区域协调发展，是我国现代化建设中的一个重大战略问题，要促进中部地区的崛起，鼓励东部地区加快发展，形成东中西互动、优势互补、相互促进、共同进步的新格局。加快中部地区的发展是区域协调发展的重要方面，国家支持中部地区发挥区位优势和经济优势；东部地区加快发展，有利于增强国家财力、物力和科技实力，更好地支持中西部的发展”。

区域合作是社会经济发展到一定阶段的产物，是处于共同区域空间内的不同地区之间为了追求共同的利益目标而进行的专业化分工合作。它以生产要素的流动和优化配置为主体实现“双赢”，其最终目标是区域经济一体化。

就地域条件而言，要求各个合作主体所处的地理位置在地域上是一个相连接的整体。如此才能实现对经济资源的合理配置和利用，以及区域经济合作组织的设立。东中部地区完全符合这一条件。

从区位条件来看，中部地区处于“东部沿海的腹地、内陆开放的前沿”，具有地理位置优越、自然资源丰富、生态环境优良、劳动力资源丰富等区位优势。东部地区区位条件优越，面向国际，辐射中西部，是人才和资金的聚集地，同时也是全国工业经济发展的重要引擎。

从区内环境看，长江流域中部地区位于内陆，无论是在区域协调发展政策支持下，还是在中部崛起政策支持下，长江流域中部地区在软硬环境建设方面，都应向东部地区学习。

总体而言，我国东中部地区之间存在明显的经济梯度，客观上存在东部地区的产业向中部地区转移的可能性。中部地区在接受东部地区产业转移时与内地其他省份之间存在激烈竞争，东部地区在选择合适的转移地时也面临着竞争和成本压力。长江经济带东中部地区就有明显的优势，可通过合作实现共赢。

我国区域经济差异非常明显，各地的比较优势与相对劣势也十分突出，这决定了区域经济合作只能通过功能性协调的途径来充分发挥各自的优势，实现优势互补、共同发展。从目前状况来看，东部地区的优势是经济实力强、资本充足、交通便利、科学技术发达、对外开放水平高、文化底蕴深厚等，但也有自然资源欠缺、发展空间小、产业老化、环境污染严重等问题；中部地区则具有自然资源丰富、市场需求大等优势，对东部地区的资金、技术、人才有迫切的需求。而且通过前面的 DEA 超效率模型分析得出，东部地区的环境技术效率比较高，中部地区的环境技术效率比较低，这都意味着东中部地区之间有合作和互补的需求。

长江流域中部地区应充分利用区位优势、资源优势和成本优势，抓住东部地区产业升级的有利时机，积极主动地接受东部地区的辐射，全面推动中部地区经济与东部地区经济的对接。针对中部地区产业层次低、素质差的现状，加快中部地区产业结构的调整升级，充分发挥武汉、合肥、长沙、南昌等中心城市科研实力雄厚的优势，利用现有的国家级和省级高新技术开发区的优惠政策和配套基础设施，扶持开发具有市场潜力或拥有自主知识产权的高新技术产品，鼓励和支持以高新技术和先进适用技术改造传统产业（张健、赵宁，2011）。

东部地区在近年的发展过程中，重视人才引进与培养，吸引了大量国内外的人才，尤其是中部地区缺乏的生物医药产业方面的高级专业技术人才和管理人才，所以在合作过程中可由东部向中部输送部分专业人才。当然，中部地区也有部分优秀的科研人才，可以东部地区为主导，从东部地区和中部地区各挑选部分优秀的科研人才，由他们共同研发具有自主知识产权的生物医药产品。随着东部地区产业结构的调整，第三产业迅速发展，需要大量的劳动力，中部可以提供丰富的劳动力资源。

资金短缺是中部地区发展道路上的一大难题。我国“先沿海后内地”的开放政策决定了中部地区在外资引进方面与东部地区存在差距，再加上中部地区的基础设施建设资金缺口较大，而且生物医药产业的研发需要投入大量的资金，所以中部地区的资金问题亟待解决。一方面，东部地区可以将资金有效地注入相对弱势的中部地区企业，解决中小企业融资难问题；另一方面，东部地区企业给中部地区企业提供商业信用，促进中部地区中小企业与东部地区核心企业建立长期的战略合作关系，提升生物医药产业的整体竞争力。

东中部地区的产业结构存在较大差异，这也使得两地之间存在互补的需求，容易在部门之间形成明确的分工。虽然东部地区已成为经济与技术密集区，但是很多城市已经出现了严重的环境污染问题。从要素产业结构来看，东部地区处于较高层次，技术密集型和资本密集型产业较多；中部地区以劳动密集型产业和资源密集型产业为主。因此，在污染程度及范围可控的前提下，东部地区一方面可以把生物医药产业的原材料加工以及药品生产等劳动力密集型产业转移到中部地区；另一方面可以把生产研发过程中对环境污染影响较大的产业转移到中部地区。中部地区应主动承接东部地区的产业转移，发挥自身的成本优势、区位优势、生态环境优势来发展自身经济，缩小与东部地区的差距。

通过流域及经济带合作，促进我国东中部地区的协调发展。中部地区应利用比较优势理论，发挥本地区土地、原材料等生产要素价格低的优势，大力发展劳动密集型产业。中部地区资本、技术、人才与管理经验积累不足，需要引进外部要素，只有做大做强劳动密集型产业，带动其他相关配套产业的发展，依靠产业优势形成经济优势，最终形成引力场，才能够吸引更多更好的资本、技术、人才落户中部地区，促进中部地区的发展（刘乃全等，2006）。

三　基于新材料产业发展的长江流域东中部经济合作机制

长江经济带横跨我国东中西部三大区域，覆盖11个省市，长江经济带建设是我国“十三五”规划中区域协同发展三大战略之一。2016年1月，在重庆召开的推动长江经济带发展座谈会上习近平总书记指出，应把修复长江生态环境摆在压倒性位置，坚持共抓大保护、不搞大开发。2018年4月，习近平总书记又在武汉主持召开深入推动长江经济带发展座谈会，在会中他阐述了新形势下推进长江经济带发展，要坚持共抓大保护、不搞大开发，在长江经济带发展中推动经济高质量发展。在中央及习总书记明确提出的大政方针指导下，本节主要围绕提升区域生态效率、推动产业升级，来论述构建长江经济带区域合作机制，实现长江经济带高质量发展。

生态效率是衡量某一经济体投入产出效率的指标。其中，“产出”是指经济体所提供的产品和服务的价值；“投入”是指经济体消费的资源和能源，以及生产过程中对环境造成的压力。生态效率包含地区经济发展和经济建设，是习近平生态文明思想指导下投入和产出的效率问题。产业生态效率评价是指通过评价产业的经济发展状况、能源消耗与其对环境的影响之间的综合效应来研究产业生态系统物质交换与能量转换的关系，从而为推动产业生态系统的可持续发展提供决策支持。

国内现有文献对区域生态效率的研究多以评价分析为主。王恩旭、武春友（2011），郭露、徐诗倩（2016）应用超效率DEA模型对我国省级区域的生态效率进行测度，得出我国省域生态效率的区域差异显著，其中中部六省的整体水平不高，但呈现向好发展的趋势。何宜庆、陈林心、周小刚（2016）运用空间计量方法，认为生态效率不存在空间溢出效应，但存在空间集聚效应，产业结构优化对生态效率有显著提升作用，并且具有较高的贡献度。胡彪、付业腾（2016）运用非期望产出 SBM 模型对我国生态效率进行测度，并在此基础上构建空间自相关分析模型，对我国生态效率全局及局部的空间差异进行分析。得益于东部地区高生态效率的积极辐射作用，在我国生态效率不断提升的同时，原有的区域极化情况得到改善，区域间差异性有所减弱。潘兴侠、何宜庆（2015），李秋萍、李长健（2015）以中部地区为研究对象，得出中部地区整体生态效率水平偏低，且区域间差异显著，提出可通过调整区域产业结构提升生态效率水平。

随着东部地区产业转型升级，大量劳动密集型产业向中部转移，中部地区通过承接东部产业在一段时间内实现了产业发展。但从长远来看，中部地区在承接东部重工业、高能耗产业的同时，不可避免地会对生态环境造成极大压力，现存的东中部地区产业合作模式难以适应长江经济带高质量发展的要求。

（一）东中部地区新材料产业发展现状及其对生态环境的影响

改革开放以来，随着东部地区不断吸收外资，推动产业转型升级，东部地区多数劳动力密集型低端产业开始向中部地区转移，中部地区丰富的资源与廉价劳动力恰好与之契合，承接东部地区产业成为中部崛起的主要手段。

2016 年，长江经济带中部地区生产总值 82715.75 亿元，占全国生产总值的 11.12%，占长江经济带生产总值的 24.53%。然而，伴随着经济增长的是严重的生态环境破坏。2011 ~ 2015 年单位 GDP 工业废水排放量及工业二氧化硫排放量统计描述结果如表 7 - 9、表 7 - 10 所示。

表 7 - 9　2011 ~ 2015 年单位 GDP 工业废水排放量统计描述结果

地区	平均值	标准误差	标准差	95% 置信度
上海	0.0210	0.0011	0.0024	0.0030
江苏	0.0383	0.0038	0.0086	0.0107
东部	**0.0297**	**0.0024**	**0.0054**	**0.0068**
湖北	0.0372	0.0046	0.0104	0.0129
湖南	0.0376	0.0042	0.0094	0.0116
江西	0.0488	0.0035	0.0079	0.0098
中部	**0.0412**	**0.0040**	**0.0090**	**0.0112**

表 7－10　2011～2015 年单位 GDP 工业二氧化硫排放量统计描述结果

地区	平均值	标准误差	标准差	95% 置信度
上海	0.0970	0.0105	0.0234	0.0290
江苏	0.1628	0.0168	0.0375	0.0465
东部	**0.1299**	**0.0136**	**0.0303**	**0.0376**
湖北	0.2449	0.0212	0.0475	0.0589
湖南	0.2431	0.0251	0.0560	0.0696
江西	0.3787	0.0333	0.0745	0.0925
中部	**0.2889**	**0.0263**	**0.0588**	**0.0730**

2011～2015 年，东部地区的单位 GDP 工业废水排放量及单位 GDP 二氧化硫排放量都明显低于中部地区。其中，东部地区的单位 GDP 工业废水排放量平均值为 0.0297，标准差为 0.0054；中部地区的单位 GDP 工业废水排放量平均值为 0.0412，标准差为 0.0090。中部地区中，江西省的单位 GDP 工业废水排放量平均值最高，为 0.0488。东部地区单位 GDP 工业二氧化硫排放量平均值为 0.1299，标准差为 0.0303；中部地区单位 GDP 工业二氧化硫排放量平均值为 0.2889，标准差为 0.0588，且中部三省的单位 GDP 工业二氧化硫排放量平均值均高于东部省市。用水量不断增加及大量的废水废气排放，使得长江经济带面临生态环境退化的困境。在这样的背景下，习近平总书记提出了长江经济带高质量发展要求，把保护生态环境放在首位。长江经济带的发展从原本先污染后治理的模式向少污染的模式转变。

（二）东中部城市新材料产业生态效率分析

新材料产业是材料工业发展的先导，是重要的战略性新兴产业，具有明显的高技术密集程度、高研发投入、高产品附加值、生产与市场的国际关联性强、发展潜力巨大等特征。新材料产业的发展水平已逐渐成为衡量一国社会经济发展的主要标准之一。然而，我国的新材料产业发展仍然存在资金紧张、技术水平低、环保压力大等问题。

长江经济带中部地区拥有的区位优势及丰富的自然资源，使发展新材料产业成为推动其产业升级的机遇。大力发展新材料产业，与长江经济带高质量发展的要求是契合的。本节以新材料产业为切入点，对长江经济带中部江西、湖北、湖南三省和东部上海、江苏两省市的新材料产业生态效率进行测算。

1. 研究方法及数据选取

超效率 DEA 决策的核心思想是把特定决策单元排除在决策范围之外，考察其投入资源数量弹性变化对构筑 DEA 随机前沿面所产生的影响，能够显著体现某资源投入或组成某因素的特定活动导致的效率影响大小。我们选取体现规模报酬不变的超效率 DEA 模型，对长江经济带东中部各地级市新材料产业生态效率进行测度。

Malmquist 指数的定义为：

$$TFP = EC \times TC = PE \times SE \times TC$$

其中 TFP（全要素生产率）表示决策单元在 t 至 $t+1$ 时期生产率的变化程度。$TFP>1$ 表示生产率上升，$TFP<1$ 表示生产率下降。TFP 由 EC（综合技术效率）、TC（技术进步）组成，其中综合技术效率又可分为 PE（纯技术效率）、SE（规模效率）。

以长江经济带东中部各地级市的生态效率为被解释变量，以影响生态效率的研发资金投入、研发劳动投入、基础设施水平、环境治理水平等因素为解释变量，建立回归模型。回归模型如下：

$$y_{it} = \alpha_0 + \beta_1 x_{1,it} + \beta_1 x_{2,it} + \beta_1 x_{3,it} + \beta_1 x_{4,it} + \varepsilon_{it}$$

式中，y_{it}是因变量，表示第 i 个城市第 t 年的新材料产业生态效率；$x_{k,it}$是因变量，$x_{1,it}$表示研发资金投入，$x_{2,it}$表示研发劳动投入，$x_{3,it}$表示基础设施水平，$x_{4,it}$表示环境治理水平；ε_{it}为未知参数。

2. 研究指标及数据选取

选取长江经济带中部湖北、湖南、江西三省及东部上海、江苏两省市的地级市为研究对象，将环境污染排放与资源消耗作为非期望产出，衡量环境污染的指标包括工业废水排放量、工业二氧化硫排放量、工业烟（粉尘）排放量，衡量能源消耗的指标为规模以上工业企业综合能源消费量（即在工业生产活动中的煤、油、天然气、电力消耗量，根据《综合能耗计算通则》中的折算系数折算成标准煤后加总所得）。鉴于大部分地区的新材料产值数据无法获得，我们以各个地区的所有上市新材料企业主营业务收入加总为期望产出。其中，新材料包括高性能纤维及复合材料和前沿新材料、特种金属功能材料、高端金属结构材料、先进高分子材料、新型无机非金属材料等。对非期望产出的处理一般有两种方法：一种是在保持产出不变的情况下减少资源的投入，降低污染物的排放；另一种则是在保持投入不变的情况下，尽量扩大产出。本节基于投入的方向将非期望产出指标作为投入指标来处理，构建新材料产业生态效率评价指标体系（见表7－11）。

表7－11　新材料产业生态效率评价指标体系

投入	环境污染	工业废水排放量
		工业二氧化硫排放量
		工业烟（粉尘）排放量
	能源消耗	规模以上工业企业综合能源消费量
产出	产业经济发展	新材料企业主营业务收入

对于新材料产业生态效率的影响因素，选取的四个指标分别为研发资金投入、研发劳动投入、基础设施水平、环境治理水平。研发资金投入及研发劳动投入分别用各地级市规模以上工业企业R&D投入及R&D人员数衡量。基础设施水平以各地级市人均道路面积衡量。环境治理水平则用各地级市污水处理厂集中处理率衡量。

由于多数市级地区的新材料产值相关数据难以获取，产业经济发展指标选取各地区新材料上市企业年报中的当期主营业务收入，数据来源于各上市公司2011～2015年年度报告。投入指标中环境污染指标数据来源于2012～2016年《中国城市统计年鉴》。其余指标数据均来源于各省市2012～2016年统计年鉴。数据中少数缺失值采用组间数据插值法补全。

3. 实证结果分析

第一，新材料产业生态效率分析。

将长江经济带东中部各省市拥有新材料上市企业的地级市的投入产出数据输入EMS 1.3软件，所得结果如表7－12所示。

表 7-12　2011~2015 年东中部新材料产业上市企业的生态效率

地区		2011	2012	2013	2014	2015	均值
长江经济带中部	南昌	0.705	0.900	0.844	0.980	0.998	0.885
	景德镇	0.736	0.508	0.570	0.541	0.567	0.584
	新余	0.146	0.141	0.145	0.152	0.168	0.150
	赣州	0.312	0.183	0.149	0.140	0.119	0.181
	宜春	0.124	0.217	0.223	0.192	0.221	0.195
	江西	**0.404**	**0.390**	**0.386**	**0.401**	**0.414**	**0.399**
	武汉	0.838	1.035	1.040	1.055	1.079	1.009
	黄石	0.793	0.598	0.525	0.355	0.333	0.521
	宜昌	1.874	1.024	0.963	1.818	1.697	1.475
	襄阳	0.076	0.059	0.058	0.063	0.160	0.083
	鄂州	0.255	0.252	0.275	0.302	0.280	0.273
	孝感	0.651	0.328	0.419	0.229	0.246	0.375
	湖北	**0.748**	**0.549**	**0.547**	**0.637**	**0.632**	**0.623**
	长沙	0.442	0.641	0.521	0.963	1.062	0.726
	株洲	1.686	1.807	1.026	2.917	1.290	1.745
	湘潭	0.084	0.058	0.179	0.145	0.119	0.117
	岳阳	0.108	0.105	0.108	0.108	0.105	0.107
	郴州	0.227	0.175	0.178	0.181	0.313	0.215
	怀化	0.609	0.482	0.471	0.528	0.792	0.576
	湖南	**0.526**	**0.545**	**0.414**	**0.807**	**0.613**	**0.581**
长江经济带东部	**上海**	**0.713**	**0.866**	**1.007**	**0.992**	**1.005**	**0.917**
	无锡	0.973	1.092	1.015	0.988	1.181	1.050
	常州	1.201	1.412	1.515	1.373	1.511	1.402
	苏州	1.001	1.202	1.377	1.446	1.307	1.267
	南通	0.337	0.764	0.719	0.876	0.912	0.722
	盐城	0.378	0.125	0.270	0.468	0.551	0.358
	扬州	0.609	0.453	1.269	0.976	0.948	0.851
	宿迁	0.618	0.525	1.106	1.041	0.921	0.842
	江苏	**0.731**	**0.796**	**1.039**	**1.024**	**1.047**	**0.927**
中部平均		0.567	0.500	0.452	0.526	0.560	0.541
东部平均		0.729	0.804	1.035	1.020	1.043	0.926

资料来源：上市公司 2011~2015 年年度报告，各省市 2012~2016 年统计年鉴。

从时间跨度来看，长江经济带东中部各省市在2011～2015年，新材料产业生态效率基本呈上升趋势。其中，江西省总体上升趋势并不明显，南昌市的生态效率值有明显的提升，但其他城市表现一般；湖北省在五年间总体效率下降，湖南省有所提升，其中湖北的宜昌市有明显下降，湖南的长沙市效率值有明显提升，而湖北的襄阳市、鄂州市，湖南的岳阳市、湘潭市的生态效率值一直处于较低水平。

长江经济带东部上海市和江苏省五年间的新材料产业生态效率有明显提升。其中，上海市的生态效率值从2011年的0.713上升到2015年的1.005，江苏省的生态效率值从2011年的0.731上升到2015年的1.047。其中，江苏省南通市、扬州市的生态效率值提升显著。

分地区来看，长江经济带东中部的新材料产业生态效率均值排名为江苏>上海>湖北>湖南>江西。江西省中，除南昌市的效率值较高外，其余地级市的效率值普遍偏低。湖北省中，武汉市、宜昌市效率值较高。湖南省中，株洲市五年来效率值一直保持较高水平，而长沙市2014年效率值快速上升。上海市和江苏省的生态效率值较为接近。其中，江苏的无锡、常州、苏州一直保持较高的生态效率水平。

从整体上看，长江经济带中部三省五年来的新材料产业生态效率值总体明显低于东部地区，且东中部之间生态效率值差异较大。长江经济带中部地区的新材料产业仍有很大发展及改善的空间。

第二，新材料产业生态效率动态分析。

Malmquist指数分析模型可将地区的工业生态效率分为综合技术效率、技术进步率、纯技术效率、规模效率与全要素生产率五个指标。表7－13给出了长江经济带东中部各省市2011～2015年的Malmquist指数及其分解结果。

表7－13　2011～2015年东中部省市的Malmquist指数及其分解结果

地区	综合技术效率（effch）	技术进步率（techch）	纯技术效率（pech）	规模效率（sech）	全要素生产率（tfpch）
南昌	1.137	0.798	1.041	1.093	0.901
景德镇	1.089	0.801	1.036	1.051	0.802
新余	0.901	0.608	0.994	0.906	0.707

续表

地区	综合技术效率（effch）	技术进步率（techch）	纯技术效率（pech）	规模效率（sech）	全要素生产率（tfpch）
赣州	1.403	1.007	1.092	1.285	1.033
宜春	1.013	0.723	0.991	1.022	0.834
江西	**1.109**	**0.787**	**1.031**	**1.071**	**0.855**
武汉	0.834	0.913	0.949	0.879	0.962
黄石	1.043	1.003	1.058	0.874	1.003
宜昌	1.095	0.944	1.000	1.095	1.012
襄阳	0.887	0.818	0.942	0.942	0.726
鄂州	0.977	0.818	1.000	0.707	0.800
孝感	1.048	0.816	0.912	0.908	0.918
湖北	**0.981**	**0.885**	**0.977**	**0.901**	**0.904**
长沙	0.985	0.964	1.000	0.985	0.952
株洲	1.000	1.005	1.000	1.000	1.065
湘潭	0.894	0.701	0.900	0.994	0.724
岳阳	1.082	0.856	0.960	1.127	0.926
郴州	0.976	0.704	0.994	0.983	0.785
怀化	1.016	0.832	0.979	1.038	0.845
湖南	**0.992**	**0.844**	**0.972**	**1.021**	**0.883**
上海	**0.977**	**1.007**	**1.025**	**0.952**	**1.091**
无锡	1.153	0.728	1.099	1.050	0.839
常州	0.863	1.139	0.878	0.755	1.167
苏州	1.039	1.289	1.018	1.020	1.089
南通	0.936	0.694	0.990	0.945	0.694
盐城	1.144	0.988	1.165	1.039	0.923
扬州	0.985	0.750	1.003	0.981	0.738
宿迁	1.110	0.717	0.903	1.107	0.906
江苏	**1.033**	**0.901**	**1.008**	**0.985**	**0.908**

资料来源：上市公司 2011～2015 年年度报告，各省市 2012～2016 年统计年鉴。

从分解指标来看，技术进步率是影响全要素生产率的主要因素，全要素生产率大于 1 的有赣州市（1.033）、黄石市（1.003）、宜昌市（1.012）、株洲市（1.065）、上海市（按城市整体统计）（1.091）、常州市（1.167）

及苏州市（1.089），其技术进步率分别为1.007、1.003、0.944、1.005、1.007、1.139及1.289，都较高。技术进步率较低的新余市（0.608）、湘潭市（0.701）及南通市（0.694）的全要素生产率分别为0.707、0.724及0.694，都偏低。长江经济带中部三省的全要素生产率都受到了技术进步的制约，且长江经济带东中部的技术进步差异较大。其中，江西省的技术进步率（0.787）在长江经济带东中部所有省市中最低，湖北省和湖南省的技术进步率接近但都低于东部省市，三省都应该提高技术水平。同时，上海市、江苏省及湖北省的全要素生产率也都相对受到其规模效率（分别为0.952、0.985及0.901）的制约。因此，上海市、江苏省及湖北省应扩大生产规模，形成规模效应。

总体来看，长江经济带东中部各省市差异最明显的影响因素是技术进步率，综合技术效率及纯技术效率对全要素生产率影响不大，且地区间差异也不明显。

4. 实证结果原因分析

建立Tobit回归模型，分析研发资金投入、研发劳动投入、基础设施水平和环境治理水平对新材料产业生态效率的影响。Tobit回归结果如表7－14所示。

表7－14 Tobit回归结果

变量	系数	标准差	t值
研发资金投入	1.668**	0.743	2.245
研发劳动投入	0.709***	0.201	3.522
基础设施水平	2.532***	0.718	4.529
环境治理水平	-0.047	1.214	-0.03
截距	-3.649	0.207	10.176

注：** 表示在5%的水平下显著，*** 表示在1%的水平下显著。

根据表7－14的回归结果，研发资金投入、研发劳动投入、基础设施水平对新材料产业生态效率有正向推动作用。环境治理水平对新材料产业的生态效率有负向作用，且未通过显著性检验，相较于其他三个影响因素，其影响作用并不大。长江经济带中部地区新材料产业生态效率值低的原因主要在于研发资金投入、研发劳动投入、基础设施水平三个方面。

第一，研发投入水平低。

从 Tobit 回归结果来看，研发资金投入对新材料产业的生态效率有显著的影响，影响系数为 1.668，t 值为 2.245，在 5% 的显著性水平下显著。近年来，长江经济带东中部间的 R&D 投入存在明显的差异。2015 年上海市的 R&D 投入为 936.14 亿元，占地区生产总值的 3.73%，其 2011～2015 年平均 R&D 投入占地区生产总值的 3.48%。2015 年江苏省 R&D 投入为 1801.23 亿元，占地区生产总值的 2.57%，其 2011～2015 年平均 R&D 投入占地区生产总值的 2.42%。

在长江经济带中部地区，除湖北省五年间的 R&D 投入占地区生产总值的比重超过 1.00%，五年平均 R&D 投入占地区生产总值的 1.79% 外，湖南和江西两省五年间的 R&D 投入占地区生产总值的比重均在 1.00% 以下。其中，湖南省五年的平均 R&D 投入占地区生产总值的 0.54%，江西省五年的平均 R&D 投入占地区生产总值的 0.93%。可见，长江经济带东中部地区 R&D 投入水平差异显著。

第二，高端技术人员不足。

根据 Tobit 回归结果，研发劳动投入的影响系数为 0.709，t 值为 3.522，在 1% 的显著性水平下显著。虽然长江经济带中部地区拥有大量的廉价劳动力，但长期以来，中部地区高学历、高质量人才不断向东部沿海城市流动，使中部地区流失大量高端劳动力，不利于中部地区的科技研发活动与技术进步。

2015 年长江经济带东部地区的 R&D 劳动人员平均为 55.99 万人，中部地区平均为 17.77 万人，存在较大差异。在中部城市流失大量高端劳动力的同时，较低的经济发展水平又制约了其研发投入能力，使其依靠自身难以打破缺乏科研投入、过多依赖自然资源的困境。

第三，基础设施水平低。

基础设施水平对新材料产业生态效率值的影响系数为 2.532，t 值为 4.529，在 1% 的显著性水平下显著。基础设施水平的提升有助于当地产业的对外交流和要素流动，长江经济带中部地区低水平的基础设施，在一定程度上制约了其发展。

5. 长江经济带东中部合作的必要性

中部地区在长江经济带中起着承东启西的作用。近年来，随着东部城市的产业结构升级，劳动力、土地等要素成本显著上升，处于产业链中低端、生产经营能力较弱的低端劳动密集型产业亟须向外转移。中部地区具有丰富的自然资源、廉价劳动力及高环境承受力，成为承接东部地区产业梯度转移的最佳选择。

长江经济带中部三省这几年的大量投资都来自东部沿海地区。其中，2015 年江西省利用省外实际进资 5232.16 亿元，同比增长 15.23%；利用省外亿元以上项目 1387 个，同比增长 4.29%，实际进资 4654.02 亿元，同比增长 19.77%，占全省实际进资总额的 88.95%；新引进省外亿元以上重点产业项目 750 个，实际进资 3179.28 亿元，分别占全省利用省外亿元以上项目的 54.07% 和利用省外实际进资的 60.76%。

转移的产业以汽车零部件、家电、纺织、服装、化工、农产品等为主。由于中部地区产业发展存在研发投入水平低、高端劳动人员不足、基础设施水平低等问题，这些具有低附加值、劳动密集型的产业从长远来看，对中部城市的生态环境造成了严重的破坏，资源消耗、生态破坏随之出现。

现阶段，长江经济带中部地区的产业生态效率不高，环境污染严重，尤其是大量的工业废水多随着长江进入下游城市，使得长江黄金航运水道在推动出口贸易、扩大外向型经济规模的同时，也成为水资源污染扩散的渠道。这不仅会对中部地区的生态环境造成破坏，更是对下游地区用水安全及生态环境的一大威胁。

中部地区产业发展造成的环境污染带来的负外部性，涉及整个长江经济带，尤其是长江中游地区。因此，长江经济带东中部地区亟须落实产业升级、环境治理等方面的合作，将长江经济带生态保护放在首位，共同推动长江经济带高质量发展。

研发资金投入、研发劳动投入、基础设施水平是影响新材料产业水平的主要因素。中部地区在这三个方面与东部地区有较大差距。中部地区产业生态效率的提高，需要东部地区在研发投入、科研人才、基础设施三个方面的大力支持。

（三）构建东中部新材料产业合作机制的政策建议

第一，共同治理环境。由长江经济带东中部各省市政府介入，打破由地域界线形成的行政管理障碍，建立长江水资源环境信息共享合作平台，实现信息、资源、技术共享，共同解决长江经济带中游环境污染问题。

第二，加强科研合作。长江经济带东部地区应鼓励更多的高校科研人员到中部地区参与开展科研合作项目。中部地区则应为其提供充足的政策支持，促进东中部在科技研发、技术创新等方面的交流合作。在资源共享、项目共建过程中，推动中部产业向高技术、高质量、高附加值转变。

第三，加大长江黄金航运水道建设投入。长江黄金航运水道作为长江经济带东中部最重要的基础设施之一，需要东中部共同参与建设。东中部共同成立长江黄金航运水道建设基金，为中下游黄金航道提供资金保障，并在后期维护过程中提供人力与物力支持。同时，加强东中部省际公路、铁路等基础设施的联网建设，推动各种生产要素，特别是资金、技术及人才的流动。

四　小结

随着长江经济带高质量发展战略的提出，沿江城市的发展逐步将治理环境、保护生态放在首位。近年来，中部地区在产业发展过程中，对长江经济带的生态环境造成了一定的破坏。由于环境污染的负外部性，由发展造成的污染对整个长江中下游地区产生了负向效应。东中部地区有必要共同行动，通过建立区域间信息共享平台、促进东中部科研人才流动、加快产品和劳动要素的流通与交换等方式，推动中部地区产业从低附加值劳动密集型产业向高附加值高技术产业升级，减小对生态的压力。从源头上改善长江经济带生态环境质量，实现长江经济带高质量发展。

第三节　长江流域东中部地区生态农业发展合作机制

构建东中部生态农业发展合作机制是全面落实十九大精神和习近平新时代中国特色社会主义思想的一个重要切入点和抓手，是长江流域中下游地区经济社会与资源环境生态协调发展、东中部区域协调发展，贯彻和落实“创新、协调、绿色、开放、共享”的发展理念，“抓重点、补短板、强弱项”，“打好防范化解重大风险、精准脱贫、污染防治的攻坚战”的一次极其重要的实践。其中，要抓住东中部地区经济协调发展、资源环境生态与经济协调发展的重点，缩小中部地区与东部地区的差距，补齐生态环境资源欠账的短板，增强生态文明建设弱项，打好防范长江流域水资源、水环境安全风险，帮助中部地区特别是革命老区精准脱贫等攻坚战。

江西省在发展生态农业的过程中，对于鄱阳湖生态经济区的发展功能有着明确的定位，其中一个重要定位是：鄱阳湖生态经济区建设成为全国粮食安全的战略核心区、畜禽水产健康养殖和高效经济作物的主产区、生态高效及循环农业的示范区。

江西省生态农业的发展，需要从传统农业向现代农业转型，实现生态农业产业化，实现高质量绿色食品的深、精加工，实现高质量绿色餐饮业的深度开发。这就需要长江下游省份在科技、人才、信息、物流、金融诸多方面给予必要的支持。鄱阳湖生态经济区建设要实施东部地区与江西在资本、科技、人才、信息、物流、经营管理等方面的合作。特别要注重联合长三角实力派企业、科研院所和高等院校，积极主动参与鄱阳湖生态农业产业化和食品、餐饮业的高质量发展。鄱阳湖生态经济区的绿色农产品需要长江下游省份的市场支持。

鄱阳湖生态经济区发展生态农业，生产生态农产品、绿色食品要紧盯长三角城市的市场需求。生态农业产业化应从产前、产中、产后及消费环节着眼，构建高质量无公害、绿色、安全、健康的生态农业产业链。要想在长三角城市中赢得消费者信赖，必须提高品牌的信誉度。最好把生态农产品、绿色食品的检测权，交由对方地区或国际权威的农产品、食品安全检测机构，进行认证及监督管理。同时在消费者中加大对高质量、绿色、安全的宣传力度，真正从田间地头至餐桌赢得消费者优良的口碑，这样才能打开并占领长三角城市消费市场。

一　生态农业专业化发展背景及问题的提出

十八大以来，生态文明建设已成为全党全国的重大战略任务，生态文明理念正在影响工农业生产的方方面面。2017 年发布的一号文件已经是党中央连续发出的第十四个指导“三农”工作的一号文件，提出推进农业供给侧结构性改革，加快转变农业发展方式，保持农业稳定发展和农民持续增收，走产出高效、产品安全、资源节约、环境友好的农业现代化道路。

发展生态农业是进行农业供给侧结构调整的重要发展路径。对改善我国传统的粗放型农业生产带来的生态污染、产品质量问题有重要的意义。要想推行绿色生产方式、增强农业可持续发展能力，发展生态农业是必不可少的一环。

生态农业的概念由来已久，在我国部分地区也已经形成一定规模的生产和技术积累。但是，我国地域广阔，各地自然环境的差异、地域间经济发展程度的不同，也使地域间的生态农业发展处于一个极度不均衡的状态。

相对发达的东部地区利用自身资金、技术优势在生态农业实践上已经有了深厚的技术积累，并且形成了一定的规模。中部省份则要滞后许多，都还只是停留在小规模生产试验阶段，农业发展模式仍以高污染、高排放的石化农业为主。

随着区域间联系愈加密切，尤其是长江流域东中部有着一衣带水的紧密联系，中部地区的粗放型农业生产方式不仅对长江中下游水安全构成极大威胁，致使需花费更多的成本治理污染，而且还严重影响到东中部地区人民“舌尖上的安全”。

利用生态补偿，促进东中部地区在发展生态农业的过程中，建立起人才共享的合作机制。通过人才的柔性流动，发掘农业人才的最大潜力和利用效率，协助中部地区转变传统的农业生产方式，以实现东中部地区经济利益和生态效益的最大化。

生态农业是集农业生产、加工、销售于一体，兼顾经济效益、生态效益和社会效益的符合新时期农业发展要求的现代农业。中国生态农业已有30多年的发展历程，已经具备了一定的理论基础和实践积累，正在探索一种适合中国国情的生态农业发展模式。传统的石化农业难以为继，生态农业逐步取代石化农业，成为未来农业发展新方向，必然更加注重生态农业技术的研究、应用和推广，以扩大生态农业的经济效益（巩前文、严耕，2015）。建设生态农业园，以保护生态环境、节约农业资源和提高经济效益，从源头上解决传统农业的污染问题（刘涓等，2014）。

在新的时代背景下，推进生态文明建设和绿色发展已经上升到关系中华民族永续发展的千年大计的高度。农业作为生态文明建设的重要载体，其绿色发展、可持续发展是生态文明理念在农业上的具体体现。生态补偿机制作为转变传统农业生产方式、发展生态农业的重要手段，有助于实现农业资源的可持续发展，促进区域农业协调发展。发展生态农业既是我国农业生产向现代化转型的目的，也是手段。

当前，我国农业生态补偿机制尚未发展成熟，还处于起步阶段，我国学者在借鉴国外成功的生态农业补偿政策的基础上，针对我国如何有效实施农业生态补偿机制进行了初步探索，提出了相应的政策建议。农业生态补偿应定位于对农业的生态补偿，以激励农业生产方式的转变为目标，应明确政府在农业生态补偿中的定位和职责，开展生态农业示范工程建设，推动农业生态补偿制度化，加强对农业生态补偿机制的科学研究，协同整合农业生态补偿政策与其他农业政策和环境政策（申进忠，2011）。绿色农业是解决当前农业问题和实现农业生产方式转型升级的有效途径，农业生态补偿政策是实现绿色农业发展的有效支撑。现有的绿色农业生态补偿方式太过单一，难以满足市场的要求，也不利于农业转型升级，要采取金融、财政等手段并重，资金补偿、实物补偿、政策补偿等多种形式并存的多样化补偿方式（王宾，2017）。建立与完善农业生态补偿政策体系，以国家、社会和市场为补偿主体，以农民为补偿客体，在补偿方式的选择上，采取以资金补偿为主的方式，辅之以实物补偿、技术补偿和政策补偿（于法稳，2017）。发达国家的生态农业补偿政策值得借鉴，利用“绿箱”政策，成立“生态农业补偿基金”，对开展生态农业建设的农民和企业进行生态补贴，提高我国农产品质量，增强农产品参与国际市场竞争的能力（高尚宾，2008）。我国的生态补偿方式太过单一化，缺乏市场手段，这成为制约我国环境友好型农业生态补偿实践效果的重要因素（胡博等，2016）。生态补偿方式应包括资金补偿、实物补偿、政策补偿、技术和智力补偿等（金京淑，2011）。生态补偿方式应是政策补偿和技术补偿相结合，连续补偿和一次补偿相结合，政府补偿和民间补偿相结合的形式（王欧、宋洪远，2005）。实施财政金融支持，拓宽农业生态补偿的资金筹措渠道，完善绿色农业生态补偿财政转移支付制度，以实现绿色农业正外部性，解决补偿“市场失灵”和财政投入的“杠杆作用”失效等问题（何伟、严立冬，2012)。

应探索具有我国特色的绿色可持续发展农业生态补偿机制，生态补偿方式由单一的政府财政转移向资金、技术、政策等多样化补偿方式转变，从我国具体的区域角度出发，关注如何建立有效的生态补偿机制。例如江苏省农业生态补偿项目主要由省财政支付补偿资金，补偿方式主要是通过政策倾斜提供资金补偿，除此之外，可以考虑针对生态循环农业项目配套设施设备、生物农药、高效肥料等进行实物补偿，针对农业生物技术培训、农业机械创新技术推广等进行技术补偿，针对循环农业项目跨区域生态投资等给予政策补偿（秦小丽等，2017）。农业生态补偿的对象是减少农业生态环境破坏行为和增加农业生态环境保护行为的广大农民，从政府补偿和市场补偿两个方面来构建流域生态补偿机制（马友华等，2008）。针对农业非点源污染问题，构建适合流域农业发展的生态补偿机制。补偿机制以地方政府为补偿主体，以流域内农户为补偿对象，采取资金补贴、技术补偿、智力补偿等方式，实施种植业产业结构调整和畜禽粪污的资源化利用，有效减少了氮、磷等污染物的排放量，降低了畜禽废弃物对水体的污染（赵润等，2011）。生态文明建设离不开跨区域生态补偿协调机制的推广与完善，实施跨区域生态补偿，要严格建立起“谁消耗，谁补偿；谁污染，谁治理”的补偿机制，明确责任，不同利益主体可以通过和平协商、平等谈判的方式沟通交流，促进生态补偿标准测算、补偿资金分配、区域合作博弈机制构建等，以保证长期稳定的合作关系，从而走出跨区合作困境，共同营造有利于经济发展的行政区利益共享协商机制，实现生态文明（温薇、田国双，2017）。以“京津冀水源涵养功能区”为例，张家口在京津冀生态保护进程中发挥着重要的作用，实现生态保护和经济发展的共赢，最重要的是完善好京津冀区域之间的生态补偿机制（佟丹丹，2017)。构建京津冀农业合作的新型平台，集生态服务、补偿扶贫与农业合作于一体的生态补偿机制，推动京津都市型与河北基地型农业格局的形成。在制度、政策、扶贫、物流、农业产业链和农业布局、节水补偿、生态品牌和生态移民及异地开发等方面进行生态补偿型京津冀农业区域合作(王军等，2010)。东中部地区的合作对治理流域内污染具有重要意义，以生态农业合作的补偿机制推动东中部地区的水污染治理、农业现代化发展，不仅具有短期的经济效益，而且能获得远期生态效益（许静等，2015）。

现有的研究主要将发展绿色、可持续农业作为生态补偿的既定前提，即生态补偿是通过经济手段将发展生态农业的效益的外部性内部化，而后提出如何由政府主导对该地区进行生态补偿。在对农业生态补偿机制的探讨中，无论是从宏观层面还是从具体区域的角度分析，均对补偿范围和主体、补偿客体、补偿方式作出了分析，但补偿方式往往是依靠政府政策支持、财政转移、技术支持等，很少从微观层面探讨生态补偿方式的具体举措。

本节以中部地区发展生态农业为切入点，东部地区在获得生态效益的同时给予中部地区一定的补偿，并且针对中部地区科技力量薄弱的特点，在补偿方式上发展人才共享机制，充分发挥东部地区人才集聚的优势，通过柔性合作的方式与中部地区共享农业人才、技术，推动中部地区生态农业建设。

在发展生态农业的过程中，高端农业人才逐渐成为各地农业转型发展的一个重要因素。构建人才共享机制，一方面，可以避免多头培养、多头引进、人才闲置、人才浪费的现象，最大限度、合理有效地发挥现有人才的作用；另一方面，可以减少用人单位人才使用方面的成本，保证个体人力资本积累的合理回报，最终达到“双赢”或“多赢”的效果。

东部地区要协助农业生产方式落后的中部地区发展生态农业，首先要破除区域壁垒、利益分配、技术保密、信息交流等方面的障碍，认识到帮助中部地区发展生态农业不仅能够使中部地区得到发展，而且对自身的水流域环境治理、食品安全保障等都有极其重要的战略意义。

二　东中部生态农业合作机制的特征

（一）东中部生态农业发展的互补性

1. 农业资源禀赋的互补性

从耕地面积和农村劳动力方面看，江西省人均耕地面积是上海市的7倍；上海市郊区农村255万从业人口中，农业从业人口不到1/3，大量中、青年农业劳动力向非农产业转移。江西省劳动力资源丰富且成本较低。从资金上看，上海市是我国的经济金融中心，资金充裕，资本运作能力很强，在发展高效集约型农业方面已经取得一定的进展。相对而言，江西省虽然也在加大对农业转型发展的投入，但与上海的差距仍然明显，当前阶段仍以传统的粗放型农业生产为主。

总体而言，江西农业生产地位突出，是长三角、珠三角和闽三角等地优质农产品的重要供应基地。江西以占全国2.3%的耕地和3.3%的人口，生产了占全国3.5%的粮食，是新中国成立以来全国两个从未间断输出商品粮的省份之一。江西向省外输出大量蔬菜、水果、大米、水产品等，进口农产品几乎为零，是一个农业出口大省。近五年来，每年外调粮食100亿斤、水果100万吨、生猪1200万头、水产品100万吨以上，供沪生猪数量居全国第一位。

上海是个特大型消费城市。2017年，常住人口达2418.33万人，再加上外来打工和旅游的流动人口，农产品需求量大而集中。伴随着城市化、工业化进程的加快，上海都市农业的发展面临着资源、环境、生态等方面的压力，农业发展空间受到限制。上海能够自己供给的蔬菜、水产品等受到季节等多种因素的影响，畜产品、水产品、水果、粮食制品、蔬菜等大部分靠外地输入，城市可持续的农产品供应需要借助省外资源。因此，上海市农产品基地亟须考虑向外埠转移，与具有发展潜力的鄱阳湖生态经济区建立稳定可靠的战略合作关系具有较强的可行性。

2. 借助上海农业服务平台

1995年，作为我国最大的经济中心城市，上海市率先提出“由城郊型农业向都市农业转变”。经过二十多年的发展，上海都市农业已粗具规模，形成了“三圈”“四区”“十带”的基本格局，在防治农业面源污染、推进耕地质量提升、开展生态农业环境保护等方面均已取得较大成果。当前，上海农业农村发展进入新的历史阶段，推进农业供给侧结构性改革，走上了产品绿色、产出高效、产业融合、资源节约、环境友好的都市现代农业发展之路。上海市充分利用区位、金融、科技、信息、航运等优势，构建一系列为国内外农业提供周转服务的合作平台，主要包括：农产品金融服务平台、农产品流通服务平台、农产品信息服务平台、农产品展销服务平台、农产品科技服务平台和农产品检测认证服务平台等。在上海打造农业服务平台后，作为农业大省的江西，实施差异化农业发展战略，在农产品的供应和加工方面，满足上海市的优质农产品需求，借助上海农业服务平台，与东部地区加强合作。

3. 顺应消费市场对生态农业旅游资源、生态农产品的高质量需求

随着经济发展和人民生活水平的提高，人们对农产品的消费需求逐渐由数量转向质量。一方面，人们节假日开始逃离繁忙的都市生活，观光农业、休闲农业等逐渐成为消费热点。相对而言，中部的江西作为生态涵养的战略区域之一，风景秀丽，生态环境较为原生态，且交通便利，适合作为节假日休闲旅游目的地。另一方面，伴随着农产品安全质量问题频频发生，消费者对农产品质量的关注日益增加。江西作为供沪农产品大省，科学合理健康的养殖方式、种植方式、加工方式等，不仅关乎江西省的生态环境质量，而且与有巨大消费需求的上海市民“舌尖上的安全”息息相关。

中部农业大省江西与东部发达城市上海建立生态农业合作关系，江西发展生态农业，为上海提供优质农产品，以缓解上海市的农产品供给不足问题。同时，江西依托上海的市场和技术发展生态农业，实现农民增收，减少农业污染物排放，促进经济健康发展。

（二）长江流域内一荣俱荣、一损俱损的生态关联性

江西省大部分农业产区仍采用分散式粗放型传统农业生产模式，普遍依赖化肥和农药，仅 2006～2015 年化肥施用量就增长了 20%，农药施用量增长了 11%。由于当前农业生产大量施用化肥和农药，大量氮、磷元素及农药进入水体，导致严重的水体污染。如偏施氮肥导致植物体内硝酸盐含量增加，土壤物理性质恶化，水体富营养化；滥用劣质磷肥则会带来砷、镉、氟、汞、铅、三氯乙醛等污染。

传统农业发展方式仍然走不出这种污染怪圈。过量施用化肥造成土壤肥力持续下降，农民为维持农田生产能力，更加依赖于增施化肥，使农业生产呈现“过量施用化肥→污染环境→土壤结构恶化→地力下降→增加化肥施用量”的恶性循环。既造成严重的环境污染，也使农业成本逐年上升。

从表 7－15 可知，2010～2015 年江西省的农药施用量有所下降，但化肥和农用塑料薄膜增量明显。2015 年化肥的施用量高达 431.5 万吨，农用塑料薄膜使用量达 53977 吨，农药施用量为 93873 吨。我国化肥施用量每公顷平均为 400 千克，江西达 528 千克，远高于发达国家的 225 千克。农

业生产化学用剂利用率仅为30% ~40%，余下60% ~70%的化学用剂进入环境中，污染水体和土壤。

江西省是生猪主产区，由于缺乏有效粪便处理设施，产区内猪粪横流，甚至渗透到地下，饮用水安全问题堪忧。禽畜尸体污染也很严重，中部地区农村卫生设施条件较差，人们大多就地掩埋或者直接扔进河中任其腐烂。这种处理方式已经严重危及农村河流水质安全，影响农作物、水产品等的质量，而且极易引发禽流感等传染性疾病。

江西省水域与长江水域一脉相连，农药、化肥残余以及养殖业粪污等在雨水和灌溉的作用下进入江河湖泊，氮、磷等物质大量进入水体，引起湖泊水体富营养化，水质变差。如表7－16所示，农业生产过程中排入水体的氮、磷总量分别占水体中总排放量的57.19%和67.27%，化学需氧量也达到了43.71%。这表明农业生产过程中大量使用化学制剂、任意排放畜禽粪污等，是引发水体污染的重要因素。位于长江中游的江西省为了发展农业和解决粮食问题，使用粗放型农业生产方式也是无奈、被迫之举。农业水污染物排放总量大，在水体自然运动的作用下极易引起跨界污染，位于长江下游河段的东部地区，怎么可能置身事外、幸免于难？

表7－15　2010～2015年江西省农业生产化学用剂施用量

年份	有效灌溉面积/平方千米	化肥/万吨	农药/吨	农用塑料薄膜/吨
2010	1852.4	415.1	106530	45491
2011	1867.6	422.9	99691	47375
2012	1907.1	426.9	100413	50275
2013	1995.6	429.4	99922	51401
2014	2001.6	430.6	94764	53122
2015	2027.7	431.5	93873	53977

资料来源：2011～2016年《江西统计年鉴》。

表7－16　农业污染源水污染物排放量

农业源	化学需氧量/万吨	总氮/万吨	总磷/万吨	铜/吨	锌/吨
种植业	—	159.78	10.87	—	—
畜禽养殖业	1268.26	102.48	16.04	2397.23	4756.94
水产养殖业	55.83	8.21	1.56	54.85	105.63

续表

农业源	化学需氧量/万吨	总氮/万吨	总磷/万吨	铜/吨	锌/吨
农业水污染物排放量	1324.09	270.46	28.47	2452.09	4862.58
污染物排放总量	3028.96	472.89	42.32	—	—
农业水污染物排放量占污染物排放总量比重/%	43.71	57.19	67.27	—	—

资料来源：第一次全国污染源普查公报。

以江苏省南京市为例，长江南京段横贯南京市，是南京市的主要水源地。长江南京段位于长江下游，自安徽省东部开始，下接镇扬河段，分布在长江南京段的六大水厂（城南水厂、北河口水厂、远古水业、上元门水厂、浦口水厂、城北水厂）的供水量占南京市城区及郊区集中式供水总量的80%。据统计，1985～2006年长江干流各类污染事故（56起）中，长江南京上游段42起，下游段14起。上游污染对南京饮用水水源地水质的影响不容忽视。化学品、油类和农药是目前最主要的引发长江水污染事故的有毒有害污染物。

由此可见，上游污水下泄极易造成水污染事故。其中，污水伴随中、小洪水下泄初期，尤易发生严重的突发性水污染事故。

此外，中部地区传统的粗放型农业生产方式还存在农业灌溉用水量大幅度增加，水资源浪费严重的问题。尤其是近年来全球变暖，天气异常，水稻生长期降水不足，加上农业基础设施不完善等因素，中部地区农业的灌溉用水量会对下游供水量造成一定的影响。

2015年，江西省农业灌溉用水达145.39亿立方米，占总用水量的60%以上，且相较于2005年的134.6亿立方米有所增长。中游用水量的增加，必然减少下游及长江入海水量。水位降低，长江口咸潮会入侵。同时，长江入海口泥沙携带量也会减少，沙洲淤积速度将会减缓。这大大影响了位于长江口的上海市的水资源和生态环境，必将恶化其生存条件。这都是国家安全层面的严重问题，须高度警惕。

中部地区农业生产与东部地区的水资源、生态环境安全息息相关。从现状来看，以江西为代表的中部地区的农业生产仍处于落后状态，这种高能耗、高污染、高排放的农业生产模式，不仅不利于当地水资源、生态环境保护，而且会给下游地区带来巨大的外部负效应。

因此，不论是出于当地发展需要，还是为涵养下游水源，东部省份协助中部地区发展高效可持续发展的生态农业，打破“上游污染，下游治理”的怪圈，都是一个经济且一荣俱荣的最优选择。因此，实现东中部地区生态农业合作，具有理论和实践方面的必要性和可行性。

三　构建东中部生态农业合作机制的路径选择

（一）中部地区发展高质量生态农业机遇与挑战并存，困难大于机遇

江西省生态农业发展具有极大优势。江西自古以来就是农业大省，气候温暖，雨量充沛，生态优势明显，非常适宜农作物生长。江西农业生产地位突出，农业总产值仍占地区总产值较大比重，而且是长三角、珠三角和闽三角等地的优质农产品重要供应基地。如表 7－17 所示，虽然近年来农业增加值占地区生产总值比重有所下降，但农业劳动者占社会劳动者比重仍不低于 30%，省内经济对农业依赖性强。

表 7－17　2011～2015 年农业在江西省经济发展中的地位

单位：%

年份	农业总产值占工农业总产值比重	农业增加值占地区生产总值比重	农业劳动者占社会劳动者比重	农业总产值占全国农业总产值比重
2011	10.97	11.89	34.40	2.71
2012	10.34	11.74	32.90	2.68
2013	9.46	11.36	31.70	2.66
2014	8.65	11.04	30.80	2.67
2015	8.50	10.93	30.00	2.67

注：工业总产值为国有及规模以上非国有工业企业总产值。

资料来源：根据国家统计局网、中国农业信息网和历年《江西统计年鉴》相关数据计算。

近年来，江西省利用自身得天独厚的资源优势和环境条件，在生态农业建设的理论研究、实践应用等方面做了大量工作，取得了许多成果。如创造了典型的南方“猪—沼—果”工程模式、农田种养模式等，推出了一系列生态农业旅游项目和绿色食品品牌，取得了良好的社会效益、经济效益和生态效益。

江西省农业多种发展模式并存。机械化和适度规模化的农业虽达到一

定规模，但以个体劳动为主的农业大量存在，高度自动化、精细化的农业生产少，融合互联网的高度智能化模式有待进一步发展。

江西省在由传统农业大省向现代农业强省转变的过程中，发展生态农业仍然是一个紧迫性问题。其中，农业科技进步贡献率低，自主创新能力和技术创新能力不强尤为突出。要推动传统农业向现代化生态农业发展，必须不断进行农业科技的研发和推广，如精准种植与生产、生物疫苗和生物农药工程等。

（二）中部生态农业科技人才短缺，亟须通过合作补短板

江西省从国家政策的支持和自身发展的切实需要出发，推动出台了加快转变农业发展方式、建设现代农业强省的一系列政策，在创建绿色生态农业方面取得了一些新成效。但是，在发展生态农业的过程中，现代化的农业设施、高端农业技术缺乏，特别是农业科学技术人才总量不足、高端人才缺乏、培养机制不健全，农业集约化发展水平较低，农产品科技含量不高等问题，也逐渐显现出来。生态农业的抗灾害、抗风险能力不强，农业生产效率不高，严重制约了江西省生态农业的发展。

生态农业不是对传统农业的简单回归，而是将现代生物技术、工程技术运用到农业生产中。利用生物技术将各种具有高度个性化的农业生物合理地组织成高效率的由人工控制的农业生态系统。因此，人才成为现代农业发展的重要支撑因素。科技人才是生态农业科技创新的主体。科技人才的规模和水平直接决定生态农业的发展水平、经济状况以及农民的富裕程度，是整个生态农业发展的关键。我们将从以下几个方面对比分析东中部生态农业人才差异。

第一，生态农业科研人才主要来源于江西省内各大农业科研机构。江西省共有 45 个农业机构，1 所农业本科院校，2 所农业高等职业院校，具有涉农专业的综合类院校有 9 所；普通高等学校农业专业毕业生每年有 1000 余人，占高校毕业生总人数的 0.5% 左右。可见，江西省农业科技人才资源禀赋不强，农业科研机构和专业院校数量更是远远少于东部地区，教学质量相差甚远。经济发展相对落后，农业资金投入不足，很难吸引人才的聚集，再加上现有的人才外流，农业人才匮乏，进一步制约了江西省发展生态农业。

上海市共有30所农业科研机构。其中，浦东孙桥、崇明、市农科院三大农业科技创新中心与同济大学、复旦大学、中科院上海植生所等科研院所广泛合作，建设了产学研基地或科技产业化实验基地，有效促进了农业科技成果的转化。

在科研人员总量上，江西省不具备优势；在人才质量方面，与上海同样相差很大。江西省的农业高端人才仍处于极度缺乏的状态。如表7－18所示，江西省地方企事业单位农业科技人员中，研究生及以上学历仅占总农业科技人才的1.38%，本科生比例也只有24.93%。农业科技人才队伍中，传统技术人才较多，新型及复合型人才较少。

种植业中从事培育、耕作栽培的技术人员少，适应现代农业发展的高技术人才更少。由于高层次人才缺乏，新技术难以推广，农产品的市场竞争力难以提高，影响了农民增收和农业转型发展。

反观东部上海市的农业科技发展情况，相比于江西省仅达到全国平均水平（57%）的农业科技进步贡献率，上海农业科技进步贡献率达到70%，推动上海农业取得显著成效。从农业科技人才的构成上来看，上海研究生及以上学历的农业科技人才占总农业科技人才的9.25%（见表7－19）。上海市的农业科技人才总数少于江西省，但研究生及以上学历的顶尖人才数量远远超过江西省。这恰恰反映了江西省的农业科技人才构成不协调，农业科技人才难以支撑起一个农业大省的农业转型发展。

表7－18　2015年江西省农业科技人才学历构成

单位：人，%

学历	农业科技人才数量	占总农业科技人才比例	占全省技术人才比例
总计	18337	100	2.79
研究生及以上	253	1.38	0.85
本科生	4572	24.93	1.61
专科生	6982	38.08	2.96
中专	5288	28.84	5.36
高中及以下	1242	6.77	9.24

资料来源：2016年《江西统计年鉴》。

表 7－19　2015 年上海市农业科技人才学历构成

单位：人，%

学历	农业科技人才数量	占总农业科技人才比例	占全省技术人才比例
总计	3600	100	0.37
研究生及以上	333	9.25	0.71
本、专科生	2667	74.08	0.32
中专	400	11.11	0.89
高中及以下	200	5.56	0.64

资料来源：2016 年《上海统计年鉴》。

第二，为实现经济效益最大化目标，必须推动生态农业产业化发展。这就要求江西省建立新型生态农业商业模式，培育领军企业，建设品牌，将培育壮大农业产业化龙头企业作为推进生态农业产业化发展的关键。以此形成完整产业链，助推生态农业的可持续发展。

2016 年，江西省农产品销售收入超 1 亿元的省级龙头企业 423 家，超 10 亿元的 35 家，超 50 亿元的 5 家，超 100 亿元的 3 家，省级龙头企业直接带动 410 万个农户。先后培育了正邦集团、双胞胎集团等销售收入超 100 亿元的领军企业，打造了万年贡米、金农米业等一批销售收入超 10 亿元的大型企业集团。

相对而言，截至 2016 年底，上海各类农业龙头企业 383 家，全年实现销售收入 1350 亿元，其中销售收入 1 亿元以上的龙头企业 91 家，评定区级重点龙头企业 180 家，市级重点龙头企业 96 家，国家级重点龙头企业 20 家。此外，上海市积极打造“农户＋家庭农场（农民专业合作社）＋龙头企业”模式，全市农民专业合作社共 7166 家，经农业主管部门认定的粮食家庭农场 3990 家。上海作为经济、金融中心，凝聚了全球高端商业人才，汇聚了全球商业动态信息。

在农业领军企业方面，两省均有突出企业。在探索构建农业产业化联合体方面，上海市积极推动了家庭农场和农民专业合作社的发展，完善了整个农业生产产业链。两省在创新产业化模式等方面可以进行有效交流。

在生态农业经营管理人才方面，经济新常态对农业产业化省级龙头企业的规范化，提出了更高的要求。这就需要加强中部地区与东部地区的生态农业合作，尤其是人才交流、共享、引进。例如通过邀请专业人才对龙头企业负责人进行培训，进一步提升龙头企业负责人经营管理能力和业务素质水平。

中部地区可以考虑以人才共享的模式利用东部充足的农业人才资源。例如通过“候鸟式共享”的方式，实现专家资源和引智成果共享；通过加强两地科研机构、高校之间的交流合作，邀请东部生态农业科技专家、管理行家、理论研究专家等定期提供技术、管理和教学资源方面的服务。不仅为中部地区直接提供农业科技方面的技术咨询，而且为中部培养优秀的农业科技人才，以保证中部农业科技发展的可持续性。

促进东中部农业人才共享政策配套和政府扶持，建立健全各项法规政策，保障人才共享实施的政策环境。首先，要完善招聘解聘、劳动报酬、兼职、人才流动、争议仲裁等方面的法律法规，推动人才共享市场的法制化建设。同时，落实好共享人才的政治待遇、经济待遇和福利待遇，保障共享人才享受到同等待遇，充分激发共享人才的积极性。其次，政府要高度重视人才共享的重要性，政府要发挥带头作用，先引进一批人才进行试点，在政策上给予主动引进共享人才的企业一些优惠政策，带动人才共享的积极性。上海与江西进行生态农业专业化领域的人才共享合作，双方通过签订协议明确各自的责任，确立利益分配机制，并委托财政部、农业农村部为第三方，监督协议的执行。最后，要营造尊重知识、尊重人才的氛围。实行“一把手”抓“第一资源”责任制，把人才资源共享工作纳入各级党委政府重要议事日程，明确目标、任务、措施、责任。积极组织和协调各部门、各行业，使其发挥各自的职能，服务人才工作。大力开展宣传活动，在全社会形成“尊重知识、尊重人才、尊重劳动、尊重创造”的良好氛围。

一方面，加快引进农业创新型人才，加强农业科技创新能力建设，支持农业科技项目。依托东部地区先进的农业科技优势，把传统生态农业精华与现代科技相结合，创新江西特色生态农业模式与技术，促进经济效益、社会效益与生态效益的统一。大力在生态农业中应用现代生物技术等，对传统生态农业技术的精华进行内在机理研究，并加以提炼、集成，使之适应现代农业生产环境与条件，产生“古为今用”的技术效果。例如发展生态畜牧业，重视对生态畜牧业技术的应用与研究，如种养技术、动物检疫技术、饲料喂养技术和动物排泄物无害化处理技术等。

另一方面，引进推动地区专业化和规模化发展的规划管理人才、提升产业科技水平和产业链延伸交融程度的农业技术人才、促进产业链顺利延伸和产业集群发展的综合服务人才等。

构建东中部农业科技人才信息交流平台。建立人才信息交流平台有助于东中部企业、政府、科研机构间的人才信息交流与合作，使中部缺乏农业人才的地区能够充分掌握适合当地生态农业发展的人才信息，从而引进相关人才，提高人才共享的效率，这也有助于人才才能的发挥。东中部地区政府要打破区域壁垒，发挥政府和涉农行业协会的主导作用，以各省农业信息网为终端平台，实现东中部地区的人才信息充分衔接，以此为基础建立起覆盖面更广的人才信息共享平台。委托有关部门尽快研制出一套便于实际操作的人才信息采集软件，运用现代化的手段对信息进行及时采集。按统一的衡量标准筛选人才，公布相关农业人才信息，建立人才信息库，形成覆盖面广、时效性强的人才信息平台。同时，依托互联网技术，构建人才信息的获取、整理、存储、发布、交流机制，实现人才信息网络的专业化、行业化、系统化，提高信息发布、对接的效率。对农业单位、企业免费开放，让相关涉农企业、单位充分利用东部人才，实现人力资源的充分开发。以此构建东中部农业人才共享机制，推动江西省生态农业的发展。

第三，江西省生态农业发展的具体实践。在治理农业面源污染方面，推广科学、生态、经济的治污方式，柔性引进专业技术人才，开发建立农业绿色生产、废弃物循环利用、生态产业链等绿色循环技术体系。如“猪—沼—果”循环生产链，可有效解决秸秆、粪便、化肥带来的污染问题。

在畜禽养殖方面，加强对高床生态养殖、生物降解技术的研发和应用，坚持种养结合、农牧循环，推进畜禽养殖废弃物资源化利用。严格控制单位面积养殖规模，整合生猪养殖资源，进行规模化健康养殖，利用现代技术严格监管饲料和养殖环境，牢牢把控生猪质量。另外，加强对生物发酵床、有机肥加工等工艺技术的研发应用，以实现规模化养殖产生的大量猪粪对规模化蔬菜种植基地的肥料供给，尽可能少地对生态环境造成破坏。

在水产养殖方面，要科学合理确定水产养殖规模，建立规模化适宜密度养殖模式，通过采用配方饲料、精量投饵、调整品种结构等，实现科学生态化水产养殖。

在建设高质量农产品生产基地方面，一方面，充分利用人才资源，不断加强农业科学技术研发与应用，利用现代生物基因工程技术和常规育种技术，研发高产、抗病虫害的新品种水稻，以提高单位面积产量。同时，大力建设以有机特优质大米、富硒功能大米等特色产品为主的优质粮食生产基地。另一方面，充分利用立体种植、养殖方式，通过诸如“猪—沼—果”的一体化循环生产方式，实现农业生态系统内的物质循环利用，不断减少化学合成肥料和农药的施用量，减少农业生产污染，提高农产品质量，进一步增强粮食综合生产能力。

在加强农产品品牌建设方面，聘请专业营销推广团队，邀请经营管理人才为赣南脐橙、南丰蜜橘、鄱阳湖大闸蟹，以及“四绿一红”五个茶叶品牌等这些已经在市场上获得一定认可的品牌进行营销推广，提高这些农产品品牌在省外乃至国外的知名度，进一步扩大其影响力。此外，要加强区域品牌建设，整合区域品牌，提升品牌质量，重点支持“四绿一红”品牌建设，做好品牌形象宣传和推广，从而带动区域内其他产品，形成品牌效应。

四　小结

江西省要想将鄱阳湖生态经济区建设成为全国粮食安全的战略核心区、畜禽水产健康养殖和高效经济作物的主产区、生态高效及循环农业的示范区，需要做一篇生态农业锦绣大文章。

在思想上，要预备好一桌“生态大席”，在鄱阳湖生态经济区区域合作型生态经济发展模式中积极发挥“主人翁作用”——通过江西的生态农业产业化，高质量绿色食品的深、精加工，高质量绿色餐饮业的深度开发，提供高质量绿色生态农产品，将下游地区的“客人”“请进来”。

在行动上，发展高质量生态农业，选择“练内功、树品牌”，重视质量安全问题。在区域合作问题上，发扬井冈山精神，树立全局意识，以“真抓的实劲、敢抓的狠劲、善抓的巧劲、常抓的韧劲，抓铁有痕、踏石留印”，抓好高质量生态农产品生产的落实。

在气度上，立足于鄱阳湖生态经济区，除提供生态环境保护和恢复的服务外，作为承接东部生态补偿的地区，用提供高质量生态农产品、高质量绿色食品等方式与东部加强合作。在鄱阳湖生态经济区建设中，构建东中部生态农业合作机制。

第四节　长江流域东中部地区生态旅游业发展合作机制

一　新时代生态旅游发展背景

新时代生态旅游发展，要按照十九大重要精神，积极落实旅游供给侧结构性改革，以满足旅游消费者日益增长的美好生活需要、优美生态环境需要，以及对生态、绿色体验的需求，提供更多优质生态旅游产品和服务。

用像对待生命一样对待生态环境的真诚，发展生态旅游业。树立和践行“绿水青山就是金山银山”的理念，坚持节约资源和保护环境的基本国策，形成绿色发展方式和生活方式，坚定走生产发展、生活富裕、生态良好的文明发展道路，建设美丽中国。真正把生态文明建设作为“五位一体”总体布局的重要方面，贯彻落实到生态旅游发展实践当中。

挖掘潜力，大力发展生态乡村旅游。贯彻乡村振兴战略、区域协调发展战略、可持续发展战略，找重点、补短板、强弱项，运用创新、协调、绿色、开放、共享的发展理念，坚持保护优先、自然恢复为主，还自然以宁静、和谐、美丽。加大生态系统保护力度。实施重要生态系统保护和修复重大工程，优化生态安全屏障体系，构建生态廊道和生物多样性保护网络，提升生态系统质量和稳定性，抢抓乡村生态旅游发展新机遇。

长期以来，我国把旅游业发展定位为“无烟工业”，认为旅游业的发展不会造成生态环境污染。因此，政府以及旅游主管部门对旅游开发的监督、规划与管理不到位。多数旅游业经营者由于经济利益的驱使，发展目光短浅，缺乏社会责任，导致对旅游资源的盲目开发与过度使用。

由于资金短缺、技术力量薄弱，我国旅游企业长期以来只能依赖于低效率的粗放式经营。旅游消费者缺乏环保意识与可持续发展意识。在我国高速经济增长过程中，工矿企业开采无序，对资源环境生态破坏严重。粗放式发展导致水污染、空气污染日趋严重。自然资源过度开发、生态环境恶化成为制约我国生态旅游发展的障碍。

生态旅游研究从一开始就是以“保护优先、适度开发”为发展原则的。1983 年，Ceballos Lascurain 首次提出“生态旅游”的概念。他认为，生态旅游作为常规旅游的一种形式，能使游客在欣赏和游览古今文化遗产的同时，置身于相对古朴、原始的自然区域，欣赏风光。Valentine（1992）将生态旅游与环境生态及可持续发展联系起来。他认为，生态旅游是具有生态可持续性的自然旅游方式，它以相对未被侵扰的自然区域为基础，其活动不破坏环境，不会导致自然环境退化，可直接促进对保护区的持续保护与管理，而且遵循适当的、合理的管理方式。Elizabeth Boo（1992）认为，生态旅游的目的就是为保护区筹集资金，为地方居民创造就业机会，为社会公众提供环境教育，它是有助于自然保护和可持续发展的自然旅游。欣赏和研究自然景观、野生动植物及相关文化特征只是这些目的的一个过程、一个保证。生态旅游协会（TES，1993）考虑了利益相关者关系，认为生态旅游是对自然区域负责任的旅行，它的主要任务是，保护环境，提高当地社区居民的福利。Bulter（1989）强调，在生态旅游中，生态旅游者应主要按自然环境本身的状况去接受它，而不是为了个人的舒适对自然环境进行明显的改造。在生态旅游活动中，旅游者的期望值是以欣赏和教育来衡量的，而不是以追求刺激和锻炼身体来衡量的。Buckley（1994）认为，生态旅游是以自然为核心的旅游产品，具有环境教育功能，可直接或间接地实现对自然环境的保护。Allcock 等（1994）提出，生态旅游是关于自然环境教育和解释的自然旅游，具有生态可持续性特点。Goodwin（1996）认为，生态旅游是一种低影响的自然旅游，它会促进对物种及动植物栖息地的保护，其方式是直接促进保护，或通过向当地社区居民提供足够的收益来间接地促进保护，因为这会使社区居民将野生动植物遗产当作收益的来源而加以保护。Fennell（2001）认为，生态旅游是一种可持续的并以自然资源为基础的旅游方式。它的核心是体验及了解自然，应该对生态旅游进行合乎生态伦理道德的管理，以适应其低影响、非消耗性的特点，而且，它要定位于社区（控制、利益与规模）。它主要发生在自然区域，并将促进对这类地区的保护。生态旅游是一种具备生态可持续性的旅游方式，它主要关注对自然区域的体验，并培养对自然环境和文化的理解、欣赏、保护能力（Weaver，2004）。Blamey 等（1997，2001）、David Weaver（2001）提炼出了生态旅游的四个核心标准：以自然为基础，可持续性，教育性或学习性，旅游方式。David Weaver（2001）认为，生态旅游作为一种旅游方式，具有明确的目的和意义，主要为促进旅游者体验及欣赏自然环境，或是在与自然环境相联系的文化背景中欣赏其中的一些元素。它具有明显的环境和社会文化可持续性，它选择能够促进旅游目的地自然和文化资源发展的道路，并提高生态旅游经营机构的生存能力。诸葛仁（2001）认为，生态旅游是一种生态上可持续的旅游，主要是通过体验大自然，来促进人们对环境和文化的理解、欣赏和保护。Buckley（2003）认为，环境友好型旅游应该是一种在环境输入和输出方面均能达到令人满意的结果的旅游。

国内的生态旅游研究是在国外生态旅游理论研究基础上进一步展开的。吴易明、徐月芳（2007）认为，生态旅游不仅是一种新型旅游方式，而且是一种先进的旅游开发和管理思想。它依托生态资源（包括自然生态资源和人文生态资源），指导思想以生态学为主，内涵是科学文化知识。旅游者和旅游经营者具有明确的生态环境意识，参与性强，品位高雅，能为地方生态环境保护和社会经济发展做贡献。核心内容是协调旅游开发和环境保护之间的关系，追求环境效益、经济效益和社会效益协同发展。陈玲玲等（2012）主张，生态旅游主要目的是认识自然、了解自然、享受自然、保护自然。城市和集中居住区的居民为了解除城市恶劣环境的困扰，为了健康长寿，追求人类理想的生存环境，如到郊外良好的生态环境中保健疗养、度假休闲、娱乐等。他们总结已有文献资料后，概括出了生态旅游的六种类型：（1）保护中心论；（2）居民利益论；（3）回归自然论；（4）负责任论；（5）原始荒野论；（6）环境资源论。

可见，对于生态旅游概念，学者们从一开始就认识到了旅游活动与资源环境生态协调发展的重要性。一方面强调旅游业自身的可持续发展，另一方面重视人类活动特别是经济活动日益增多背景下整个地球的可持续发展。

在对待生态旅游资源问题上，一方面包含重视自然生态资源的认识，另一方面包含带有人类创造活动的“文化 + 自然资源”认识，甚至有将人类创造的历史文化资源也包含在内的认识，其理由是能够体现保护资源环境生态的功能。

同时，也有学者不赞同广义生态旅游的说法，认为广义生态旅游是“带有生态旅游色彩的旅游或大众化的生态旅游”。实际上，它抽掉了生态旅游的核心，否定了生态旅游的实质，很可能发展成仅仅带有生态旅游包装的假生态旅游（吴易明、徐月芳，2007）。

有学者对生态旅游内涵过于宽泛的问题提出了批评。陈玲玲等（2012）认为，“保护中心论”强调对旅游资源和环境的保护，不应主要依赖旅游者，可以作为一种理念、教育、宣传，但无法具体操作。“居民利益论”表述了生态旅游可提高社区居民收入，这与生态旅游关联程度较低。如果将提高当地居民收入作为生态旅游的核心内容，就无法与大众旅游形成实质性的区别。“回归自然论”则将生态旅游的范围扩大到所有的户外旅游，包括探险旅游、登山旅游、科考旅游、度假旅游、休闲旅游等，扰乱了人们习惯的旅游类型体系，给旅游者和旅游组织者造成认知和识别上的混乱，导致生态旅游的标签被随处“粘贴”，这也正是生态旅游被泛用、泛化，甚至出现泛滥的主要根源。“负责任论”将社会可持续发展等责任作为旅游当中特殊的部分进行强调或放大，这并不妥当。“原始荒野论”定义有欠科学。“环境资源论”则明确指出了生态旅游主体是城市中的居民或集中居住区的居民，为了解除城市恶劣环境困扰，到生态环境良好的地方保健疗养、度假休闲、娱乐。良好的生态环境条件就是旅游资源。本研究认为，鉴于生态旅游与文化旅游的区别，将生态旅游资源限定在自然生态资源以及带有人类创造活动的“文化＋自然资源”是合适的，符合生态旅游的本质。

二　江西生态旅游样本是“绿水青山就是金山银山”的坚定实践者

对生态旅游资源与环境的保护成为预备“生态大席”的关键。江西省及鄱阳湖生态经济区预备好一桌“生态大席”，在鄱阳湖生态经济区区域合作型生态经济发展机制中积极发挥“主人翁作用”——用江西的高质量生态旅游产品和服务以及高质量绿色生态农产品、绿色食品，将下游地区的“客人”“请进来”。其首要任务是保护好绿水青山。

江西省地处中亚热带暖湿季风气候区，其特点为：春多雨、夏炎热、秋干燥、冬阴冷。冬夏季风交替显著，四季比较分明，春秋季短，夏冬季长。江西气温适中，日照充足，雨量丰沛，无霜期长，冰冻期短。

江西省位于长江中、下游交接地段南岸，三面环山，一面临水。省境边陲的武夷山脉、罗霄山脉、南岭山脉从东南西三面环抱江西，形成群山环绕之势，内侧丘陵广布，整个地势大致为周高中低，由南向北、由外向内渐次倾斜的走向。省内五大江河（赣江、抚河、信江、饶河、修河）呈扇形向鄱阳湖齐聚。

唐代诗仙李白曾高度评价江西的自然风光："予行天下，所游览山水甚富，俊伟诡特，鲜有能过之者，真天下壮观也。"王勃《滕王阁序》中的名句"物华天宝，人杰地灵"也是对江西的赞美。江西生态旅游资源异常丰富，生态环境全国一流。

山脉和丘陵占全境面积一半以上。江河湖泊星罗棋布，有大小天然湖泊 400 多个，其中面积 1 平方千米以上的有 200 多个；面积大于 10 平方千米的淡水湖约 44 万公顷，约占全国同类湖泊的 15%。瀑泉众多，名贯古今，在唐代"茶圣"陆羽评定的"天下二十名泉"中，江西就拥有五处，目前可供开发的名泉、温泉达百余处。江西湿地面积达 365. 17 万公顷，占江西省土地面积的 21. 87%，其中绝大部分是天然湿地，全国少有。江西省已建立自然保护区 188 个，其中国家级自然保护区 13 个，自然保护区总面积 1700 多万亩，占江西省土地面积的 7. 1%，在华东地区位列第一。江西省不仅具备国家旅游资源标准分类的八大景观，而且 155 种基本景观类型中，拥有除观光游憩海域、海市蜃楼现象多发地之外的 153 种。全省拥有世界自然文化遗产 4 处，世界文化景观 1 处，世界地质公园 4 个，国际重要湿地 1 处，国家级风景名胜区 14 个，国家级自然保护区 13 个，国家级森林公园 43 个，国家级历史文化名城 3 个，A 级景区 99 个，其中 5A 级景区 6 个。

江西名山众多。江西山脉走向多呈东北—西南或北北东—南南西方位。北有庐山、石钟山，鄱阳湖汇入长江之口；东部绵亘怀玉山、三清山、鹅湖山、龙虎山；东南拔起麻姑山、华盖山；中南耸立青原山；西障武功山、井冈山；南昌附近蟠结西山、梅岭、云居山。其中"匡庐奇秀甲天下”的庐山、“天下第一山”革命圣地井冈山，享誉中外，被列入“全国旅游胜地四十佳”。赣西北九岭山和幕阜山，绵延于赣鄂边界，海拔 500 ~ 1500 米，庐山就位于幕阜山余脉的东端。险峰秀谷、绝崖幽林数不胜数。赣西部罗霄山脉绵延赣湘边界，海拔 1000 ~ 2000 米，井冈山位于其中段。从地形看，赣东北有怀玉山及黄山余脉，海拔 500 ~ 1500 米，被誉为“揽胜遍五岳，绝景在三清”的三清山就位于怀玉山中段，主峰玉京峰海拔 1870 米。赣东部有武夷山脉沿省界绵延 520 千米，海拔 1000 米左右，有海拔 2158 米的华东地区最高峰黄岗山。赣南为南岭山脉，九连山、大庾岭绵延于赣粤边界。

江西奇岩幽谷不胜枚举，境内多丘陵。红岩广布的赣中丘陵以及赣东、赣南、赣西的山地丘陵区，自然钟秀，奇幽山岩景观众多。这些丘陵、山岩虽不高，一般海拔 300 ~ 600 米，却多数林木幽深，奇岩万状，风景极佳。位于鹰潭贵溪境内的龙虎山，沿泸溪河两岸排列着数十座各不相连的红砂山岩，被誉为“又一漓江”。弋阳县的圭峰，三十六峰景状奇特，还有林木幽深的南城县麻姑山、绝壁天险的宁都县翠微峰、风景优美的瑞金罗汉岩和会昌汉仙岩、赣州市郊谷深岩幽的通天岩，都属于这类山岩胜境，已成为旅游胜地。

江西分布着鬼斧神工的天然溶洞。江西省多山地、丘陵，有许多天然溶洞。这些天然溶洞洞中有洞、彼此相连，洞内钟乳石造型奇特、千奇百怪，多数洞中有暗河、溪水贯通。较为著名的地下溶洞有：赣北彭泽龙宫洞、玉壶洞，九江狮子洞、涌泉洞；赣东北婺源的灵岩洞群，三清山麓的冰玉洞，景德镇的屏山聚仙洞；赣西萍乡市郊区的孽龙洞，宜春市郊的三阳酌江溶洞，井冈山东北部的石燕洞；赣南宁都县境内的太平洞、黄鳝洞、出风洞；等等。

江西遍被绿色，其中不乏古树奇树、名花奇卉。据《庐山志》记载，庐山的“宝树”为“晋僧昙洗手植”，东林寺的“六朝松”为“东晋慧远手植”。葱郁高大的樟树更是江西省的特有景观，南昌自古以来便以大樟树（南昌旧名“豫章”）而闻名。赣西泰和县被誉为“古樟之乡”，现有 500 年古樟 30 多棵，300 年古樟村村皆有。赏花植物以各种杜鹃最为著名，井冈山笔架山上的大片野生杜鹃，绵延 10 千米，20 多种野生杜鹃逢春怒放，被誉为“十里鹃廊”。庐山的野菊、金鸡菊等，也是著名的旅游观赏花卉。庐山植物园为我国唯一的亚高植物园，有数千种珍奇植物。赣东北三清山上的大片古松、奇松，为其特色景观。江西省植被覆盖率较高，2017 年，全省森林覆盖率稳定在 64% 以上，活立木总蓄积量达到 5.8 亿立方米；高速公路、国省道、铁路两侧初步建成各具特色的生态景观林带，宜林荒山全面绿化；所有设区市和 80% 的县城分别达到国家级和省级森林城市创建标准，80% 的乡镇和村庄分别达到森林乡镇和森林村庄创建标准。江西在生态方面的目标是：森林屏障更加安全、绿色产业更加发达、人居环境更加优美、生态文化更加繁荣。这为生态旅游的发展提供了坚实的基础。

江西北临长江，境内河湖密布，沿江沿湖分布着奇特的旅游名胜，江河湖溪连成网络，显示出一派江南水乡风光。中国第一大淡水湖鄱阳湖，在江西省北部，与中国第一大河长江相连。鄱阳湖中的鞋山岛，是一大奇景。鄱阳湖与长江的交汇处，一线水分清浊、现两色，蔚为奇观。庐山屹立于鄱阳湖畔，山色湖光相映成趣，风景优美。江西省的五大江河——赣江、抚河、信江、饶河、修河，就像一把蒲扇系挂在长江玉带上。最大河流赣江，由章、贡两江于赣州市北汇合而成。在赣州市八境台可观览三江风光。南昌、九江、景德镇等主要旅游城市，还拥有许多内湖。

江西省湖泊众多，主要分布在北部的鄱阳湖平原、长江中下游平原、赣抚平原。共有中小湖泊 50 多个，总面积约 883 平方千米。其中，独立湖泊约 30 个，面积 365 平方千米；人工控制的湖汊 20 多个，面积 518 平方千米。独立湖泊有：赛城湖、船头湖、大城门湖、小城门湖、八里湖、谷山湖、南门湖、甘棠湖、白水湖、太泊湖、芳湖、下巢湖、赤湖、蓼花池、黄茅潭、瑶湖、艾溪湖、青山湖、象湖、碟子湖、下庄湖、上池湖、霞坊湖、东湖、四望湖、麻叶湖、林家塘、江家湖、药湖等。

在“宁要绿水青山，不要金山银山，而且绿水青山就是金山银山”的新时代生态文明建设理念下，只有保护好绿水青山，才能获得生态价值、社会价值、经济价值。

自然是人类生命和价值的源泉，山水林田湖草也是生命共同体不可或缺的组成部分。认识自然规律、尊重自然、顺应自然、保护自然，必须成为新时代的价值取向。推动经济发展的生态转型，使经济发展从高能耗、高排放、高污染的粗放型经济，向低碳、循环、可持续的生态经济转变。旅游业也要向高质量、生态发展转变。注重科学技术的生态转型，使科学技术从征服自然的工具转变为维护人与自然和谐共生的助力器。旅游与科技融合发展，首先是科技助推生态旅游的发展。所以，要以保护促发展。对于生态旅游资源而言，保护就是发展。

2016 年 1 月习近平总书记赴重庆视察，召开推动长江经济带发展座谈会时强调，推动长江经济带发展必须从中华民族长远利益考虑，走生态优先、绿色发展之路。当前和今后相当长一个时期，要把修复长江生态环境摆在压倒性位置，共抓大保护，不搞大开发。习近平总书记在座谈会上指出，长江拥有独特的生态系统，是我国重要的生态宝库。促进长江经济带实现上中下游协同发展、东中西部互动合作，把长江经济带建设成为我国生态文明建设的先行示范带、创新驱动带、协调发展带。

长江流域的中部地区在主体功能区建设过程中，承担了限制开发区、禁止开发区或农产品主产区、重点生态功能区的功能，对于生态环境的保护和恢复，不仅将为长江下游省份提供经济发展和人民生活所必需的水资源的涵养，还将使东部地区免遭自然灾害、疾病传播的侵袭，以避免灾害带来的巨大损失。鄱阳湖生态经济区更是长江的生态屏障和生态安全网，以保护生态旅游资源为主发展生态旅游，构建东部地区与中部地区合作型生态旅游业发展机制，成为我国生态文明建设的先行示范带、创新驱动带、协调发展带的排头兵和先锋队，是贯彻落实十九大精神、习近平总书记生态文明思想和长江经济带建设的最好实践。

三 江西生态旅游开发是“既要绿水青山，也要金山银山”的坚定捍卫者

江西生态旅游资源得天独厚。基于良好的资源禀赋，加快推动江西省生态旅游业的发展，是建设富裕、和谐、秀美江西的重要内容。江西生态旅游产品和服务开发要坚持大局意识、全局观念，按照具体可行的规划，重点“抓落实”。

2016 年 9 月国家发改委与国家旅游局发布《全国生态旅游发展规划

(2016—2025 年)》，将我国生态旅游发展划分为 8 个片区，在此基础上培育 20 个生态旅游协作区，建设 200 个重点生态旅游目的地，形成 50 条跨省和省域精品生态旅游线路，打造 25 条国家生态风景道。该规划提出两个目标：一是到 2020 年，一批重点生态旅游目的地和精品线路基本建成，我国成为具有一定国际影响力的生态旅游目的地国家；二是到 2025 年，我国以生态旅游协作区、目的地、线路和风景道为主体的总体布局基本确立，成为世界生态旅游强国。

江西被纳入长江上中游生态旅游片区，共有 6 个重点生态旅游目的地——三清山、井冈山、婺源、鄱阳湖湿地、武功山、庐山。重点发展方向有三。第一，依托大江大河、湖泊湿地、山地森林、特色地貌景观及苗族、彝族等少数民族生态旅游资源，打造具有长江及其支流观光、喀斯特与丹霞地貌观光、亚热带森林观光、山岳与湖泊休闲避暑度假、长江流域民俗体验等特色的生态旅游片区。第二，推动罗霄山区等区域的生态旅游扶贫。第三，利用长江经济带区域发展战略机遇，推动长江流域生态旅游协同发展，建设长江黄金旅游带。重点建设 3 个生态旅游协作区。

皖闽赣生态旅游协作区——重点发展遗产观光、山地休闲、湖泊度假、科普教育等产品，加强黄山、庐山、九华山、三清山、江郎山、武夷山、龙虎山、泰宁等世界遗产地的深度协作，加快皖南国际文化旅游示范区建设，推进公共服务设施区域一体化，搭建区域联合营销与市场共享平台。

罗霄山生态旅游协作区——重点发展自然生态观光、山地养生度假、乡村休闲等产品，支持基础设施和生态保护工程建设，加强历史遗址保护和生态旅游品牌宣传推广，推动生态旅游与红色旅游、文化旅游融合发展，促进跨省协作。

长江中游生态旅游协作区——重点发展水上旅游、自驾游、低空旅游等产品，推动生态旅游与文化旅游、红色旅游融合发展。发挥长江黄金水道和高铁优势，共同打造长江旅游线路和国内外知名旅游品牌。推动区域一体、水陆联动发展，探索生态旅游联合发展模式。

按照生态要素的线性分布和旅游线路组织的基本原则，形成 50 条跨省和省域精品生态旅游线路，其中涉及江西地区的共有 3 条线路。2 条跨省生态旅游线路：长征沿线生态旅游线路、北纬 30 度世界遗产生态旅游线路。1 条省域生态旅游线路：环鄱阳湖生态旅游线路。

为适应日益兴起的自驾车和房车旅游，规划打造数条国家生态风景道，涉及江西的有 2 条。一是华东世界遗产风景道：安徽九华山、黄山—浙江开化钱江源、江郎山—江西上饶—福建武夷山、屏南白水洋。二是罗霄山南岭风景道：湖南株洲—江西井冈山、赣州—广东韶关。

江西的生态旅游发展应以保护生态旅游资源为主。生态旅游产品和服务的开发，要以科学保护、生态保护、文化保护、美学保护为基础，打造生态旅游精品区。

在对“绿水青山”的开发利用过程中，要充分挖掘丰厚的文化资源，避免对自然生态资源“动大手术”，加强对生态旅游资源的保护。以保持大自然本来面貌为本进行旅游规划，杜绝大规模改造；在旅游活动设计过程中，要强调环境保护，将环境影响降到最小；强调以自然体验为主，挖掘历史文化内涵，加大历史、地理等方面的文化宣传力度；尽可能以当地文化程度较高的居民为向导，让游客在游憩中能够进行深度体验；以专业性参观、小规模特种旅游为主进行自然生态教育旅游、科考旅游；从精神愉悦、生活体验、身体运动等多个方面设计产品组合，进行养生健身生态旅游（张频等，2010）。

充分利用江西的文化、美学资源，将高质量的生态旅游发展融入全域旅游高质量发展之中。江西生态旅游景点景区目前在历史文化氛围，故事情景氛围，文化关联性，历史文化厚重感，与游客心灵情感的连接性，使游客振奋精神、荡涤心灵的吸引力，令游客心驰神往的想象空间等方面还存在一些不足。高质量的全域旅游应内涵丰富，产品具有吸引力，服务贴心，历史文化氛围浓厚，故事情景氛围浓烈，文化关联性强，历史文化具有厚重感，与游客心灵情感贴近，具有使游客振奋精神、荡涤心灵的吸引力，以及令游客心驰神往的想象空间。

通过加强生态旅游产品的多样化，推动生态旅游产业向规范化、规模化、深层次、高品位的方向发展。开发具有参与性的野外露营、登山、漂流、探险、科考、文化陶冶等度假、休闲生态旅游项目，丰富森林旅游、江湖旅游形式。开发具有观赏性的农业科技推广示范区、生态农业区，如蔬菜基地、桑园、茶园、果园、竹园，现代化的禽畜养殖场、水产养殖场、农副产品加工基地等生态旅游项目，开发观鸟、农家乐、渔家乐、民俗鉴赏等有品位、有特色的生态旅游产品，丰富生态农庄旅游和生态乡村旅游形式。以水利工程为核心，开发岸线资源，利用好森林、山丘、农家、村落、种植业、休闲业、桥梁等旅游载体，以美丽、娱乐、舒适等为服务宗旨，精心打造水利生态旅游。开发南昌“东方威尼斯”水城概念，对鄱阳湖、赣江、青山湖、艾溪湖、象湖、黄家湖，以及城内的东湖、西湖、南湖、北湖，进行精心设计、精益化建设，挖掘南昌水文化的历史特色。

打造名楼特色游。深入挖掘围绕王勃《滕王阁序》的一大批文学、绘画、书法等文化艺术作品，挖掘与滕王阁关系密切的历史文化名人，挖掘滕王阁所涉及的饮食文化、酒文化、音乐歌舞等，挖掘与滕王阁关系密切的景、俗、物。

打造“匡庐天下秀”品牌游。深入挖掘以庐山为对象的文学、绘画、书法等文化艺术资源；挖掘庐山及其周边的生物、矿产、农业等资源；挖掘以九江为中心的非物质文化遗产；挖掘与庐山、鄱阳湖、九江等关系密切的景、俗、物。打造“物华天宝，人杰地灵”的“美丽江西”优质品牌生态旅游。

打造生态江西全域旅游品牌。充分挖掘江西的文学、绘画、书法等文化艺术资源，挖掘江西的历史文化名人，挖掘江西的物质文化遗产和非物质文化遗产，以“美丽江西”为主旨，打造生态江西全域旅游品牌。

四　小结

江西经济尚不发达，是其旅游发展具有较大空间和潜力的重要原因。江西面临资金和政策缺位的困扰。多方面的掣肘，导致江西在生态旅游营销上创新不足。与一些国内外著名景区相比，慢了半拍。经济有待发展，导致政府的财政紧张，对旅游的投入、设施的改善，亟须进一步加大力度。江西要发展优质生态旅游和全域旅游，需要大量资金的投入和相关实体的对口支援。

江西是全国唯一的毗邻长三角经济圈、珠三角经济圈、海西经济圈和长株潭经济圈的省份，高度贴近东部地区中高端旅游客源集散地。提供热情周到、高质量、全方位的服务是今后生态旅游发展的重要方向，只有加大力度满足游客对生态旅游的体验需求，江西才能吸引到东部地区的中高端旅游客源。

江西打造生态旅游精品区，预备好一桌“生态大席”，在鄱阳湖生态经济区区域合作型生态经济发展中积极发挥“主人翁作用”——用江西优质的生态旅游产品和服务、优质的绿色生态农产品，将下游地区的“客人”“请进来”。选择“练内功、树品牌”，重视质量安全问题。在区域合作问题上，发扬井冈山精神，树立全局意识，发挥“真抓的实劲、敢抓的狠劲、善抓的巧劲、常抓的韧劲，抓铁有痕、踏石留印”来抓优质生态旅游和优质全域旅游的落实。拿出江西的气度和力度，积极推动构建东中部生态旅游业合作机制。

第五节　长江流域东中部地区人才共享机制

一　长江流域区域协同发展的人才合作博弈分析

2014 年，国务院下发的《关于依托黄金水道推动长江经济带发展的指导意见》提出，建立健全生态环境保护和水资源管理制度，加强长江全流域生态环境监管和综合治理，协调好江河湖泊、上中下游、干流支流关系，保护和改善流域生态服务功能，推动流域绿色循环低碳发展，打造东中西互动合作、协调发展，沿海沿江沿边全面推进的对内开放带以及生态文明建设的先行示范带。

2016 年，在重庆召开的推动长江经济带发展座谈会上，习近平总书记强调，当前和今后相当长一个时期，要把修复长江生态环境摆在压倒性位置，从中华民族长远利益考虑，走生态优先、绿色发展之路，使绿水青山产生巨大生态效益、经济效益、社会效益，使母亲河永葆生机活力，坚决做到“共抓大保护，不搞大开发”。

2016 年 2 月，国家发改委、环境保护部联合印发的《关于加强长江黄金水道环境污染防控治理的指导意见》提出，将修复长江生态环境摆在压倒性位置，以改善水环境质量为核心，强化空间管控，优化产业结构，加强源头治理，注重风险防范，全面推进长江水污染防治和生态保护与修复。

2016 年 3 月中共中央政治局会议审议通过并于 9 月正式印发的《长江经济带发展规划纲要》，再次强调要大力保护和修复长江生态环境、建设综合立体交通走廊、创新驱动产业转型，走生态优先、绿色发展之路。坚持以不破坏生态环境为前提，“共抓大保护，不搞大开发”，将长江经济带打造成为生态更优美、交通更顺畅、经济更协调、市场更统一、机制更科学的黄金经济带。

党和国家对长江流域生态环境的积极保护和治理，引发了关于水环境有效保护和治理模式的理论和实践探索。

从实践层面，通过国家相关规章制度的实施，进行水环境有效保护和治理。2007 年 8 月，无锡市率先推行河长制并取得了显著的成效。这一由各级党政负责人担任“河长”、负责组织领导相应河湖的管理和保护工作的水环境治理制度，开始得到推广和应用。

2016 年 10 月中央全面深化改革领导小组第 28 次会议审议通过并于同年 12 月印发的《关于全面推行河长制的意见》，正式提出在全国全面推行河长制，由党政领导担任河长，依法依规落实地方主体责任，协调整合各方力量，加强流域水资源保护、水域岸线管理、水污染防治、水环境治理等工作。

2017 年 8 月，国家发改委再次发文重申，要把修复长江生态环境摆在压倒性位置，加快构建综合立体交通走廊，坚决淘汰落后污染产能，着力优化沿江产业结构。同年 10 月，习近平总书记在党的十九大报告中再次强调，要推进绿色发展，加大生态系统保护力度，改革生态环境监管体制，着力解决突出环境问题，加快生态文明体制改革，积极建设美丽中国。不仅体现了党和国家坚持绿色发展理念，积极进行生态文明建设，走新型可持续发展道路的决心，也从侧面反映出当前长江流域水环境污染的严峻形势，以及加快对长江生态环境修复的紧迫性。

从理论层面，探索政府之间或政企之间的合作治理。通过对我国跨界水污染发生的系统性和治理机制运行特征的分析，剖析我国跨界水污染治理体制的内部矛盾，并提出基于宏观层面、管理层面、地方层面等多层协商的跨界水污染综合治理措施（周海炜等，2006）。环境污染是无法由某一地方政府独立有效解决的，需要建立地方政府合作机制等跨地域、跨流域治理的有效机制（杨妍、孙涛，2009）。流域跨界水污染问题的根源在于，在属地原则的传统治理方式下，地方政府的个体理性与集体理性的冲突，所以从制度环境、组织安排和合作规则等多方面进行制度创新是流域跨界水污染府际合作治理的关键（易志斌、马晓明，2009）。在实现对水环境的跨区域治理上，政府之间及政企之间主要采取“参与式治理”和“功能分类型合作”两种模式建立政府与社会力量的水环境治理合作机制（郑长旭，2014）。基于中央与地方政府以及地方政府间在流域环境保护方面的利益驱动机制，可通过构建地方政府间合作平台、提高地方政府跨界流域治理参与程度以及建立多元化跨界流域融资机制等途径，均衡地方政府间的零和博弈关系，破解我国跨界流域环境治理的政策困境（曲展、吕丹，2014）。

从企业层面，探讨如何对排污行为采取生态补偿措施。通过采取“谁保护，谁受益”和“谁污染，谁治理”的跨界水污染补偿模式，实现对流域水污染问题的有效治理（肖健，2008）。区域水环境污染和跨界水污染纠纷长期存在，是由流域水资源固有的公共产品属性所带来的“公地悲剧”和“搭便车”效应以及流域管理机制和能力欠缺等引起的，要通过建立流域生态补偿机制来协调流域水资源矛盾（计红，2011）。在跨流域的生态治理中，仅采用下游地区单方面对上游地区进行生态治理补偿的方式明显违背了“污染者付费”这一原则，应建立一种流域双向补偿机制（陈祖海、彭灵敏，2013）。在流域生态补偿方式的选择上，可以通过政府补偿、市场化生态补偿以及准市场化生态补偿等方式来实现（陈自娟，2016）。

20 世纪 60 年代以来，人力资本与物质资本都将对经济发展产生效益逐渐成为共识。随着知识经济时代的到来，人力资源已逐步上升为第一生产要素。本节以人才合作为东中部经济协同发展的切入点，探讨东部地区如何支持中西部地区摆脱低端、低效、高污染、高能耗的发展困境。

地方政府竞争在取得经济增长的同时，因为地方保护主义造成的内部保护主义壁垒，而损失了效率。现实中，在资源总量有限的条件下，为了维护自己的利益，处于劣势的地方政府就会采取限制流动的保护主义措施，而博弈对手也会采取保护策略，最终形成（保护，保护）的策略均衡解。

由于地方保护主义的存在，国内市场会出现分割，因此造成效率损失。分税制明确了财权，但对事权没有给予足够的确定。发达地区有足够大的财政能力，但发展中地区财政能力较小。在缺乏合理的转移支付制度下，地方政府选择对本地资源和资本采取限制流动的策略，或设法增加税收和预算外收入。发达地区与发展中地区的竞争就会出现（限制，限制）的均衡解，从而造成整体的效率损失（周业安，2003；韩兆柱、汪毅霖，2005）。

在经济发展和环境治理模式的执行过程中，一方面必然少不了具有水污染治理相关知识及技术的高科技人才的投入；另一方面流域环境污染的背后，是各区域为实现当地经济发展而引发的河流“公地悲剧”问题。为解决各地区经济发展的不平衡及满足发展中地区的经济发展诉求，通过发达地区对发展中地区的人才、技术支持，实现跨区域间高端人才的深入交流与柔性合作，就成为一种较为理性的选择。因此，本节将以长江流域水环境治理为主线，分析长江流域东中西部人才合作机制的创新性及有效性。

目前，我国水资源总量为 2.8 万亿立方米。其中，地表水为 2.7 万亿立方米，地下水仅有 0.83 万亿立方米。考虑到地表水与地下水存在相互转换和互为补给的情况，扣除两者重复计算量 0.73 万亿立方米后，与河川径流不重复的地下水资源量约为 0.1 万亿立方米。长江流域及其以南地区的土地面积虽然只占全国的 36.5%，其水资源量却占全国的 81%。同时，仅就长江经济带 11 个省市而言，其内部之间的水资源含有量同样存在明显的地区差异性。

由此可以看出，我国水资源分布具有明显的总量不丰富、人均占有量低、地区分布不均，以及水土资源不相匹配等特点。水资源环境的安全既与该地区的水资源含有量相关，又与当地及流域上游所产生的水污染情况具有密切的关系。

对长江经济带各省市水资源环境现状的衡量可以选择自然和社会两个维度。在 ArcGIS 平台上采用自然断裂点法描述了以水资源含有量衡量的水资源拥有量等级和以人均 GDP 衡量的各省市经济发展水平。

根据测量结果，将水资源拥有量划分为 Ⅰ 类贫水量地区（水资源含有量为 1213 亿立方米及以下）和 Ⅱ 类富水量地区（水资源含有量为 1213 亿立方米以上）；将长江经济带各省市的经济发展水平情况归为 Ⅰ 类欠发达地区（人均 GDP 为 42754 元及以下）和Ⅱ类较发达地区（人均 GDP 为 42754 元以上）。根据以上指标可将长江经济带 11 个省市划分为欠发达、贫水量，欠发达、富水量，较发达、贫水量，较发达、富水量四个类型（见表 7－20）。

表 7－20　长江经济带各省市经济发展与水资源含有量类型

类型	地区
欠发达、贫水量	贵州省
欠发达、富水量	云南省、四川省、湖南省、江西省、安徽省
较发达、贫水量	重庆市、湖北省、江苏省、浙江省、上海市
较发达、富水量	无

从各省市所属类型的划分结果来看，贵州省属于“欠发达、贫水量”地区，云南省、四川省、湖南省、江西省以及安徽省属于“欠发达、富水量”地区，重庆市、湖北省、江苏省、浙江省以及上海市皆属于“较发达、贫水量”地区。这就意味着，长江经济带 11 个省市不存在经济发展水平高、水资源含有量丰富的“较发达、富水量”地区。同时，长江经济带 11 个省市还呈现明显的经济发展水平东部高、中西部低，水资源含有量东部少、中西部多的空间格局。

由此可见，长江流域的水环境安全问题不仅关系着国家打造长江经济带黄金水道的战略布局，还影响到“共抓大保护，不搞大开发”的政策能否实现，同时影响着长江流域各省市的整体经济发展、生态环境改善等。因此，鉴于当前长江流域水体污染严峻的形势，加强对长江流域乃至全国水域的水体生态环境治理和保护已成为一个亟待解决的现实问题。

打造长江经济带区域生态经济示范带和实现东中西部协同发展，发挥中西部地区水资源优势，加强水环境治理和保护，同时促进东部地区的高素质人才、高新技术等先进生产要素向中西部流动已逐步成为社会共识。

就长江经济带区域人才合作进程来看，自 2013 年长江中游城市群四省会城市首届商会成功举办以来，各地在人才智力共建、科教文化以及经济贸易等方面展开了更加深入的交流与合作，长江中游城市群发展一体化进程明显加快。2017 年 4 月 12 日，在长江中游城市群举行的人才发展高峰论坛上，武汉、长沙、合肥、南昌四城市签署了《长江中游四省会城市人才发展合作框架协议》，进一步打破地域限制，共筑人才高地，开启人才发展与合作的新篇章，进而推动长江中游城市群整体联动发展。

实现水环境跨流域的有效治理和保护，一方面体现在治理模式及政策措施的有效性和合理性，并与最终实施水体治理相关人员的知识水平和水污染治理技术有关；另一方面，由于人力资本具有促进当地经济增长的重要作用，跨流域人才合作机制的实行还将助推区域间经济均衡协同发展。因此，着力构建和完善基于长江流域水环境治理的东中西部人才合作机制，是促成人才自由流动新格局、进一步推动区域人才资源的开发共享、建设“美丽中国”、实现全面建成小康社会目标的题中应有之义。

流域水资源是准公共品，其产权初始配置无法确定，上中游地区具有优先使用权，上中游地区经济发展产生的负外部性必将使下游地区付出较大代价。同时，如果上中游地区保护环境生态产生了正外部性，下游地区便可有“搭便车”从而得到增量收益的机会。上中游地区要使得环境生态不被破坏，必须转变经济发展方式，选择低能耗、低污染、绿色、生态的高质量发展方式。但上中游地区不具备高质量发展的条件，需要下游地区在人才、技术、市场、资本等要素方面的大力支持。这是实现“两个大局”思想中“先发展起来的地区帮助后进地区”的政策承诺，是实现科学发展观中区域协调发展的高标准要求，也是长江经济带“共抓大保护，不搞大开发”的实践。人才（技术）合作方面可以采取柔性人才（技术）合作模式，以区域政府政策支持为主导，以中西部地区经济社会发展的重大项目为依托，以项目吸引人才为核心，避免强行、硬性引进人才，采取“用项目集结人才”或“人才乡亲（特别是中西部到东部的高端人才）助帮项目开发”的柔性人才合作模式，来实现对长江流域水环境的有效保护和东中西部地区协调均衡发展的目标。

（一）水环境保护人才合作博弈的“囚徒困境”

长江流域作为世界第三大流域，横跨了我国东部、中部和西部共计 19 个省（区、市）。以湖北宜昌、江西湖口为界，可将其划分为上、中、下游三段区域。长江经济带则主要是指长江沿江流域覆盖上海、江苏、浙江、安徽、江西、湖北、湖南、重庆、四川、云南和贵州等 11 个省市的长江内河流域经济带。

1. 条件假设

（1）长江流域被划分为“上游地区”和“下游地区”两个博弈方，且都是合乎理性的“经济人”，即都追求自身得益的最大化。

（2）每个地区的原始排污比例相对固定，但人才的引入将在一定程度上降低污水的单位治理成本。

（3）在污水从上游地区流向下游地区的过程中，不考虑水体的自净能力。

（4）上游地区由人力资源的引入带给自身的经济效益远远超过其加大污水治理力度所需花费的治理成本。

（5）因下游地区经济发展水平远远高于上游地区，且流出的人力资源占比较小，所以其由人力资源的流出所带来的效益损失远远低于上游地区加大污水治理力度后自身所节省的污水治理成本。

（6）上下游地区水环境保护人才合作是一个完全且完美信息下进行的博弈。

2. 变量定义

R_{us}和R_{ds}分别表示上下游地区不存在合作时各自的经济效益；ΔH_{us}和ΔH_{ds}为收益型指标，分别表示上下游地区由人力资本变动所带来的经济效益；ΔC_{us}和ΔC_{ds}为成本型指标，分别代表上下游地区进行人才合作后各自的水环境保护成本改变量。

3. 模型建立

基于长江流域水环境治理的上下游地区人才合作博弈模型，上游地区的“合作”主要体现在减少流域内水体污染和加大污水治理力度，下游地区则主要通过为上游地区提供高素质人才来体现“合作”。因此，上下游地区均有“合作”与“不合作”两种策略可以选择，在有限次重复博弈下，基于不同的策略组合，上下游地区最终得益情况也将不同。

（1）当上下游地区均采取“不合作”策略时，流域内上下游地区的得益情况将维持现状，将上游地区的得益函数记为$U_{us}=R_{us}$，下游地区得益函数为$U_{ds}=R_{ds}$。

（2）当上游地区选择“合作”，下游地区选择“不合作”时，上游地区因加大了对水污染的治理力度，引起水环境保护成本上升，此时上游地区的得益函数为 $U_{us}=R_{us}-\Delta C_{us}$；下游地区并没有实际的投入，而上游地区加强了对水污染的治理引起其水环境保护成本下降，即"搭便车"现象，所以下游地区的得益函数为 $U_{ds}=R_{ds}+\Delta C_{ds}$。

（3）当上游地区选择"不合作"，而下游地区选择"合作"时，上游地区接受下游地区人力资本的流入，引起其经济效益的增加，同时又并未将人力资源用于水环境的保护，从而其得益函数为 $U_{us}=R_{us}+\Delta H_{us}$；下游地区人力资源的流出造成了自身经济效益损失，其得益函数为 $U_{ds}=R_{ds}-\Delta H_{ds}$。

（4）当上下游地区均选择"合作"策略时，上游地区一方面因人力资本的流入增加了经济效益，另一方面积极治理水污染等又引起水环境保护成本上升，其得益函数为 $U_{us}=R_{us}+\Delta H_{us}-\Delta C_{us}$；下游地区一方面虽因人力资本的流出减少了经济效益，同时流域内需治理的水污染量减少又引起水环境保护成本下降，其得益函数为 $U_{ds}=R_{ds}-\Delta H_{ds}+\Delta C_{ds}$。

在这一模型中，流域内上下游地区进行人才合作的主要出发点在于，一方面先进的污水治理技术使地区的治理成本降低，另一方面人力资本的引入有利于地区经济效益的提高。因此，在完全且完美信息的假定条件下，流域内上下游地区完全了解双方的策略空间及对应的得益函数，进而得到博弈双方的成本收益矩阵（见表 7－21）。

表 7－21　上下游地区水环境保护人才合作有限次重复博弈成本收益矩阵

		下游地区	
		合作	不合作
上游地区	合作	$(R_{us}+\Delta H_{us}-\Delta C_{us},\ R_{ds}-\Delta H_{ds}+\Delta C_{ds})$	$(R_{us}-\Delta C_{us},\ R_{ds}+\Delta C_{ds})$
	不合作	$(R_{us}+\Delta H_{us},\ R_{ds}-\Delta H_{ds})$	$(\underline{R_{us}},\ \underline{R_{ds}})$

4. 模型分析

从表 7－21 可以看出，当上游地区选择"合作"时，对下游地区而言，选择"不合作"是其最佳应对策略（$R_{ds}-\Delta H_{ds}+\Delta C_{ds}<R_{ds}+\Delta C_{ds}$）；同理，对上游地区而言，当下游地区选择"合作"时，其最佳策略为"不合作"（$R_{us}+\Delta H_{us}-\Delta C_{us}<R_{us}+\Delta H_{us}$）。无论博弈双方选择以上哪一种情况，上游地区既没有加强水环境保护的积极性，下游地区也没有提供高素

质人才的必要，由此进入（不合作，不合作）的恶性循环状态。这一方面进一步导致长江流域水污染治理“搭便车”现象的发生，形成典型的生态环境治理“囚徒困境”，引发“公地悲剧”；另一方面也没有实现对水环境有效治理和保护的初衷。同时，可以证实的是，在有限次重复博弈中，流域内上下游地区的最佳应对策略为（不合作，不合作），并由此构成了唯一纳什均衡解（R_{us}，R_{ds}）。因而，有限次重复博弈的人才合作机制结果再次证实了个体理性与集体理性之间可能存在冲突，即从个体利益出发的行为往往不能实现团体的最大利益。

（二）水环境保护及人才合作的补偿机制

1. 引入中央政府财政补贴

上下游地区水环境保护人才合作博弈之所以走向“囚徒困境”，在很大程度上是因为上下游地区中有一方单独选择“背叛”时能获得更大的利益，选择“合作”的一方则付出了明显的代价（上游地区加大了对水环境保护力度导致成本增加，下游地区则出现人力资本的单方面流出，使得自身经济效益受损），因此上下游地区都将选择“不合作”，最终构成（不合作，不合作）的博弈结果也就不难理解了。但从国家环境保护的角度来看，局部的水环境污染得以缓和，对整个国家的经济发展有正向的影响。因此，应该考虑在博弈第三方（即中央政府）介入的情况下，上下游地区之间是否具有实现合作的可能性。

对于上游地区而言，其可能选择“不合作”的原因在于，当自身选择“合作”，而下游地区选择“不合作”时，自身既没有得到人才的引入，又增加了水环境保护成本，所以损失了 ΔC_{us}。因此，要使上游地区一直保持“合作”，没有“背叛”的动机，那么在中央政府进行财政补贴的情况下，当上游地区进行水环境保护，而下游地区选择“不合作”时，其对上游地区的补贴额 S_{gu} 应不低于上游地区增加的水环境保护成本 ΔC_{us}，即 $S_{gu} \geqslant \Delta C_{us}$。同理，对下游地区而言，其可能选择“不合作”的原因在于，当自身选择“合作”，而上游地区选择“不合作”时，自身既造成了人才的流出，又没有减少水环境保护成本，所以损失了 ΔH_{ds}。因此，要使下游地区一直保持“合作”，不会“背叛”合作，那么在中央政府进行财政补贴的情况下，当上游地区不加大水环境保护力度，而下游地区选择“合作”时，其对下游

地区的补贴额 S_{gd} 同样应不低于下游地区人才流出造成的效益损失 ΔH_{ds}，即 $S_{gd} \geqslant \Delta H_{ds}$。此外，当上下游地区同时选择“合作”或“不合作”时，中央政府不需要对任何一方进行补偿。当中央政府对上下游某一方的利益损失进行补偿时，在有限次重复博弈中，上下游地区均可实现进行水环境保护和人才合作的期望结果，此时双方的策略组合（合作，合作）将构成博弈的纳什均衡解（见表 7－22）。

表 7－22　中央政府介入时上下游地区水环境保护人才合作有限次重复博弈

		下游地区	
		合作	不合作
上游地区	合作	$(\underline{R_{us}+\Delta H_{us}-\Delta C_{us}},\ \underline{R_{ds}-\Delta H_{ds}+\Delta C_{ds}})$	$(R_{us}-\Delta C_{us}+S_{gu},\ R_{ds}+\Delta C_{ds})$
	不合作	$(R_{us}+\Delta H_{us},\ R_{ds}-\Delta H_{ds}+S_{gd})$	$(R_{us},\ R_{ds})$

2. 流域内上下游地区双向补偿机制

尽管在考虑引入中央政府进行财政补贴的机制下，上下游地区能够顺利达到（合作，合作）的帕累托最优状态，但是，在整个博弈中加入第三方，增加了达到理想博弈结果的难度，即中央政府作为此次博弈过程中的“调停人”，对博弈参与双方进行单方面的财政补贴，将直接导致中央政府的财政负担增加，因而不能保证其每次均会按照规则及时进行财政补贴，可能使得整个水环境保护和人才合作机制再次面临“囚徒困境”。另外，在这样一种变相地由中央政府单方面承担水环境保护和区域人才合作利益损失的机制下，极有可能导致上下游地区达成“依次‘背叛’合作，骗取中央政府财政补贴”的默契，同样达不到预期效果。因此，这样一种由博弈参与者之外的第三方承担博弈损失的机制虽然的确能达到预期的水环境保护和区域人才合作效果，但也存在上下游地区“合谋”轮流骗取财政补贴的情况。对此，一种可行的方式是将这样一种补偿机制内化在博弈参与双方中，换句话说，即考虑在流域内上下游地区之间采取双向的水环境保护和区域人才合作补偿机制。

流域内上下游地区双向补偿机制的核心在于，通过将原本需要引入博弈参与者之外的第三方（即中央政府）的介入，才能引导上下游地区达到（合作，合作）的预期目标，转向由上下游地区自身承担因“背叛”合作而对另一方进行补偿的后果。具体来看，对于上游地区而言，当下游地区选择“合作”而自身“背叛”时，需对下游地区提供足以弥补其由人才流出造成的经济效益损失 ΔH_{ds} 的补偿额 S_{us}，同时还应高于自身由“合作”带来的水环境保护成本增加额 ΔC_{us}，即 $S_{us} > \max\{\Delta H_{ds}, \Delta C_{us}\}$。同理，对于下游地区而言，当上游地区选择“合作”而自身“背叛”时，需对上游地区提供足以弥补其因加大水环境保护力度而增加的治理成本 ΔC_{us} 的补偿额 S_{ds}，同时还应高于自身由“合作”带来的人力资本经济效益损失额 ΔH_{ds}，即 $S_{ds} > \max\{\Delta C_{us}, \Delta H_{ds}\}$。这样一种流域内上下游地区对水环境保护和人才合作进行双向补偿的机制，可有效杜绝任何一方产生单独“背叛”合作的动机，即在这样一种双向补偿惩罚机制下，博弈双方都将有积极采取“合作”的动力。由此一来，将有效减少博弈双方中不合作一方“搭便车”的现象。同时，双方的策略组合（合作，合作）将构成博弈的纳什均衡解（见表 7－23）。

表 7－23　上下游地区双向补偿机制下水环境保护人才合作有限次重复博弈

		下游地区	
		合作	不合作
上游地区	合作	$(\underline{R_{us} + \Delta H_{us} - \Delta C_{us}}, \underline{R_{ds} - \Delta H_{ds} + \Delta C_{ds}})$	$(R_{us} - \Delta C_{us} + S_{ds}, R_{ds} + \Delta C_{ds} - S_{ds})$
	不合作	$(R_{us} + \Delta H_{us} - S_{us}, R_{ds} - \Delta H_{ds} + S_{us})$	(R_{us}, R_{ds})

3. 无限次重复博弈下的“触发策略”合作机制

在既不引入博弈第三方中央政府，也不考虑进行流域内上下游地区双向补偿的情况下，将原本有限次重复博弈下的“囚徒困境”式水环境保护人才合作机制纳入无限次重复博弈的范畴加以分析。在整个零和博弈的有限次重复中，上下游地区都将始终采用原博弈的唯一纯策略纳什均衡策略，即（不合作，不合作）。显然这样的策略组合并没有达到帕累托最优效率组合（合作，合作）所带来的“互利共赢”，因此存在潜在合作的可能性。但根据逆推归纳法可知，在有限次重复博弈下，即便是效率最高的合作也难以实现。要使得上下游地区有潜在可能性达到（合作，合作）的帕累托最优策略组合，可以考虑在无限次重复博弈中实现长江流域上下游地区在水环境保护和区域人才合作方面的“双赢”。

因此，长江流域上下游地区可在无限次重复博弈下采取以下触发策略实现上下游地区潜在的合作：第一阶段，流域内上下游地区博弈双方均采用“合作”策略，如果第 i 阶段以前所有阶段的博弈结果都是（合作，合作），那么在第 i 阶段将继续采用“合作”策略，否则将在第 i 阶段及以后永远采取“不合作”。换句话说，在这样的触发策略下，流域内上下游地区都先试图进行合作，只要对方接下来的策略选择仍然是“合作”，那么（合作，合作）的帕累托最优状态将得以永久持续下去；一旦上下游地区某一方试图单独背叛“合作”，那么另一方将在接下来的所有阶段中都采取“不合作”策略。为说明这一触发策略能实现流域内上下游地区间（合作，合作）的理想结果，可通过引入贴现因子 δ（$0<\delta<1$）（上下游地区对未来收益的期望值越高，δ 越靠近 1；反之，δ 越趋近 0），将上下游地区对未来收益的评价值折算成总得益的现在值进行佐证。

首先，对于上游地区而言，若在第 i 阶段时选择“不合作”，则其在第 i 阶段之后总得益的现在值为：

$$
\begin{aligned}
U_{us}^{r} &= R_{us} + \Delta H_{us} + \delta R_{us} + \delta^{2} R_{us} + L \\
&= R_{us} + \Delta H_{us} + \delta(R_{us} + \Delta H_{us} + \delta R_{us} + \delta^{2} R_{us} + L) - \delta \Delta H_{us} \\
&= R_{us} + \Delta H_{us} + \delta U_{us}^{r} - \delta \Delta H_{us} \\
&= \frac{R_{us}}{1-\delta} + \Delta H_{us}
\end{aligned}
\tag{1}
$$

其次，若上游地区在第 i 阶段之后选择继续“合作”，则其在第 i 阶段之后总得益的现在值为：

$$
\begin{aligned}
U_{us}^{c} &= R_{us} + \Delta H_{us} - \Delta C_{us} + \delta(R_{us} + \Delta H_{us} - \Delta C_{us}) + \delta^{2} (R_{us} + \Delta H_{us} - \Delta C_{us}) + L \\
&= R_{us} + \Delta H_{us} - \Delta C_{us} + \delta[R_{us} + \Delta H_{us} - \Delta C_{us} + \delta(R_{us} + \Delta H_{us} - \Delta C_{us}) + \\
&\quad \delta^{2} (R_{us} + \Delta H_{us} - \Delta C_{us}) + L] \\
&= R_{us} + \Delta H_{us} - \Delta C_{us} + \delta U_{us}^{c} \\
&= \frac{R_{us} + \Delta H_{us} - \Delta C_{us}}{1-\delta}
\end{aligned}
\tag{2}
$$

再次，对于下游地区而言，若在第 i 阶段时选择“不合作”，则其在第 i 阶段之后总得益的现在值为：

$$
\begin{aligned}
U_{ds}^{r} &= R_{ds} + \Delta C_{ds} + \delta R_{ds} + \delta^{2} R_{ds} + L \\
&= R_{ds} + \Delta C_{ds} + \delta(R_{ds} + \Delta C_{ds} + \delta R_{ds} + \delta^{2} R_{ds} + L) - \delta \Delta C_{ds} \\
&= R_{ds} + \Delta C_{ds} + \delta U_{ds}^{r} - \delta \Delta C_{ds} \\
&= \frac{R_{ds}}{1-\delta} + \Delta C_{ds}
\end{aligned} \tag{3}
$$

最后，若下游地区在第 i 阶段之后仍然选择继续“合作”，则其在第 i 阶段之后总得益的现在值为：

$$
\begin{aligned}
U_{ds}^{c} &= R_{ds} - \Delta H_{ds} + \Delta C_{ds} + \delta(R_{ds} - \Delta H_{ds} + \Delta C_{ds}) + \delta^{2}(R_{ds} - \Delta H_{ds} + \Delta C_{ds}) + L \\
&= R_{ds} - \Delta H_{ds} + \Delta C_{ds} + \delta[R_{ds} - \Delta H_{ds} + \Delta C_{ds} + \delta(R_{ds} - \Delta H_{ds} + \Delta C_{ds}) + \\
&\quad \delta^{2}(R_{ds} - \Delta H_{ds} + \Delta C_{ds}) + L] \\
&= R_{ds} - \Delta H_{ds} + \Delta C_{ds} + \delta U_{ds}^{c} \\
&= \frac{R_{ds} - \Delta H_{ds} + \Delta C_{ds}}{1-\delta}
\end{aligned} \tag{4}
$$

因此，对上游地区而言，在无限次重复博弈中，当且仅当其选择继续“合作”的总得益不低于其从第 i 阶段后选择“不合作”的总得益时，上游地区才有动力继续保持“合作”。此时有 $U_{us}^{c} > U_{us}^{r}$，即 $\frac{R_{us} + \Delta H_{us} - \Delta C_{us}}{1-\delta} > \frac{R_{us}}{1-\delta} + \Delta H_{us}$，从而当 $\delta > \frac{|-\Delta C_{us}|}{\Delta H_{us}}$ 时，上游地区将会在第 i 阶段及之后仍然采取“合作”策略。同理，对下游地区而言，在无限次重复博弈中，当且仅当其选择继续“合作”的总得益不低于其从第 i 阶段后选择“不合作”的总得益时，下游地区才有动力继续保持“合作”。此时有 $U_{ds}^{c} > U_{ds}^{r}$，即 $\frac{R_{ds} - \Delta H_{ds} + \Delta C_{ds}}{1-\delta} > \frac{R_{ds}}{1-\delta} + \Delta C_{ds}$，从而当 $\delta > \frac{|-\Delta H_{ds}|}{\Delta C_{ds}}$ 时，下游地区也将会在第 i 阶段及之后仍然采取“合作”策略。

从求解结果中可以看到，要想在无任何博弈第三方参与以及不考虑上下游地区双向互补机制的前提下，仅仅通过无限次重复博弈让流域内上下游地区间主动达成水环境保护与区域人才合作博弈模型中的（合作，合作）状态，只有当 $\delta > \max\left\{\frac{|-\Delta C_{us}|}{\Delta H_{us}}, \frac{|-\Delta H_{ds}|}{\Delta C_{ds}}\right\}$，即 $\delta \in$

$\left(\max\left\{\frac{|-\Delta C_{us}|}{\Delta H_{us}},\ \frac{|-\Delta H_{ds}|}{\Delta C_{ds}}\right\},\ 1\right)$，上下游地区都有不主动“背叛”合作的激励时，才可实现。换句话说，只有当上游地区采取“合作”后水环境保护成本增加量与由引入下游地区人力资本带来的经济效益增加量的比值越小，同时下游地区采取“合作”后由人力资本的流出引起的经济效益损失额与上游地区加大水环境保护力度后自身因水环境改善而增加的经济效益的比值越小时，双方继续保持合作的概率才越大。

尽管在无限次重复博弈下，流域内上下游地区有实现潜在合作的可能性，但依然存在 $\delta<\max\left\{\frac{|-\Delta C_{us}|}{\Delta H_{us}},\ \frac{|-\Delta H_{ds}|}{\Delta C_{ds}}\right\}$的可能，即上下游中某一地区对未来收益的期望值不高时，便存在“背叛”合作的动机。对于这一问题的解决，本书认为，一方面，对于上游地区而言，需尽可能地发挥人力资源引入所带来的经济效益，并减少水污染物排放量、改进水污染治理技术等，降低水环境保护成本，即扩大 ΔH_{us}和降低 ΔC_{us}；对于下游地区而言，则需尽可能保持本地区人力资源富集优势，降低人才流出对当地经济总效益影响的比重，即降低 ΔH_{ds}。另一方面，又可综合运用中央政府的财政补贴以及流域内上下游地区间的双向补偿机制等，促成流域内上下游地区间的长久水环境保护，积极响应国家建设“美丽中国”，“共抓大保护，不搞大开发”的生态文明要求，同时加强区域间的人才交流与合作，促进区域协同发展，实现全面建成小康社会的奋斗目标。

首先，长江流域水环境保护与人才合作面临“囚徒困境”式博弈。单就长江流域上下游地区水环境保护与区域人才合作有限次重复博弈而言，其博弈结果表明，个体理性与集体理性之间存在发生冲突的可能性，即从个体利益出发的最优策略（不合作）往往不能实现团体利益最大化，亦即长江上游地区既不会加强水环境保护力度，长江下游地区也不会主动为上游地区提供高素质人才，整个水环境保护人才合作机制将进入（不合作，不合作）恶性循环状态，引发“公地悲剧”，形成长江流域水环境保护典型的“囚徒困境”，很难实现对长江流域水环境的有效治理和保护以及推动长江经济带东中西部地区间的均衡协调发展，流域各地区很难将“共抓大保护，不搞大开发”的重大战略目标落到实处。

其次，采用中央政府财政补贴的方式可在一定程度上促成合作。尽管当中央政府作为长江流域水环境保护与人才合作博弈中的第三方对上下游地区分别进行财政补贴时，能够达到长江流域上下游地区均主动选择“合作”策略并不愿意“背叛”的预期效果，但这不仅将增加中央政府财政负担，还可能导致长江流域上下游地区地方政府“合谋”轮流骗取中央政府财政补贴。由此，通过中央政府财政补贴促成长江流域上下游地区间实现（合作，合作）均衡成本较高，且长期来看达不到预期效果。这也是本研究将着眼点放在区域协同发展问题上的现实性思考。

再次，长江流域上下游地区采取双向补偿机制可实现合作的预期结果。将水环境保护与人才合作博弈中对潜在“不合作”的补偿行为内化在博弈双方中，采取长江流域内上下游地区间水环境保护与人才合作双向补偿机制，相较于引入中央政府作为“调停人”而言，在推动长江流域上下游地区主动达到（合作，合作）纳什均衡解方面具有更加明显的积极作用，并具有很强的内部约束力，可促使长江流域内上游地区主动保护长江水环境，下游地区通过政策支持主动为中西部地区派出高素质技术人才。区域协同发展的柔性人才（技术）合作模式，以区域政府政策支持为主导，以发展中地区经济社会发展的重大项目为依托，以项目吸引人才为核心，避免强行、硬性引进人才，采取“用项目集结人才”或“人才乡亲（特别是中西部到东部的高端人才）助帮项目开发”的柔性人才合作模式，来实现对长江流域水环境的有效保护和东中西部地区协调均衡发展的目标。

最后，无限次重复博弈下采取“触发策略”具有合作可能性。但在不考虑约束机制的情况下，为保证长江流域上下游地区仅仅通过无限次重复博弈机制实现长期可信的合作，对于上游地区而言，需尽可能发挥人力资源引入所带来的经济效益，并减少水污染物排放量、改进水污染治理技术等，降低水环境保护成本；同时，对于下游地区而言，则需尽可能保持本地区人力资源富集优势，降低人才流出对当地经济总效益的负面影响。在“共抓大保护，不搞大开发”的政策背景下，区域协同发展的柔性人才合作模式，可以实现上中游地区和下游地区的合作“双赢”。避免因为上中游地区高能耗、高污染发展对下游地区的利益侵害；避免长江水资源污染后，出现的一损俱损的“双输”局面；避免对国家水安全问题带来不可估量的损失和较大的安全隐患。

二 生态功能区建设中的东中部人才共享机制构建

（一）长江流域东中部人才共享机制构建的背景

21世纪初，随着我国经济的持续高速增长，生态环境恶化的问题日益凸显。2000年，国务院颁布的《全国生态环境保护纲要》明确提出了要在全国开展生态功能区建设，为经济社会持续健康发展和环境保护提供支持。国家“十一五”规划纲要要求对全国22个生态功能区优先保护、适度开发。可以说，生态功能区建设已成为我国协调经济发展和环境保护的重要举措。

我国中部地区由于开发时间较晚，产业结构落后，以承接东部地区高污染、高能耗产业为主。在追求GDP、加快“中部崛起”的过程中，对所在长江流域造成了严重污染，危及下游地区的可持续发展，不利于整个流域生态功能区的建设。中部地区对水资源尤其是长江河段的污染会产生负外部效应。

庇古在其外部性理论中提出，存在外部经济效应时纯粹个人主义机制不能实现社会资源的最优配置，无法达到帕累托最优状态。要解决外部性问题，应该使外部性内部化，典型的办法就是进行合作。在生态环境保护与经济发展矛盾尖锐的当下，建立流域生态补偿机制可使东中部地区紧密合作，实现互利共赢。中部地区通过转变发展方式、减少污染，保证东部对水质的要求，东部与中部共享人才，助力中部发展，以弥补中部为保护流域生态而做出的经济牺牲，通过合作打破“上游污染下游治理”的怪圈，实现区域协调发展。

国内对流域生态补偿机制构建的探索主要集中于宏观层面，即不断提出创新性补偿模式，对于补偿模式的具体实施等微观层面的问题少有涉及。在现代企业中，人才已经成为不可替代的资源，甚至直接决定着企业的成败。在推进流域生态环境保护，建设生态功能区的过程中，人才同样不可或缺，东部地区的人才共享将为中部产业转型提供智力支持，中部的产业转型将为下游提供洁净的水资源。本节以江西省和上海市为例，从人才补偿这一角度切入，探索构建东中部人才共享机制。

近年来，江西省经济不断发展，三次产业发展也较快。《江西省2014

年国民经济和社会发展统计公报》数据显示，2014 年江西省三次产业对经济增长的贡献率分别为 5.0%、65.8% 和 29.2%，三次产业结构为 10.7：53.4：35.9。第一产业发展稳定，农业实现粮食总产量 2143.5 万吨，创历史新高；农产品销售收入 3116.7 亿元，同比增长 7.2%。第二产业中，工业生产发展迅速，全年全部工业完成增加值 6994.7 亿元，占生产总值比重达 44.5%。其中，重工业增加值为 4362.2 亿元，同比增长 11.3%；高能耗行业实现工业增加值 2702.4 亿元，同比增长 10.3%。交通、邮电、旅游、证券、保险等服务业发展速度加快，收入增长幅度较大。其中，旅游收入同比增长 40.3%，保险业保费收入同比增长 25.9%。第三产业在江西省国民经济中发挥着越来越重要的作用。

虽然江西省的产业结构有所优化，第一产业的比重在下降，第二、三产业的比重在上升，但产业结构仍存在不合理问题。

《江西统计年鉴》数据显示，第一产业中的农业、牧业、渔业等虽然稳步发展，但农业机械使用率不高。其中，节水灌溉机械严重不足，水利设施落后，农业生产仍然较为简单和粗放，导致灌溉效率低，耗水量大。

农业生产中大量施用农药、化肥。2014 年，江西省化肥施用折纯量为 142.87 万吨，平均用量为 713 千克/公顷；农药施用量 2008～2013 年均保持在 10 万吨左右。农药、化肥经雨水冲刷汇入湖泊、江河，加之禽畜养殖污水未经处理排放，导致水体污染。

监测数据显示，2014 年江西省境内鄱阳湖流域水质为中营养，Ⅰ～Ⅲ类水质仅占 41.2%，Ⅲ类以下水质占近 60%，且 2005～2014 年鄱阳湖Ⅰ、Ⅱ类水质比重逐年下降，除 2007 年无污染物超标外，其余年份均有磷、氮超标，出现有机污染状态，说明湖区水质呈下降趋势。

在江西省三次产业中，第二产业所占比重较大，说明江西工业化水平在不断提高。但是轻、重工业比例失调，重工业比重过高，说明工业发展仍处于高能耗、高污染的模式。2014 年江西省工业污水排放总量为 6.82 亿吨，每万元工业产值废水排放量为 49.47 吨。其中，铅、镉、砷等重污染物排放量虽然总体呈下降趋势，但总量仍然较大（见表 7－24）。而且相关数据显示，江西省工业废水处理设施数量不足，技术落后，年废水处理量有限，因此工业废水对流域的污染是无法避免的。在工业用水量上，

2014 年江西省万元工业产值用水量为 470. 1 立方米。这一水平远高于发达国家和国内经济发达地区，造成水资源浪费，给下游地区用水带来不利影响。2005 ~2013 年江西省工业废水排放量及工业用水量如表 7 –25 所示。

表 7 –24　2011 ~2014 年江西省废水中污染物排放量

指标	2011	2012	2013	2014
氨氮排放量（万吨）	9. 34	9. 11	8. 88	8. 60
总氮排放量（万吨）	9. 46	11. 38	10. 66	11. 24
总磷排放量（万吨）	1. 36	1. 36	1. 26	1. 52
石油类排放量（吨）	706. 91	578. 99	737. 30	687. 55
挥发酚排放量（吨）	76. 84	10. 89	15. 78	14. 18
铅排放量（千克）	9401. 57	6750. 38	5716. 51	6145. 28
汞排放量（千克）	1537. 11	95. 55	79. 45	74. 80
镉排放量（千克）	2791. 84	2219. 51	1983. 61	1769. 46
总铬排放量（千克）	22669. 25	17438. 70	17563. 76	922. 26
砷排放量（千克）	10851. 62	8712. 10	9364. 49	7355. 30
六价铬排放量（千克）	17352. 90	17155. 69	17196. 72	570. 69

资料来源：2011 ~2014 年《江西统计年鉴》。

表 7 –25　2005 ~2013 年江西省工业废水排放量及工业用水量

年份	工业总产值（万元）	工业废水排放量（吨）	工业用水量（亿立方米）
2005	29788803	539720000	51. 21
2006	42454878	640740000	50. 57
2007	61941823	714100000	58. 60
2008	82087399	686810000	59. 92
2009	97004723	630470000	53. 18
2010	138356056	725260000	57. 35
2011	179058700	711960000	60. 64
2012	208094698	635423000	58. 72
2013	246769053	682300000	60. 13

资料来源：2005 ~2013 年《江西统计年鉴》。

位于长江下游的上海市是我国经济中心，工业化、城镇化水平高，人口密集。截至 2014 年末，上海市常住人口已达 2425. 68 万，户籍人口有

1438.69 万，地区生产总值为 23560.94 亿元。发达的经济和高密度的人口使得上海对水资源的需求不断增加，然而其水资源现状并不乐观。

2014 年《上海水资源公报》显示，上海市省界的 19 条主要来水河湖中，4 条河流来水水质属Ⅳ类，2 条河流来水水质属Ⅴ类，其余省界河湖来水水质均属劣Ⅴ类；市内主要河流中，水质在Ⅳ类以下的占 70.8%。

2014 年国家统计局相关数据显示，上海市水资源总量为 47.15 亿立方米，其中地表水资源为 40.08 亿立方米，人均水资源拥有量为 194.79 立方米，仅为世界平均水平的 2.2%。但是，上海市有大量过境水资源可供利用，仅长江干流年均来水量就有 8000 亿～9000 亿立方米，降水多的年份超过 10000 亿立方米，如得以充分利用，将极大缓解上海的水资源压力。

由于开发时间早和经济基础雄厚，目前上海的产业已达到较高水平，尤其是高新技术产业发展速度快。2015 年《上海科技统计年鉴》发布的数据显示，2014 年上海高技术产业总产值达 6648.3 亿元，占地区生产总值的 28.2%，其中医药制造业、电子及通信设备制造业、电子计算机及办公设备制造业、医疗设备及仪器仪表制造业等所占比重较大，这些产业大多具有高附加值、低能耗、低污染的特征。高新技术产业的快速发展离不开高素质人才队伍的支撑，高水平的教育加之发达的经济吸引了大量优秀人才聚集。目前，上海已经拥有雄厚的人才实力，若江西省能与上海等东部地区开展人才合作，将为促进产业结构优化升级、转变经济发展方式、减少流域污染提供重要保障。

（二）长江流域东中部地区人才对经济贡献率分析

1. 模型的构建和数据来源

在关于生产要素对经济增长贡献率的研究中，国内学者大多采用构建生产函数的方法，通过变形、回归进行测算，其中以使用柯布－道格拉斯生产函数最为常见。马宁、王选华等（2011）以柯布－道格拉斯生产函数为基础，以物质资本、基础性人力资本、专业性人力资本为主要影响因素，测算了北京 1978～2010 年人才资源的贡献率。杨珽、曹瑾等（2013）在柯布－道格拉斯生产函数的基础上，采用面板数据，通过对模型的回归，测算出了河西走廊地区 1990～2010 年的人才资本贡献率，并以五西市为例进行实证分析。本节采纳罗默、卢卡斯等的理论，将人力资本划分为基础人力资本（普通人力资本）和人才资本，分别测算江西省和上海市2005～2014年的人才贡献率。

根据两地区人才现状，建立柯布－道格拉斯生产模型为：

$$Y = AK^{\alpha} H_b^{\beta} H_c^{\gamma} e^{\mu}$$

其中，Y表示总产出；A表示综合要素生产率，为一常数；K为物质资本存量；H_b为基础人力资本存量；H_c为人才资本存量；α、β、γ分别为物质资本存量、基础人力资本存量、人才资本存量的产出弹性，μ为随机误差。

对上式两边同时取对数，将其转化为线性模式，得到：

$$\ln Y = \ln A + \alpha \ln K + \beta \ln H_b + \gamma \ln H_c + \mu$$

根据所收集到的各变量的数据，对上式做线性回归，得出α、β、γ的估计值，然后求其差分形式，得：

$$\Delta Y/Y = \Delta A/A + \alpha \Delta K/K + \beta \Delta H_b/H_b + \gamma \Delta H_c/H_c$$

可知，$\Delta Y/Y$、$\Delta A/A$、$\Delta K/K$、$\Delta H_b/H_b$、$\Delta H_c/H_c$分别表示总产出增长率、综合要素生产率增长率、物质资本存量增长率、基础人力资本存量增长率和人才资本存量增长率；$\gamma \Delta H_c/H_c$表示人才资本对经济增长的贡献份额，所以人才贡献率为：$(\gamma \Delta H_c/H_c)/(\Delta Y/Y)$。

2. 指标选取和数据来源

总产出一般以GDP来衡量，因此本书中总产出数据选取江西和上海两省市以2005年价格为基期的地区生产总值，数据分别来源于2005～2014年两省市统计年鉴和国家统计局相关数据。

对于物质资本存量，目前国内外学者已经采用过多种方法进行测算。最为常见的是，采用固定资产永续盘存的方法来测算历年的物质资本存量。

为了查找数据和计算方便，本书采用当年剔除价格变动因素后的全社会固定资产投资总额作为当期资本存量，数据来源于国家统计局网站。

对于基础人力资本和人才资本，本书将借鉴英国经济学家安格斯·麦迪森的相关研究。为了突出不同层次人力资本之间的差异性，结合我国目前高等教育普及率越来越高的现实情况，将受教育水平为高中及以下的就业人员人力资本总量界定为基础人力资本存量，将受教育水平在大专及以上的就业人员人力资本总量界定为人才资本存量。对初等教育、中等教育、高等教育分别给定 1.0、1.4 和 2.0 的系数。根据我国目前的教育制度，定义未接受过教育的就业人员的教育年限为 1 年，小学学历为 6 年，初中学历为 9 年，高中学历为 12 年，大专学历为 15 年，本科学历为 16 年，研究生及以上学历为 19 年。由此，基础人力资本和人才资本测度公式分别为：

$$H_b = L_0 t_0 x_0 + L_1 t_1 x_1 + L_2 t_2 x_2 + L_3 t_3 x_3$$

$$H_c = L_4 t_4 x_4 + L_5 t_5 x_5 + L_6 t_6 x_6$$

其中 $L_0 \sim L_6$ 分别为就业人员中未接受过教育、小学学历、初中学历、高中学历、大专学历、本科学历、研究生及以上学历的人数；$t_0 \sim t_6$ 分别为 1、6、9、12、15、16、19；$x_0 \sim x_6$ 分别为 1、1、1.4、1.4、2、2、2。其中，各学历就业人数根据《中国劳动统计年鉴》和江西、上海两省市统计年鉴数据整理而来。

3. 江西、上海人才贡献率的实证分析

根据上述内容，整理相关资料，得出江西、上海的各项数据分别如表 7-26 和表 7-27 所示。

表 7-26　2005~2014 年江西省总产出、物质资本存量、基础人力资本存量和人才资本存量

年份	总产出/GDP（亿元）	物质资本存量（亿元）	基础人力资本存量（人）	人才资本存量（人）
2005	4056.76	2176.60	207266214.6	37866044
2006	4763.37	2651.75	208202670	41691564
2007	5469.35	3113.60	221979388.8	64718500
2008	6200.90	4221.16	233919378	50879220
2009	6857.64	5951.03	248750170.8	55833674
2010	8219.92	7629.39	255447301.2	55238450
2011	9674.95	7512.89	273733588.8	63172832
2012	10424.15	8673.48	275419224	70366680
2013	11317.20	10092.08	275370336	86503984
2014	12064.05	11576.28	284139794.4	94338374

资料来源：2005~2014 年《中国劳动统计年鉴》《江西统计年鉴》。

表 7－27　2005～2014 年上海市总产出、物质资本存量、基础人力资本存量和人才资本存量

年份	总产出/GDP（亿元）	物质资本存量（亿元）	基础人力资本存量（人）	人才资本存量（人）
2005	9247.66	3 509.66	81046754	59501686
2006	10446.88	3 853.79	83942818.8	78806870
2007	11962.86	4 232.45	86851687.56	88987234.69
2008	12734.06	4 365.24	98294671.2	96432546
2009	13672.38	4 583.14	98116090.2	105420154
2010	15129.54	4 502.82	100646604.2	97524884
2011	16082.18	4 157.23	99157799.4	111287740
2012	16448.02	4 170.82	98510164.2	118002116
2013	17382.21	4 499.51	99827492.6	125279108
2014	19 639.75	4 667.16	118181619.8	159 568 412

资料来源：2005～2014 年《中国劳动统计年鉴》《上海统计年鉴》。

将江西省和上海市数据分别代入模型，使用 Eviws 7.2 软件进行回归，结果分别为：

A. $\ln Y = -27.0665 + 0.231\ln K + 1.5501\ln H_b + 0.2252\ln H_c$

(14.71283)　(0.171491)　(0.845180)　(0.117470)

$R^2 = 0.987055$

B. $\ln Y = -11.3195 - 0.2561\ln K + 0.5324\ln H_b + 0.7170\ln H_c$

(7.094647)　(0.526391)　(0.630411)　(0.252202)

$R^2 = 0.936579$

两个回归方程 R^2 分别为 0.987055 和 0.936579，说明拟合程度较高，模型是可信的。

根据前面提到的公式可得：2005～2014 年，江西人才资本贡献率为 $(0.2252\Delta H_c/H_c)/(\Delta Y/Y) = 18.68\%$，基础人力资本贡献率为 $(1.5501\Delta H_b/H_b)/(\Delta Y/Y) = 42.97\%$；上海市人才资本贡献率为 94.23%。

由以上结果可知：

第一，江西省基础人力资本贡献率较大，而人才资本贡献率仅为 18.68%，与上海市存在巨大差距，经济发展主要依靠大量普通劳动力的投入来实现，仍处于低端粗放的发展阶段，缺乏高素质人才，产业结构比较落后。这与实际情况是吻合的。一方面，江西高等教育发展水平不高，高校和科研机构发展落后，高质量人才少，各类专业技术人才缺乏，人才外流严重，缺乏发展高附加值、低污染产业的必要支撑。另一方面，江西是东部地区一些产业转移的重要承接地，这些产业主要是落后的传统产业和劳动密集型产业，而且具有高能耗、高污染的特点。

第二，上海市基础人力资本贡献率较低，且变量 H_b 不具有显著性，说明普通劳动力投入对经济发展的作用不明显。但人才资本贡献率较高，表明其高素质人才丰富，人才实力雄厚，为上海市发展高科技产业和高端装备制造业提供了强有力支撑，已成为上海经济发展的重要推动力，使上海在我国发展中始终处于领先地位。

基于此，上海市与江西省实现人才共享将有利于改善江西省高素质人才缺乏的局面，推动产业结构转型升级，重点发展高技术产业和第三产业，改变目前以污染环境为代价的发展模式，保护流域水资源，同时也为上海的可持续发展提供保障。

三 小结

通过对江西省和上海市人才资本贡献率的比较，发现江西省人才资本贡献率远远落后于上海市，缺乏高素质人才，限制了其产业结构调整升级。上海市应该通过人才共享这一特殊生态补偿方式，帮助江西省转变发展模式，为自身提供水资源保障，实现东中部协调发展。

要实现东中部人才共享，必须建立合理有效的共享机制，保证人才共享切实可行。国内学者对区域人才共享机制的构建有过一些探索，为我国区域人才共享提供了一些可行路径。潘倩、何国松（2011）在研究武汉城市圈科技人才共享机制构建时，认为要实现人才共享，必须改变人才单向流动的现状，实现双向流动。人才、科技落后地区可与发达地区共同培育科技人才。骆达荣（2013）在研究地方高校人才共享时，提出了“软性引进”的思路，即在人才引进问题上坚持“不求所有，但求所在；不求所在，但求所用”的理念，践行这一理念有利于提高人才使用效率。

东中部人才共享机制的构建同样需要创新思维，使东中部地区都能接受。在这一过程中，仍然可以采用“柔性引进”的方法，即“不求所有，但求所在；不求所在，但求所用”。众所周知，中部地区是我国人才外流较严重的区域，在东部地区相对发达的经济和优厚待遇的吸引下，中部地区高素质人才大量流向东部，即东部地区有大量“中部籍”人才。如果中部地区选择与东部直接竞争，从东部地区吸引人才，显然不具有优势；如果利用与东部地区人才之间这种特殊的“亲情”关系，与东部地区签订合作协议，并提供良好的环境和优厚的待遇，将东部地区人才“请”回中部地区，使其在为东部地区服务的同时，也能为中部地区的发展贡献力量，则既能促进中部地区绿色发展、消除东部地区发展隐患，又可避免东部地区因被“挖墙脚”而限制人才合作。

东中部地区高校、科研院所和其他人才机构之间可进行人才合作。东部地区高校、科研院所利用雄厚的人才储备，免费对中部地区人才进行专业技能培训、辅导，提高中部地区整体人才素质，将东部地区人才通过知识技能传授的形式“转化”为中部地区人才。

中部地区也要加强监管，制定相应的法律法规，对这一人才共享路径加以规范，防止出现形式重于实质、“请进来”的人才只挂名不出力的现象，使人才合作真正得以落实，东部地区人才真正能为中部地区所用。

第八章

主体功能区制度建设的政策支持

中国特色社会主义进入新时代，我国社会主要矛盾已经转化为人民日益增长的美好生活需要和不平衡不充分的发展之间的矛盾。更加突出的问题是发展不平衡不充分，成为满足人民日益增长的美好生活需要的主要制约因素。其中，经济发展和生态环境保护不协调问题以及区域发展不协调问题是两个重要方面。

中国特色社会主义事业总体布局是“五位一体”。紧扣我国社会主要矛盾变化，统筹推进经济建设、政治建设、文化建设、社会建设、生态文明建设，坚定实施乡村振兴战略、区域协调发展战略、可持续发展战略，突出抓重点、补短板、强弱项，坚定不移贯彻创新、协调、绿色、开放、共享的发展理念。树立和践行绿水青山就是金山银山的理念，坚持节约资源和保护环境的基本国策，像对待生命一样对待生态环境。形成绿色发展方式和生活方式，坚定走生产发展、生活富裕、生态良好的文明发展道路，建设美丽中国。

因此，解决经济发展和生态环境保护不协调问题以及区域发展不协调问题已经成为我国社会主义建设绕不过去的问题。

“共抓大保护，不搞大开发”推动长江经济带高质量发展是党中央作出的重大决策。长江作为横贯东西的纽带使长江中下游地区在水资源、生态环境、疾病传播方面，形成一种一损俱损的连带效应，这成为长江经济带东中部合作发展十分迫切的现实基础。在共同应对水资源和生态环境问题方面，长江流域在地理位置上也具有一种割不断、分不开的整体关系。

长江流域的中部地区在主体功能区建设过程中，承担了限制开发区、禁止开发区或农产品主产区、重点生态功能区的功能，对于生态环境的保护和恢复不仅将为长江下游省市提供经济发展和人民生活所必需的水资源的涵养，还将使东部地区免遭自然灾害、疾病传播的侵袭，以避免灾害带来的巨大损失。中部地区为保护生态环境做出了贡献和牺牲，国家和东部地区应该通过对口支援补偿、生态系统服务付费或转移支付等手段对中部地区给予经济补偿。

但是，在具体的实践过程中，单纯由于生态环境的保护和恢复就要求东部地区给予生态补偿，没有一种促进区域合作的有效激励机制，那么东部在生态补偿问题上就不会积极主动配合，甚至因不情愿而进行扯皮和抵制。区域协作的关键是互惠互利，使双方既能责任共担，又能利益共享，即中部地区承担生态环境的保护和恢复的服务功能，让东部地区既能分享短期的直接利益，又能以长远眼光注重长期的、整体的、国家的利益。

第一节　东中部地区高新技术产业合作的政策支持

长江中游地区不能因为承担了限制开发区、禁止开发区或农产品主产区、重点生态功能区的功能，就被动地、一味地单方面想着等、靠、要，这不太能够说服东部地区，也不太能够得到中央政府同意。中央政府即使实施财政转移支付，其拨付给中部地区的资金与中部自己的发展收益也不能相提并论。中部地区依然存在方法问题。中部地区仍然需要实体经济，需要产业发展，但应该摒弃承接东部地区产业转移，走东部“先污染后治理”的老路，不能重复高能耗、高投入、高污染的粗放式发展，要实施高质量发展、绿色发展、创新发展。中部地区底子薄是现实，发展的困难较大。

因此，长江流域中部地区的产业发展必须通过东中部产业合作实现。需中部地区以水资源安全、生态服务、绿色农产品、粮食安全换取东部地区的技术、人才、资金、市场等，实施东部地区对中部地区对口帮扶的合作模式。

近年来，长江流域中部地区生态经济是整体正向趋优发展的，生态经济发展水平有很大的提升。中部地区将生态经济作为政府考核的一项重要指标，实行专项考核和综合考核相结合的办法来评价干部实际工作成绩的做法，对生态经济的良好发展起了正向激励作用，已经收到了较大成效。大部分地市生态经济综合趋优关联度呈正增长，这有利于各地生态经济趋优健康发展。因此，将生态经济纳入政府考核的政策应该坚持推行，在发展经济的同时，加强对生态环境的保护，以进一步推动生态经济的发展。

生态经济评价中的社会发展和经济增长之间联系紧密，关联系数高，相互影响作用强。因此，要想在社会和经济两个系统上的发展有所突破，从评价指标维度来看：必须重视高等教育普及率，着力解决社会就业难问题，提高就业率；扶持第三产业的发展，提高第三产业的投入比重；加快城镇化进程，缩小城乡差距；在社会经济健康平稳发展的同时，注意环保问题，杜绝“先污染后治理”的末端管理模式，保障社会经济的可持续发展。这需要中部地区加大供给侧结构性改革力度，走产业高质量发展的道路。

从长江流域中部地区生态经济结果各维度间的趋优情况来看，环境保护和经济增长两方面趋优程度较高，而生态建设、社会发展和资源利用三方面的趋优程度较低，因此江西省各地市在保持环境保护和经济增长趋优发展的同时，应更加注重生态建设、社会发展和资源利用方面的投入建设，尤其需进一步提高各种资源的利用效率，增强节约能源、循环利用和绿色环保意识，利用制度创新、能源技术创新和减排技术创新等来补足短板，从而提升整体的生态经济发展水平。这个转型升级的重任，只依靠中部地区自身的力量是极其困难的，需要东部地区有关部门及企业对中部地区进行帮扶和对口支援，帮助中部地区跨越式、高质量发展。

对于中部地区来说，重要的是“练好内功”。通过横向对比，相互之间取长补短，找到相应维度下表现较差的深层次原因，在进行经济规划与宏观经济决策时扬长避短，以切实提高生态经济发展水平。

中部地区与东部地区在高新技术、人才、资本等要素市场以及相关产业合作发展方面存在合理分工、优化配置、优势互补、合作共赢的契机与基础。在高新技术产业方面，东部地区占据技术优势，中部地区占据劳动力资源优势。东部地区属于高新技术产业密集地区，竞争激烈，中小企业难以生存；中部地区虽然缺乏技术优势，却有一个有利于企业发展的环境，高新技术产业往往能得到长足的发展。在研究不同地区间的合作模式时，应综合考虑各地区的优势，并将这些优势为企业所用，形成企业自身的竞争优势。因此，具有不同竞争优势的同类企业间应该加强合作，以达到降低生产成本、互利共赢的目的。

我国东中部地区高新技术产业存在非常广阔的合作空间。相对于中部地区而言，东部地区受改革开放以来国家政策的扶持，率先发展高新技术产业，又依靠较高的教育水平，在众多高校和科研院所中拥有一大批从事高新技术产业的科研人员，人才的优势使东部地区占据了技术方面的优势。同时，东部地区也具有资金优势、市场优势等。中部地区则拥有市场、劳动力以及资源优势。因此，东部和中部存在优势互补的合作趋势，东中部高新技术合作可以极大地提升生产效率，具有“1 + 1 > 2”的经济及社会效应，从而促进东中部高新技术产业的共同繁荣。

在未来的数年里，中部与东部地区资源、市场、技术和资本的合作，将形成合作双赢的局面。率先选择以合作模式发展的企业会在未来一轮的竞争中取得优势。对企业间合作经营方式的研究为未来企业的合作行为提供了理论上的指导，实践过程中企业的一系列相关策略的博弈还有待企业自身的探索。但就合作本身而言，合作双赢乃至多赢的理念无疑是正确的。

因此，要通过长江经济带东部地区与中部地区高新技术产业的合理分工、优化配置、优势互补、合作共赢，构建东中部地区高新技术产业的合作模式。

就生物医药产业发展而言，中部地区中湖北的发展较为接近东部地区，但是湖北的生产效率和规模效率总体偏低，说明湖北生物医药企业以中小企业为主，缺少大型企业，不利于企业获得规模效益，并且企业的产量有限，相同的投入给企业所带来的产出相对于东部地区企业而言偏少。湖南的纯技术效率相对于其他省市而言呈现下降的趋势，说明湖南仍然以牺牲环境为代价来获取短期收益，给当地的环境造成很大的污染。江西、安徽的纯技术效率在东中部地区处于中等偏下的位置，说明当地生物医药企业的技术比较落后，创新能力不足。

总体来说，生物医药产业中，东部的纯技术效率、规模效率、生产效率明显高于中部，东部基本走的是“经适”路线。中部生物医药产业生产效率有部分改善，但是生产所造成的污染比较严重，且中小企业偏多，缺少创新型的大型企业来带动整个省市生物医药产业的发展。

只有同时具备较高的技术势能、较短的与技术合作伙伴之间的距离、便捷的通道等三方面的条件，技术扩散才能顺利进行。由于技术势能在空间上具有不连续性，技术通道在空间上具有不均衡性，加上距离的影响，技术扩散在空间上表现为复杂的技术区位指向。所以提高技术势能、接近技术扩散源、疏通技术扩散通道，从而优化企业的技术区位是生物医药产业获得外部技术资源、培育自身技术创新能力和实现对外技术扩散的途径。

长江经济带中下游地区在劳动力、资金、产业结构方面的互补性合作，可以使二者之间的技术传播距离缩短、技术扩散通道更加便捷，促进产业升级，并且优化污染物的循环利用流程。一方面，可以减少生物医药产业的污染，获得长期的“绿色收益”；另一方面，可以提高长江经济带东中部地区生物医药产业的生产效率、规模效率、纯技术效率，使企业获得超额收益、规模收益和成本优势，提高企业市场占有率和竞争力。

构建东部地区与中部地区新材料产业合作型发展模式。长江经济带东中部的新材料产业生态效率排名为江苏 > 上海 > 湖北 > 湖南 > 江西。从整体上看，中部三省五年来的新材料效率值总体明显低于东部省市，且东中部之间生态效率值差异较大，中部地区的新材料产业仍有很大的发展及改善空间。长江经济带东中部各省市差异最明显的影响因素是技术进步。中部地区新材料产业生态效率值低的原因主要有研发资金投入不足、研发劳动投入不足、基础设施水平低三个方面。这些具有低附加值、劳动密集型的产业从长久来看，对中部城市的生态环境造成了严重的破坏，资源消耗、生态破坏等问题随之涌现。现阶段长江经济带中部城市的产业生态效率不高，环境污染严重，尤其是大量的工业废水多随着长江进入下游城市，使得长江黄金航运水道在推动出口贸易、扩大外向型经济的同时，也成为水资源污染扩散的渠道。这不仅会对中部城市的生态环境造成破坏，而且是对下游城市用水安全及生态环境的一大威胁。中部城市产业发展造成的环境污染带来的负外部性涉及整个长江经济带，尤其是东中部地区，因此，长江经济带东中部城市亟须落实产业升级、环境治理等方面的合作，将长江经济带生态保护放在首位，共同推动长江经济带高质量发展。研发资金投入、研发劳动投入及基础设施水平是影响新材料产业水平的主要因素，中部城市在这三个方面的水平与东部城市有较大差距。中部重复投入、重复建设，没有太大必要。在与东部地区错位发展的同时，借力打力，借助东部的技术优势，实施对口帮扶，是中国特色社会主义的一大优势，切合现实，具有一定可行性。

第二节　东中部地区生态农业、生态旅游业合作的政策支持

长江流域中部地区在发展生态农业和生态旅游业的过程中，需要从传统农业向现代农业转型，实现生态农业产业化；需要从传统旅游向精品旅游转型，实现生态旅游产品（服务）质量的提高和服务功能的增强。中部地区的高科技产业、文化产业在技术、人才、资金、信息等方面不具优势，这就需要长江下游省市在科技、人才、信息、物流、金融、市场诸方面给予必要的支持。

东部地区集中了近半数的全国经济百强县，聚集着近 100 个年工业产值超过 100 亿元的产业园区，拥有数千家规模大、实力强的企业，有大批领先国内国际的科研院所和高等院校。东部地区市场发达，在科技、人才、信息、物流、金融、市场诸方面实力强劲，特别是金融方面快速积聚的国际资本和民间资本，不仅规模大，而且极具活力。中部地区承担了限制开发区、禁止开发区或农产品主产区、重点生态功能区的功能，需要与东部地区在资本、科技、人才、信息、物流、经营管理等诸方面进行合作。特别要注重联合东部地区实力派企业、科研院所和高等院校积极主动参与中部地区生态农业产业化发展、生态旅游资源的保护开发、高科技产业及文化产业的发展。

中部地区绿色农产品和生态旅游产品需要长江下游省市的市场支持。长江下游地区是我国城市化程度最高、城镇分布最密集、经济发展水平最高的地区之一，包括上海、南京、杭州、镇江、扬州、泰州、南通、苏州、无锡、常州、嘉兴、湖州、宁波、绍兴、舟山及台州等 16 个城市。

城市化程度高、城市人均可支配收入高，意味着城市居民对于绿色农产品、绿色食品及生态旅游产品和服务的需求旺盛。这为中部地区针对东部地区市场需求，生产特色生态农产品和绿色食品，以及发展生态旅游提供了机遇。

中部地区发展生态农业、生态旅游业，生产生态农产品、绿色食品，要紧盯东部地区的市场需求。生态农业产业化应从产前、产中、产后及消费环节着眼构建高质量、无公害、绿色、安全、健康的生态农业产业链。要想在东部地区赢得消费者满意，必须提升品牌的信誉度，最好把生态农产品、绿色食品的检测权交由对方地区或国际权威的农产品、食品安全检测机构，同时在消费者中加大对质量、绿色、安全的宣传力度，真正从田间地头至餐桌赢得消费者优良的口碑。生态旅游产品和服务要注重高品位，这样才能打开并占领东部地区消费市场。

江西省将鄱阳湖生态经济区发展功能定位为：建设成为全国粮食安全的战略核心区、畜禽水产健康养殖和高效经济作物的主产区、生态高效及循环农业的示范区。预备好一桌“生态大席”，在鄱阳湖生态经济区区域合作型生态经济发展模式中积极发挥“主人翁作用”——通过江西的生态农业产业化，高质量绿色食品的深、精加工，高质量绿色餐饮业的深度开发，提供高质量绿色生态农产品、高质量绿色食品，将下游地区的“客人”“请进来”。鄱阳湖生态经济区发展高质量生态农业，选择“练内功、树品牌”，极为理性地重视质量安全问题。在生态经济发展进行区域合作问题上，江西人发扬井冈山精神，树立全局意识，以“真抓的实劲、敢抓的狠劲、善抓的巧劲、常抓的韧劲，抓铁有痕、踏石留印”抓高质量生态农产品的落实。立足于鄱阳湖生态经济区，除提供生态环境保护和恢复的服务外，江西作为承接东部生态补偿的地区，用提供高质量生态农产品、高质量绿色食品等方式与东部地区加强合作。在鄱阳湖生态经济区建设中，拿出江西的姿态，构建东中部生态农业合作模式。

我们以江西为例分析构建东中部合作型生态旅游业发展模式。江西相对落后的经济，是旅游发展落后的重要原因。江西面临资金和政策缺位的困扰，多方面的掣肘导致江西在旅游营销上缺乏创新，比一些著名景区慢半拍。经济落后，导致政府财政紧张，江西在旅游投入、基础设施方面滞后。江西要发展高质量生态旅游和全域旅游，需要大量资金的投入和相关实体的对口支援。

江西是全国唯一的毗邻长三角经济圈、珠三角经济圈、海西经济圈和长株潭经济圈的省份，高度贴近发达地区中高端旅游客源集散地。江西丰富的生态旅游资源，亟待发展高质量的生态旅游和全域旅游，加上江西人热情、周到、高质量、全方位的服务，江西有条件吸引发达地区的中高端旅游客源。

第三节　东中部地区人才合作的政策支持

通过对江西省和上海市人才贡献率的比较，发现江西省人才贡献率远远落后于上海市。缺乏高素质人才，限制了其产业结构调整升级。上海市应该通过人才共享这一特殊生态补偿方式，帮助江西省转变发展模式，为自身提供水资源保障，实现东中部协调发展。

要实现东中部人才共享，必须建立合理有效的共享机制，保证人才共享切实可行。

东中部人才共享机制的构建同样需要创新思维，使东中部都能接受，在这一过程中，仍然可以采用“柔性引进”的方法，即“不求所有，但求所在；不求所在，但求所用”。众所周知，中部地区是我国人才外流较严重的区域，在东部地区相对发达的经济和优厚待遇的吸引下，中部高素质人才大量流向东部，即东部有大量“中部籍”人才。如果中部地区选择与东部直接竞争，从东部地区吸引人才，显然不具有优势。中部地区如果利用与东部地区人才之间的这种特殊的“亲情”关系，与东部地区签订合作协议，并提供良好的环境和优厚的待遇，将东部人才“请”回中部，使其在为东部服务的同时，也能为中部发展贡献力量，则既能促进中部绿色发展、消除东部发展隐患，又可避免东部地区因被“挖墙脚”而限制人才合作。

东中部地区高校、科研院所和其他人才机构之间可进行人才合作。东部高校、科研院所利用雄厚的人才储备，免费对中部地区人才进行专业技能培训、辅导，提高中部地区整体人才素质，将东部人才通过知识技能传授的形式“转化”为中部人才。

中部地区也要加强监管，制定相应的法律法规，对这一人才共享路径加以规范，防止出现形式重于实质、“请进来”的人才只挂名不出力的现象，使人才合作真正得以落实，东部地区人才真正能为中部所用。

单就长江流域上下游地区水环境保护与区域人才合作有限次重复博弈而言，其博弈结果表明：个体理性与集体理性之间存在发生冲突的可能性，即从个体利益出发的最优策略（不合作）往往不能实现团体利益最大化，亦即长江上游地区不会主动加大水环境保护力度，长江下游地区也不会主动为上游提供高素质人才，整个水环境保护人才合作机制将进入（不合作，不合作）恶性循环状态，引发“公地悲剧”，形成长江流域水环境保护典型的“囚徒困境”，很难实现对长江流域水环境的有效治理和保护，以及推动长江经济带东中西部地区间的均衡协调发展，流域各地区很难将“共抓大保护，不搞大开发”的目标落到实处。

采用中央政府财政补贴的方式可在一定程度上促成合作。尽管当中央政府作为长江流域水环境保护与人才合作博弈中的第三方对上下游地区分别进行财政补贴时，能够达到长江流域上下游地区均主动选择“合作”策略，并不愿意“背叛”的预期效果，但这不仅将增加中央政府的财政负担，还有可能导致长江流域上下游地区地方政府“合谋”轮流骗取中央政府财政补贴。由此，通过中央政府财政补贴促成长江流域上下游地区间实现（合作，合作）均衡，成本较高，且长期来看达不到预期效果。这也是本研究将着眼点放在区域协同发展问题上的现实性思考。

长江流域上下游地区采取双向补偿机制可实现合作的预期结果。将水环境保护与人才合作博弈中对潜在“不合作”的补偿行为内化在博弈参与双方中，采取长江流域内上下游地区间水环境保护与人才合作双向补偿机制，相较于通过引入中央政府作为“调停人”而言，能在推动长江流域上下游地区主动达到（合作，合作）纳什均衡解方面具有更加明显的积极作用，并具有很强的内部约束力，可激发长江流域内上游地区主动保护长江水环境，以及下游地区通过政策支持主动为中西部地区派出高素质技术人才的积极性。区域协同发展的柔性人才（技术）合作模式，以区域政府政策支持为主导，以中西部地区经济社会发展的重大项目为依托，以项目吸引人才为核心，避免强行、硬性引进人才，采取“用项目集结人才”或“人才乡亲（特别是中西部到东部的高端人才）助帮项目开发”的柔性人才合作模式，来实现对长江流域水环境的有效保护和东中西部地区协调均衡发展的目标。

在不考虑约束机制的情况下，为保证长江流域上下游地区仅仅通过无限次重复博弈机制实现长期可信的合作，上游地区需尽可能发挥人力资源引入所带来的经济效益，并减少水污染物排放量、改进水污染治理技术等，降低水环境保护成本；下游地区则需尽可能保持地区人力资源富集优势，降低人才流出对当地经济总效益的负面影响。在“共抓大保护，不搞大开发”的政策背景下，区域协同发展的柔性人才合作模式，可以实现上中游地区和下游地区的合作“双赢”。避免上中游地区高能耗、高污染发展对下游地区造成利益侵害；避免对长江水资源污染后，出现的一损俱损的“双输”局面；避免对国家水安全问题带来不可估量的损失和较大的安全隐患。

结　论

经济发展与资源环境生态保护之间的不平衡不充分问题、区域之间特别是沿海和内地之间发展的不平衡不充分问题，已成为新时代中国特色社会主义建设的比较紧迫和特别重大的问题。构建长江流域东中部区域合作机制，是切实解决该问题的理性选择，也是解决该问题的重要制度保障。

构建长江流域东中部区域合作机制，破解经济发展与资源环境生态保护之间的不平衡不充分问题，以及区域之间特别是沿海和内地之间发展的不平衡不充分问题，是贯彻落实邓小平“两个大局”思想和习近平新时代中国特色社会主义思想的理论探索。

长江中游地区不能因为承担了限制开发区、禁止开发区或农产品主产区、重点生态功能区的功能，就被动地、一味地等、靠、要。在高质量发展、绿色发展、生态发展背景下，中部地区以绿色、生态产品和服务换发展（产业合作）的逻辑，借助东部地区的高新技术、资金、市场、教育、人才等高端要素，通过高新技术对口支援、产业合作，围绕 LED 产业、新材料产业、生物医药产业等高新技术产业，以及生态农业和生态旅游业，构建东中部产业发展合作机制，以及在此基础上的人才合作机制，以实现经济和资源环境生态协调发展及区域协调发展。

因此，本研究建议：

第一，通过高新技术对口支援、产业合作，建立东中部 LED 产业、新材料产业、生物医药产业合作机制。

第二，采取适度倾斜的农业、旅游业政策，开放东部地区的生态农产品市场和生态旅游中高端客源市场，构建以技术、人才、资金等要素对口支援的东中部生态农业、生态旅游业合作机制。

第三，避免强行、硬性引进人才，采取“用项目集结人才”或“人才乡亲（特别是中西部到东部的高端人才）助帮项目开发”的柔性人才合作模式，构建东中部人才合作机制。

参考文献

中文文献

〔英〕阿姆斯特朗，哈姆，〔英〕泰勒，吉姆，2009. 区域经济学与区域政策［M］. 刘乃全，贾彦利，张学良，等，译. 上海：上海人民出版社.

安树伟，2011. 十二五时期的中国区域经济［M］. 北京：经济科学出版社.

白小明，2008. 中国区域产业转移：动因、障碍与对策［M］. 郑州：郑州大学出版社.

班斓，袁晓玲，贺斌，2018. 中国环境污染的区域差异与减排路径［J］. 西安交通大学学报（社会科学版）（3）.

贲友红，李向东，2017. 财政分权与环境污染——基于空间计量的实证分析［J］. 中国科技论坛（6）.

毕雪，杨梦斐，田志福，2017. 宜昌市黄柏河流域水污染特征及防治措施研究［J］. 水利水电技术 48（4）.

〔美〕波特内，2004. 环境保护的公共政策［M］. 穆贤清，方志伟，译. 上海：上海人民出版社.

〔美〕布朗，莱斯特·R.，2002. 生态经济有利于地球的经济构想［M］. 林自新，等，译. 北京：东方出版社.

蔡昉，都阳，王美艳，2008. 经济发展方式转变与节能减排内在动力［J］. 经济研究（6）.

蔡思复，1997. 我国区域经济协调发展的科学界定及其运作［J］. 中南财经大学学报（3）.

陈计旺，2001. 地域分工与区域经济协调发展［M］. 北京：经济管理出版社.

陈建军，2009. 要素流动、产业转移和区域经济一体化［M］. 杭州：浙江大学出版社.

陈建军，胡晨光，2008. 产业集聚的集聚效应：以长江三角洲次区域为例的理论和实证分析［J］. 管理世界（6）.

陈晋肃，2002. 21世纪中国行政区划体制改革的问题与出路——刘君德教授访谈录［J］. 探索与争鸣（4）.

陈玲玲，严伟，潘鸿雷，2012. 生态旅游：理论与实践［M］. 上海：复旦大学出版社.

陈荣，王巨川，1995. 旅游业协调应该走向制度化［J］. 旅游学刊（4）.

陈诗一，2011. 节能减排、结构调整与工业发展方式转变研究［M］. 北京：北京大学出版社.

陈硕，高琳，2012. 央地关系：财政分权度量及作用机制再评估［J］. 管理世界（6）.

陈万明，赵蕾，2006. 长三角人才开发一体化的动力机制探讨［J］. 南京工业大学学报（社会科学版）5（4）.

陈薇，2015. 规制地方政府机会主义，须对症下药［J］. 社会观察（8）.

陈雯，周诚军，汪劲松，向俊波，2003. 长江流域经济一体化下的中游地区产业发展研究［J］. 长江流域资源与环境（2）.

陈修颖，2007. 长江经济带空间结构演化及重组［J］. 地理学报（12）.

陈修颖，陆林，2004. 长江经济带空间结构形成基础及优化研究［J］. 经济地理（3）.

陈秀山，刘红，2006. 区域协调发展要健全区域互动机制［J］. 党政干部学刊（1）.

陈亚军，1996. 协调发展我国区域经济［N］. 中国经济导报，8月21日.

陈自娟，2016. 基于水环境承载力的滇池流域生态补偿机制研究［D］. 昆明：云南大学.

陈祖海，彭灵敏，2013. 跨界流域水污染利益主体博弈分析［J］. 中南民族大学学报（自然科学版）32（3）.

程婧瑶，樊杰，陈东，2014. 中国省级尺度不同类型主体功能区资金来源

结构差异 [J]. 地理科学进展 (3).

程艳, 2010. 中国区域经济整合: 泛一体化视野的分析 [M]. 杭州: 浙江大学出版社.

〔美〕戴蒙德, 贾雷德, 2007. 崩溃: 社会如何选择成败兴亡 [M]. 江滢, 叶蓁, 译. 上海: 上海译文出版社.

戴学珍, 2005. 京津空间相互作用与一体化研究 [M]. 北京: 中国财政经济出版社.

邓光奇, 2011. 低碳战争——第四次产业革命的谋变 [M]. 北京: 中国经济出版社.

邓慧慧, 桑百川, 2015. 财政分权、环境规制与地方政府 FDI 竞争 [J]. 上海财经大学学报 (3).

邓玲, 杜黎明, 2006. 主体功能区建设的区域协调功能研究 [J]. 经济学家 (4).

董辅礽, 等, 1996. 集权与分权: 中央与地方关系的构建 [C]. 北京: 经济科学出版社.

豆建民, 2005. 区域经济协调发展理论与实践 [M]. 北京: 中国文史出版社.

杜传忠, 2017. 经济新常态下推进我国区域协调发展的路径及对策 [J]. 理论学习 (6).

杜黎明, 2007. 主体功能区区划与建设——区域协调发展的新视野 [M]. 重庆: 重庆大学出版社.

杜鹰, 2008. 全面开创区域协调发展新局面 [J]. 求是杂志 (4).

〔美〕多德, 道格拉斯, 2011. 不平等与全球经济危机 [M]. 逸昊, 译. 北京: 中国经济出版社.

樊杰, 2007. 我国主体功能区划的科学基础 [J]. 地理学报 (4).

樊杰, 梁博, 郭锐, 2018. 新时代完善区域协调发展格局的战略重点 [J]. 经济地理 (1).

范恒山, 2011a. 我国促进区域协调发展的理论与实践 [J]. 经济社会体制比较 (6).

范恒山, 2011b. “十二五”时期促进中部崛起若干问题研究 [M]. 武汉:

武汉大学出版社.
范恒山，2011c. 中部地区承接产业转移有关重大问题研究［M］. 武汉：武汉大学出版社.
范恒山，2012. 促进中部地区崛起政策措施的回顾与展望［M］. 北京：人民出版社.
范恒山，2013. 中部地区深化对外开放与区域合作的战略与策略［M］. 武汉：武汉大学出版社.
范恒山，2017. 中国区域经济发展呈现八大特点［J］. 区域经济评论（3）.
范恒山，孙久文，陈宣庆，等，2012. 中国区域协调发展研究［M］. 北京：商务印书馆.
范可旭，张晶，2008. 长江流域地表水水质演变趋势分析［J］. 人民长江 39（17）.
范优，2018. 我国经济增长与环境污染双向关系的实证分析——基于全国285个城市［J］. 环境科学导刊（1）.
方晋，2012. 新兴经济体崛起：理论、影响和政策分析［M］. 北京：中国发展出版社.
方一平，曾勇，李仕明，2005. 我国高新区经济发展效益的区域差异及其原因分析［J］. 世界科技研究与发展（4）.
冯继康，蒋正明，1998. 论我国转型期中央政府与地方政府的职能界定及其耦合［J］. 东岳论丛（2）.
冯年华，严伟，汤澍，2009. 区域旅游竞争合作理论及实践［M］. 上海：上海交通大学出版社.
〔美〕弗里曼，A. 麦瑞克Ⅲ，2004. 水污染政策，见〔美〕伯特尼，保罗·R.，〔美〕史蒂文斯，罗伯特·N.，2004. 环境保护的公共政策［M］. 穆贤清，方志伟，译. 上海：上海人民出版社.
〔美〕弗鲁博顿，埃里克，〔德〕芮切特，鲁道夫，2006. 新制度经济学——一个交易费用分析范式［M］. 上海：上海三联书店，上海人民出版社.
傅勇，张晏，2007. 中国式分权与财政支出结构偏向：为增长而竞争的代价［J］. 管理世界（3）.
高国力，2007. 如何认识我国主体功能区划及其内涵特征［J］. 中国发展观察（3）.
高国力，2018. 新时代背景下我国实施区域协调发展战略的重大问题研究［J］. 国家行政学院学报（3）.
高尚宾，2008. 建立生态补偿机制探索集约化农业可持续发展之路［J］. 农业科技管理 27（1）.
高旭，2015. 健全法制，遏制政府投机［J］. 社会观察（8）.
龚胜生，张涛，丁明磊，2014. 长江中游城市群合作机制研究［J］. 中国软科学（1）.
龚胜生，张涛，丁明磊，梅琳，吴清，葛履龙，储环，2014. 长江中游城市群合作机制研究［J］. 中国软科学（1）.
巩前文，严耕，2015. 中国生态农业发展的进展、问题与展望［J］. 现代经济探讨（9）.
管跃庆，2006. 地方利益论［M］. 上海：复旦大学出版社.
郭丽，2009. 区域后发优势实现机制研究［M］. 长春：吉林大学出版社.
郭露，徐诗倩，2016. 基于超效率 DEA 的工业生态效率——以中部六省 2003—2013 年数据为例［J］. 经济地理（6）.
郭庆松，2006. 人才共享机制：区域经济一体化的最佳选择［J］. 人才开发（11）.
郭文轩，郭军，等，2003. 区域经济协调与竞争［M］. 北京：红旗出版社.
国家发改委，2016. 关于贯彻落实区域发展战略促进区域协调发展的指导意见［J］. 城市规划通讯（18，19）.
国务院，2013. 全国主体功能区规划［DB/OL］. http://www. gov. cm/zwgk/2011 -06/08/content_18180. htm. 10 月 3 日.
韩国高，张超，2018. 财政分权和晋升激励对城市环境污染的影响——兼论绿色考核对我国环境治理的重要性［J］. 城市问题（2）.
韩晶，张新闻，2016. 绿色增长是影响官员晋升的主要因素么？——基于 2003 ~2014 年省级面板数据的经验研究［J］. 经济社会体制比较（5）.
韩楠，2016. 产业结构调整对环境污染影响的系统动力学仿真预测［J］. 中国科技论坛（10）.
韩兆柱，汪毅霖，2005. 财政关系视野下的地方政府作用［J］. 科学决策（7）.

郝寿义，程栋，2015. 长江经济带战略背景的区域合作机制重构［J］. 改革（3）.
何龙斌，2013. 国内污染密集型产业区际转移路径及引申——基于2000—2011年相关工业产品产量面板数据［J］. 经济学家（6）.
何琪，2012. 区域人才共享：问题与对策［J］. 现代管理科学（3）.
何伟，严立冬，2012. 绿色农业生态补偿的财政金融支持［J］. 学术论坛35（4）.
何宜庆，陈林心，周小刚，2016. 长江经济带生态效率提升的空间计量分析——基于金融集聚和产业结构优化的视角［J］. 生态经济（1）.
和燕杰，朱桂香，袁花，2013. 长江流域经济一体化：理论与实践［M］. 昆明：云南大学出版社.
贺灿飞，2017. 全球生产网络与东部地区发展［J］. 中国工业经济（11）.
贺俊，刘亮亮，张玉娟，2016. 税收竞争、收入分权与中国环境污染［J］. 中国人口·资源与环境（4）.
贺曲夫，刘友金，2011. 基于产业梯度的中部六省承接东南沿海产业转移之重点研究［J］. 湘潭大学学报（哲学社会科学版）（5）.
贺文华，2010. FDI的"污染天堂假说"检验：基于中国东部和中部的证据［J］. 当代财经（6）.
〔美〕赫勒，迈克尔，2009. 困局经济学［M］. 闾佳，译. 北京：机械工业出版社.
洪源，袁莙健，陈丽，2018. 财政分权、环境财政政策与地方环境污染——基于收支双重维度的门槛效应及空间外溢效应分析［J］. 山西财经大学学报（7）.
洪远鹏，2011. 利益关系总论：新时期我国社会利益关系发展变化研究的总报告［M］. 上海：复旦大学出版社.
胡鞍钢，王绍光，康晓光，1995. 中国地区差异报告［M］. 辽宁：辽宁人民出版社.
胡彪，付业腾，2016. 中国生态效率测度与空间差异实证——基于SBM模型与空间自相关性的分析［J］. 干旱区资源与环境（6）.
胡博，杨颖，王芊，罗良国，2016. 环境友好型农业生态补偿实践进展

[J]. 中国农业科技导报18 (1).

胡超美，朱传耿，2008. 中国区域协调发展研究综述 [J]. 学习与实践 (10).

胡东滨，蔡洪鹏，2018. 财政分权、经济增长与环境污染：基于省级面板数据的实证分析 [J]. 生态经济 (2).

胡晓登，2009. 区域利益协调与深度协调研究 [M]. 北京：经济日报出版社.

黄和平，彭小琳，孔凡斌，张利国，2014. 鄱阳湖生态经济区生态经济指标指数评价 [J]. 生态学报 (11).

黄勇，邱婷，2007. 污染密集产业转移及其实证研究 [M]. 南昌：江西高校出版社.

计红，2011. 长三角区域一体化发展形势下的水资源利益博弈与对策 [J]. 江苏省社会主义学院学报 (6).

纪玉俊，邵泓增，2018. 产业集聚影响环境污染：加剧抑或抑制？——基于我国城市面板数据的实证检验 [J]. 经济与管理 (3).

贾根良，2012. 扩大进口战略的隐忧与国民经济平衡增长新论 [J]. 当代经济研究 (12).

江晓原，2007. 什么是未来世界最大的政治——崩溃：社会如何选择成败兴亡推荐序，见〔美〕戴蒙德，贾雷德，2007. 崩溃：社会如何选择成败兴亡 [M]. 叶臻，江滢，译. 上海：上海译文出版社.

姜珂，游达明，2019. 基于区域生态补偿的跨界污染治理微分对策研究 [J]. 中国人口·资源与环境 (1).

姜玮，施由明，2016. 江西农业的发展现状与趋势分析 [J]. 农业考古 (6).

姜文仙，覃成林，2009. 区域协调发展研究的进展与方向 [J]. 经济与管理研究 (10).

蒋瑛，郭玉华，2011. 区域合作的机制与政策选择 [J]. 江汉论坛 (2).

金京淑，2011. 中国农业生态补偿研究 [D]. 长春：吉林大学.

金太军，2007. 从行政区行政到区域公共管理——政府治理形态嬗变的博弈分析 [J]. 中国社会科学 (6).

靖学青，2017. 长江经济带产业转移与区域协调发展研究 [J]. 求索 (3).

老蛮在此，2018. 财政大输血——史诗般的财政转移支付 [EB]. 搜狐网，

https://www.sohu.com/a/238014705-313170.
雷海，王皓，朱明侠，2017. 产业集聚、能源消耗与环境污染［J］. 工业技术经济（9）.
李斌，彭星，2013. 制度软约束对中国工业低碳转型的影响研究——基于资本体现式技术进步视角的实证分析［J］. 科学学研究（6）.
李长安，陈国金，皮建高，2003. 长江中游洪灾形成的地学分析［J］. 第四纪研究（6）.
李方一，刘卫东，唐志鹏，2013. 中国区域间隐含污染转移研究［J］. 地理学报（6）.
李粉，孙祥栋，张亮亮，2017. 产业集聚、技术创新与环境污染——基于中国工业行业面板数据的实证分析［J］. 技术经济（3）.
李杰义，2009. 东部与中部产业对接机理及其政策建议——基于产业链视角的分析［J］. 求实（8）.
李靖，谷人旭，2003. 长江经济带合作发展探讨［J］. 地理与地理信息科学（1）.
李磊，2007. 我国流域生态补偿机制探讨［J］. 软科学（3）.
李玲，陶锋，2011. 污染密集型产业的绿色全要素生产率及影响因素——基于SBM方向性距离函数的实证分析［J］. 经济学家（12）.
李猛，2009. 财政分权与环境污染：对环境库兹涅茨假说的修正［J］. 经济评论（5）.
李明德，1993. 谈谈对区域旅游的认识［J］. 旅游学刊（1）.
李鹏，2015. 产业结构调整恶化了我国的环境污染吗?［J］. 经济问题探索（6）.
李鹏，2016. 产业结构与环境污染之间倒“U”型曲线关系的检验——基于产业结构调整幅度和经济增长速度共同影响视角的分析［J］. 经济问题（10）.
李秋萍，李长健，2015. 流域水资源生态补偿效率测度研究——以中部地区城市宜昌市为例［J］. 求索（10）.
李胜兰，初赛冰，申晨，2014. 地方政府竞争、环境规制与区域生态效率［J］. 世界经济（4）.
李顺毅，王双进，2014. 产业集聚对我国工业污染排放影响的实证检验

[J]. 统计与决策 (8).

李铁堆，岳学鲲，2008. 美国促进区域经济协调发展的财政政策及其启示 [J]. 中国财政 (9).

李香菊，贺娜，2017. 税收对环境污染的影响分析——基于财政分权视角 [J]. 中国地质大学学报 (社会科学版) (6).

李晓春，2005. 劳动力转移和工业污染 [J]. 管理世界 (6).

李新安，2009. 区域发展路径的经济系统分析：中部崛起实现机理研究 [M]. 北京：经济日报出版社.

李新安，2014. 中国区域经济协调发展的利益机制与路径 [M]. 成都：电子科技大学出版社.

李逸飞，李静，许明，2017. 制造业就业与服务业就业的交互乘数及空间溢出效应 [J]. 财贸经济 (4).

李勇刚，张鹏，2013. 产业集聚加剧了中国的环境污染吗：来自中国省级层面的经验证据 [J]. 华中科技大学学报 (社会科学版) (5).

李正升，2014. 中国式分权竞争与环境治理 [J]. 广东财经大学学报 (6).

梁平汉，高楠，2014. 人事变更、法制环境和地方环境污染 [J]. 管理世界 (6).

梁若冰，2010. 财政分权下的晋升激励、部门利益与土地违法 [J]. 经济学 (1).

林兰，曾刚，2007. 技术扩散对高新技术企业布局的影响 [J]. 科技进步与对策 (2).

林翊，刘倩，2014. 福建省产业结构调整对生态环境影响的实证分析 [J]. 福建师范大学学报 (哲学社会科学版) (1).

林毅夫，刘志强，2000. 中国的财政分权与经济增长 [J]. 北京大学学报 (哲学社会科学版) (4).

刘冲槐，郭争争，2008. 中部崛起中产业结构高度化的路径选择 [J]. 统计与决策 (8).

刘海影，2013. 中国经济下一步：繁荣还是陷阱 [M]. 北京：中国经济出版社.

刘建民，王蓓，陈霞，2015. 财政分权对环境污染的非线性效应研究——基于中国 272 个地级市面板数据的 PSTR 模型分析［J］. 经济学动态（3）.
刘健，2019. 面向整体均衡发展的国土整治与空间规划——法国的经验与启发［J］. 城乡规划（2）.
刘洁，李文，2013. 中国环境污染与地方政府税收竞争——基于空间面板数据模型的分析［J］. 中国人口·资源与环境（4）.
刘涓，谢谦，倪九派，魏朝富，吕家恪，2014. 基于农业面源污染分区的三峡库区生态农业园建设研究［J］. 生态学报 34（9）.
刘军，程中华，李廉水，2016. 产业聚集与环境污染［J］. 科研管理（6）.
刘立平，朱婷婷，2011. 中部六省承接东部地区加工贸易产业转移比较研究：基于引力模型的分析［J］. 城市发展研究（2）.
刘梅，易法海，刘明培，2002. 我国生态农业发展的技术支撑体系研究［J］. 农业技术经济（1）.
刘乃全，陶云，张学良，2006. 中国区域经济增长协整分析与区域政策选择——兼论"中部塌陷"现象［J］. 财经研究（4）.
刘巧玲，王奇，李鹏，2012. 我国污染密集型产业及其区域分布变化趋势［J］. 生态经济（1）.
刘胜，顾乃华，2017. 官员治理、外商直接投资与地区环境污染［J］. 经济体制改革（2）.
刘炜，陈景新，2016. 基于重复博弈的京津冀循环经济区域合作研究［J］. 中国农业资源与区划（1）.
刘晓红，江可申，2017. 我国雾霾污染影响因素的空间效应——基于 PM2.5 的实证分析［J］. 科技管理研究（12）.
刘玉，2007. 主体功能区建设的区域效应与实施建议［J］. 宏观经济管理（9）.
卢现祥，朱巧玲，2012. 新制度经济学［M］. 北京：北京大学出版社.
吕凯波，2014. 生态文明建设能够带来官员晋升吗？——来自国家重点生态功能区的证据［J］. 上海财经大学学报（2）.
吕明元，陈维宣，2015. 中国各省域产业结构生态效率的实证比较——基于省域面板数据的考察［C］. 产业转型升级与产能过剩治理：中国工业经济学会 2014 年论文集，经济管理出版社.
罗海平，2013. 中部与东部沿海区域合作基础及竞争力评价研究［J］. 区

域经济评论 (5).

罗能生，蒋雨晴，2017. 地方政府竞争及对外开放对环境污染的影响——以中国 270 个城市为例 [J]. 城市问题 (12).

骆达荣，2013. 地方高校高层次人才资源共享机制探讨 [J]. 大学教育 (11).

马春文，武赫，2016. 地方政府竞争与环境污染 [J]. 财经科学 (8).

马光荣，杨恩艳，2010. 打到底线的竞争——财政分权、政府目标与公共品的提供 [J]. 经济评论 (6).

马捷，锁利铭，2010. 区域水资源共享冲突的网络治理模式创新 [J]. 公共管理学报 (2).

马宁，饶小龙，王选华，王俊峰，曹立峰，2011. 合作与共赢：京津冀区域人才一体化问题研究 [J]. 中国人力资源开发 (10).

马宁，王选华，饶小龙，2011. 北京经济增长中人才资源贡献率研究 [J]. 中国人力资源开发 (4).

马莹，2012. 流域生态补偿方式激励相容性的比较研究 [J]. 财经论丛 (5).

马友华，蒋瑞芳，赵艳萍，石润圭，黄文星，王桂苓，孙兴旺，吴春蕾，2008. 巢湖流域农业面源污染控制生态补偿探讨 [C]. 2008 全国农业面源污染综合防治高层论坛.

毛德凤，彭飞，刘华，2016. 城市扩张、财政分权与环境污染——基于 263 个地级市面板数据的实证分析 [J]. 中南财经政法大学学报 (5).

孟庆民，2001. 区域经济一体化的概念与机制 [J]. 开发研究 (2).

〔英〕米香，E. J.，2011. 经济增长的代价 [M]. 任保平，译. 北京：机械工业出版社.

苗长虹，魏也华，吕拉昌，2011. 新经济地理学 [M]. 北京：科学出版社.

聂春霞，刘晏良，刘海薇，2013. 中国 31 个省（区、市）经济增长与环境污染的关系 [J]. 资源与产业 (4).

潘倩，何国松，2011. 武汉城市圈科技人才共享现状与对策研究 [J]. 咸宁学院学报 (1).

潘兴侠，何宜庆，2015. 中部六省生态效率评价及其与产业结构的时空关联分析 [J]. 统计与决策 (3).

彭锦鹏，2005. 全观型治理：理论与制度化策略 [J]. 台湾政治科学论丛 (23).

彭文斌，吴伟平，邝嫦娥，2014. 环境规制对污染产业空间演变的影响研究——基于空间面板杜宾模型 [J]. 世界经济文汇 (6).

皮建才，2008. 中国地方政府间竞争下的区域市场整合 [J]. 经济研究 (3).

〔英〕平德，约翰，1998. 欧盟的大厦：欧洲共同体 [M]. 潘琪，译. 沈阳：辽宁教育出版社.

钱益春，2004. 区域旅游协作的理论研究 [J]. 佛山科学技术学院学报 (自然科学版) (1).

秦绍德，2005. 发展中国的十大课题 [M]. 上海：复旦大学出版社.

秦小丽，刘益平，王经政，2017. 苏北循环农业生态补偿与生态循环农业发展问题研究 [J]. 生态经济 33 (5).

区域税收政策课题组，1998. 促进区域经济协调发展的税收政策 [J]. 改革 (4).

曲展，吕丹，2014. 我国跨界流域环境治理政策困境研究——以太湖流域治理的利益机制分析为例 [J]. 长春大学学报 (社会科学版) (5).

屈小娥，2012. 1990 - 2009 年中国省际环境污染综合评价 [J]. 中国人口·资源与环境 (5).

〔德〕森哈斯，迪特，2015. 欧洲发展的历史经验 [M]. 梅俊杰，译. 北京：商务印书馆.

申进忠，2011. 关于农业生态补偿的政策思考 [J]. 农业资源与环境学报 28 (4).

沈立人，1998. 地方政府的经济职能和经济行为 [M]. 上海：上海远东出版社.

沈立人，戴园晨，1990. 我国"诸侯经济"的形成及其弊端和根源 [J]. 经济研究 (3).

沈玉芳，陈江岚，张超，2000. 上海与长江中、上游地区区域经济发展的不平衡性及其协调机制研究 [J]. 华东师范大学学报 (哲学社会科学版) (2).

盛明科，李代明，2018. 地方生态治理支出规模与官员晋升的关系研究 [J]. 中国行政管理 (4).

〔英〕史塔威尔，乔，2014. 亚洲大趋势：中国和新兴经济体的未来 [M].

蒋宗强，译．北京：中信出版社．

宋春梅，2009．中国工业经济增长与环境协调发展的有效途径［J］．企业经济（5）．

苏均和，刘飞，2011．可持续发展与我国产业结构更新［M］．上海：上海财经大学出版社．

苏斯彬，2016．竞争性行政区经济与区域合作模式重构——基于长三角地区的实践和探索［M］．杭州：浙江大学出版社．

苏月，关镇和，刘先宝，敖翼，2010．浅谈生物医药产业技术创新战略联盟［J］．中国生物工程杂志（7）．

孙兵，2007．区域协调组织与区域治理［M］．上海：上海人民出版社．

孙博文，2018．市场一体化是否有助于降低污染排放——基于长江经济带城市面板数据的实证分析［J］．环境经济研究（1）．

孙久文，2018．从高速度的经济增长到高质量、平衡的区域发展［J］．区域经济评论（1）．

孙伟增，罗党论，郑思齐，万广华，2014．环保考核、地方官员晋升与环境治理——基于2004—2009年中国86个重点城市的经验证据［J］．清华大学学报（哲学社会科学版）（4）．

锁利铭，2014．我国地方政府区域合作模型研究——基于制度分析视角［J］．经济体制改革（2）．

锁利铭，杨峰，刘俊，2013．跨界政策网络与区域治理：我国地方政府合作实践分析［J］．中国行政管理（1）．

覃成林，2006．基于区域协调发展的国家促进中部地区崛起政策研究［J］．中州学刊（4）．

覃成林，姜文仙，2011．区域协调发展：内涵、动因与机制体系［J］．开发研究（1）．

谭崇台，2008．发达国家发展初期与当今发展中国家经济发展比较研究［M］．湖北：武汉大学出版社．

谭小平，徐杏，2004．长三角区域经济一体化的态势及运输市场一体化的思考［J］．公路运输文摘（6）．

谭志雄，张阳阳，2015．财政分权与环境污染关系实证研究［J］．中国人口·资源与环境（4）.

汤山文，2006. 一体化下的东中部全要素合作模式［J］. 求索（2）.

田时中，2017. 财政分权视角下中国环境污染综合评价：1998－2015——基于省际工业污染面板数据的实证［J］. 华东经济管理（5）.

佟丹丹，2017. 京津冀生态共享与区域生态补偿机制研究——以河北张家口为例［J］. 宏观经济管理（A1）.

佟林杰，孟卫东，2013. 环渤海区域人才共享机制的瓶颈因素及对策研究［J］. 科技管理研究（21）.

Weaver，David，2004. 生态旅游［M］. 杨桂华，王跃华，肖朝霞，成海，译. 天津：南开大学出版社.

万咸涛，2006. 长江流域（片）水资源水质现状及特征［J］. 水电能源科学 24（3）.

汪海波，1986. 新中国工业经济史［M］. 北京：经济管理出版社.

王宾，2017. 中国绿色农业生态补偿政策：理论及研究述评［J］. 生态经济 33（3）.

王炳才，李亚娜，2009. 技术创新与产业区际转移［M］. 北京：经济管理出版社.

王大悟，2000. 创新与联合——论 21 世纪中国旅游业发展的两大主题［J］. 旅游科学（3）.

王大悟，2001. 论旅游城市环境的好客性［J］. 旅游科学（2）.

王恩旭，武春友，2011. 基于超效率 DEA 模型的中国省际生态效率时空差异研究［J］. 管理学报（3）.

王海飞，2015. 基于“椭圆模式”的“大粤琼”区域联动发展研究［J］. 现代城市研究（8）.

王珏，陈雯，2013. 全球化视角的区域主义与区域一体化理论阐释［J］. 地理科学进展（7）.

王军，李逸波，何玲，2010. 基于生态补偿机制的京津冀农业合作模式探讨［J］. 河北经贸大学学报（3）.

王开科，2011. 区域一体化进程中的产业发展协作问题及其治理机制优化［J］. 经济地理（10）.

王雷亭，王学峰，潘华丽，崔凤军，2003. 国内外区域旅游合作研究进展综述［J］. 泰山学院学报（5）.

王丽丽，刘琪聪，2014. 区域环境治理中的地方政府合作机制研究［J］. 大连理工大学学报（社会科学版）（3）.

王利伟，孙长学，安淑新，2017. 长江经济带省际协调合作机制研究［J］. 宏观经济管理（7）.

王欧，宋洪远，2005. 建立农业生态补偿机制的探讨［J］. 农业经济问题 26（6）.

王青，赵景兰，包艳龙，2012. 产业结构与环境污染关系的实证分析：基于 1995 – 2009 年的数据［J］. 南京社会科学（3）.

王全春，2008. 产业转移与中部地区产业结构研究［M］. 北京：人民出版社.

王曙光，金向鑫，周丽俭，2017. 区域经济协调发展财税政策研究的演进与展望［J］. 哈尔滨商业大学学报（社会科学版）（6）.

王树功，周永章，麦志勤，金辉，2003. 城市群（圈）生态环境保护战略规划框架研究——以珠江三角洲大城市群为例［J］. 中国人口·资源与环境（4）.

王文锦，2001. 中国区域协调发展研究［D］. 北京：中国共产党中央委员会党校.

王晓玲，周国富，2016. 影响主体功能区综合发展水平的财政因素研究［J］. 区域经济评论（1）.

王艳侠，2014. 深化杭州十大产业区域协同发展［J］. 浙江经济（14）.

王一鸣，2017. 实施区域协调发展战略［N］. 经济日报，11 月 16 日，第 10 版.

王永钦，张晏，章元，陈钊，陆铭，2007. 中国的大国发展道路——论分权式改革的得失［J］. 经济研究（1）.

王岳平，2013. 中国产业结构调整和转型升级研究［M］. 合肥：安徽人民出版社.

魏本勇，方修琦，王媛，张学珍，杨会民，2009. 基于最终需求的中国出口贸易碳排放研究［J］. 地理科学（5）.

魏后凯，1995. 区域经济发展的新格局［M］. 云南：云南人民出版社.

魏后凯，2007. 主体功能区并非能“包治百病”［N］. 中国改革报，5月24日.
魏后凯，2011. 现代区域经济学（修订版）［M］. 北京：经济管理出版社.
魏后凯，2012. 中国区域协调发展研究［M］. 北京：商务印书馆.
温铁军，等，2012. 八次危机：中国的真实经验 1949－2009［M］. 北京：东方出版社.
温薇，田国双，2017. 生态文明时代的跨区域生态补偿协调机制研究［J］. 经济问题（5）.
吴敬琏，厉以宁，林毅夫，高尚全，等，2015. 国家命运：中国未来经济转型与改革发展［C］. 北京：中央编译出版社.
吴俊培，万甘忆，2016. 财政分权对环境污染的影响及传导机制分析——基于地市级面板数据的实证［J］. 广东财经大学学报（6）.
吴迅，2004. 云南在中国—东盟自由贸易区中的优势和作用［J］. 云南财贸学院学报（社会科学版）（5）.
吴雅琼，吕志坚，安斌，2011. 1985—2008 年间我国废水排放量动态研究［J］. 科技情报开发与经济（17）.
吴易明，徐月芳，2007. 中国生态旅游业研究［M］. 北京：对外经济贸易大学出版社.
吴玉鸣，田斌，2012. 省域环境库兹涅茨曲线的扩展及其决定因素：空间计量经济学模型实证［J］. 地理研究（4）.
伍鹏，2002. 湘鄂渝黔边区区域旅游合作开发战略［D］. 重庆：西南师范大学.
习近平，2017. 决胜全面建成小康社会 夺取新时代中国特色社会主义伟大胜利——在中国共产党第十九次全国代表大会上的报告［EB/OL］. http://news.cnr.cn/native/gd/20171027/t20171027_524003098.shtml，10月27日.
肖宏伟，易丹辉，张亚雄，2013. 中国区域碳排放空间计量研究［J］. 经济与管理（12）.
肖健，2008. 基于外部性理论的流域水生态补偿机制研究——以太湖流域为例［D］. 赣州：江西理工大学.
肖翔，2018. 世界大国协调区域发展差距的实践及启示——以美国、俄罗斯、巴西为例［J］. 理论月刊（1）.

肖雁飞，万子捷，廖双红，2014. 中部地区承接沿海产业转移现状及综合能力测度［J］. 经济问题探索（1）.

谢波，项成，2016. 财政分权、环境污染与地区经济增长［J］. 软科学（11）.

谢罗奇，龚玲，赵纯凯，2018. 官员晋升、金融发展与环境污染——来自市长变更的证据［J］. 山西财经大学学报（8）.

谢庆奎，2000. 中国政府的府际关系研究［J］. 北京大学学报（哲学社会科学版）（1）.

谢荣辉，原毅军，2015. 基于污染排放程度的中国工业结构调整研究［C］. 产业转型升级与产能过剩治理：中国工业经济学会 2014 年论文集，经济管理出版社.

徐波主编，2014. 环境经济学前沿专题［M］. 北京：中国经济出版社.

徐浩，张妍，谭德庆，2019. 参与者情绪对环境污染邻避冲突影响的演化分析［J］. 软科学（3）.

徐辉，杨烨，2017. 财政分权对环境污染异质性影响的门槛效应研究［J］. 软科学（11）.

徐辉，杨烨，聂都，2017. 财政分权对中国十大城市群环境污染的影响路径［J］. 城市问题（6）.

徐康宁，2014. 区域协调发展的新内涵与新思路［J］. 江海学刊（2）.

徐鲲，李晓龙，冉光和，2016. 地方政府竞争对环境污染影响效应的实证研究［J］. 北京理工大学学报（社会科学版）（1）.

徐圣龙，2015. 政府机会主义的症状［J］. 社会观察（8）.

徐廷廷，2015. 长江经济带产业分工合作演化研究［D］. 上海：华东师范大学.

徐彤，2011. 经济增长、环境质量与产业结构的关系研究：以陕西为例［J］. 经济问题（4）.

许静，胡雅莹，盛聪，2015. 东中部基于生态农业合作的流域补偿机制研究——以鄱阳湖地区和南京为例［J］. 当代经济（17）.

薛刚，潘孝珍，2012. 财政分权对中国环境污染影响程度的实证分析［J］. 中国人口·资源与环境（1）.

薛莹，2001. 对区域旅游合作研究中几个基本问题的认识［J］. 桂林旅游高等专科学校学报（2）.

闫文娟，钟茂初，2012. 中国式财政分权会增加环境污染吗［J］. 财经论丛（3）.

严汉平，等，2011. 区域协调发展：大国崛起的必然选择［M］. 北京：中国经济出版社.

阎逢柱，苏李，乔娟，2011. 产业集聚发展与环境污染关系的考察——来自中国制造业的证据［J］. 科学学研究（1）.

杨爱平，杨和焰，2015. 国家治理视野下省际流域生态补偿新思路——以皖、浙两省的新安江流域为例［J］. 北京行政学院学报（3）.

杨保军，2004. 区域协调发展析论［J］. 城市规划（5）.

杨灿明，孙群力，2010a. 中国各地区隐性经济的规模、原因和影响［J］. 经济研究（4）.

杨灿明，孙群力，2010b. 中国的隐性经济规模与收入不平等［J］. 管理世界（7）.

杨传志，杨浩昌，2017. 产业聚集与环境污染的相互关系——基于联立方程模型的实证研究［J］. 生态经济（7）.

杨海生，陈少凌，周永章，2008. 地方政府竞争与环境政策——来自中国省份数据的证据［J］. 南方经济（6）.

杨开忠，1989. 区域产业政策理论的系统研究［J］. 管理世界（5）.

杨开忠，2016. 区域协调发展新格局的基本特征［J］. 中国国情国力（5）.

杨仁发，2015a. 产业集聚、外商直接投资与环境污染［J］. 经济管理（2）.

杨仁发，2015b. 产业集聚能否改善中国环境污染［J］. 中国人口·资源与环境（2）.

杨瑞龙，章泉，周业安，2007. 财政分权、公众偏好和环境污染——来自中国省级面板数据的证据［R］. 中国人民大学经济所宏观经济报告.

杨斑，曹瑾，唐志强，2013. 河西走廊人才资本对经济增长贡献率研究——基于河西五地市面板数据的分析［J］. 全国商情（理论研究）（23）.

杨伟民，袁喜禄，张耕田，董煜，孙玥，2012. 实施主体功能区战略，构建高效、协调、可持续的美好家园——主体功能区战略研究总报告

[J]. 管理世界 (10).

杨妍，孙涛，2009. 跨区域环境治理与地方政府合作机制研究 [J]. 中国行政管理 (1).

叶谦吉，1988. 生态农业：农业的未来 [M]. 重庆：重庆出版社.

易志斌，马晓明，2009. 论流域跨界水污染的府际合作治理机制 [J]. 社会科学杂志 (3).

银温泉，才婉茹，2001. 我国地方市场分割的成因和治理 [J]. 经济研究 (6).

于法稳，2017. 中国农业绿色转型发展的生态补偿政策研究 [J]. 生态经济 33 (3).

于文超，何勤英，2013. 辖区经济增长绩效与环境污染事故——基于官员政绩诉求的视角 [J]. 世界经济文汇 (2).

余长林，高宏建，2015. 环境管制对中国环境污染的影响——基于隐性经济的视角 [J]. 中国工业经济 (7).

余长林，杨惠珍，2016. 分权体制下中国地方政府支出对环境污染的影响 [J]. 财政研究 (7).

余亮亮，蔡银莺，2017. 国土空间规划管制与区域经济协调发展研究——一个分析框架 [J]. 自然资源学报 (8).

余青，吴必虎，2001. 1999 年中国旅游开发与管理态势研究 [J]. 经济地理 (A1).

袁红辉，2015. 环境利益的政治经济学分析 [M]. 昆明：云南大学出版社.

袁惊柱，2018. 区域协调发展的研究现状及国外经验启示 [J]. 区域经济评论 (2).

曾咏梅，吴声瑛，孙步忠，2010. 环境灾难的历史考察与长江中下游横向生态补偿机制构建：一个综述 [J]. 生态经济 (8).

张博，韩复龄，2017. 环境规制、隐性经济与环境污染 [J]. 财经问题研究 (6).

张彩云，郭艳青，2015. 污染产业转移能够实现经济和环境双赢吗？——基于环境规制视角的研究 [J]. 财经研究 (10).

张根能，董伟婷，张珩月，2017. 地方政府税收竞争对环境污染影响的比较研究——基于全国及区域视角［J］. 生态经济（1）.

张建春，2010. 生态环境保护与旅游资源开发［M］. 杭州：浙江大学出版社.

张建军，段利民，赵祚翔，2016. 新丝绸之路经济带跨区域合作机制研究［J］. 西安电子科技大学学报（社会科学版）（4）.

张健，赵宁，2011. 中东部地区产业结构比较［J］. 生产力研究（6）.

张军，高远，2007. 官员任期、异地交流与经济增长——来自省级经验的证据［J］. 经济研究（11）.

张军，周黎安，2007. 为增长而竞争：中国增长的政治经济学［M］. 上海：上海人民出版社.

张可，豆建民，2013. 集聚对环境污染的作用机制研究［J］. 中国人口科学（5）.

张可，豆建民，2015. 集聚与环境污染——基于中国 287 个地级市的经验分析［J］. 金融研究（12）.

张可，汪东芳，2014. 经济集聚与环境污染的交互影响及空间溢出［J］. 中国工业经济（6）.

张可云，2018. 新时代区域协调发展战略的内容与机制［J］. 中国国情国力（5）.

张克中，王娟，崔小勇，2011. 财政分权与环境污染：碳排放的视角［J］. 中国工业经济（10）.

张乐才，2011. 污染红利与污染集聚的机理与实证［J］. 中国人口·资源与环境（2）.

张楠，卢洪友，2016. 官员垂直交流与环境治理——来自中国 109 个城市市委书记（市长）的经验证据［J］. 公共管理学报（1）.

张频，刘楠，熊美兰，2010. 江西名山旅游资源特点及开发利用［J］. 江西农业大学学报（社会科学版）（3）.

张祥，杜德斌，2013. 省际工业分工合作及其空间联系研究——基于中部六省案例［J］. 经济地理（5）.

张小蒂，2008. 区域经济开放与发展学术论丛·总序，见陈建军，2008. 要素流动、产业转移和区域经济一体化［M］. 杭州：浙江大学出版社.

张新，2008. 区域旅游合作理论与实践［M］. 武汉：武汉出版社.

张杏梅，2008. 加强主体功能区建设促进区域协调发展［J］. 经济问题探索（4）.

张晏，龚六堂，2005. 分税制改革、财政分权与中国经济增长［J］. 经济学（4）.

张永勋，闵庆文，白艳莹，刘某承，孙雪萍，何璐璐，2015. 生态合作的概念、内涵和合作机制框架构建［J］. 自然资源学报（7）.

张友国，2010. 中国贸易含碳量及其影响因素［J］. 经济学（季刊）（4）.

张幼文，1997. 关于世界经济一体化的几个理论问题［J］. 世界经济研究（3）.

张跃胜，2016. 地方政府跨界环境污染治理博弈分析［J］. 河北经贸大学学报（5）.

张兆安，2007. 把握长三角经济一体化的基本特征［J］. 江南论坛（7）.

张志辰，2008. 区域旅游合作中的制度分析［J］. 旅游学刊（1）.

张智勇，杨再惠，2015. 长江经济带区域合作的优化路径——长期视野的中短期策略［J］. 理论与改革（1）.

赵海霞，王梅，段学军，2012. 水环境容量约束下的太湖流域产业集聚空间优化［J］. 中国环境科学（8）.

赵润，张克强，杨鹏，倪喜云，杨怀钦，马明中，2011. 洱海流域农业生态补偿研究［J］. 中国农学通报 27（6）.

赵淑渊，牛冲槐，黄娟，2012. 科技型人才聚集效应与区域创新能力研究［J］. 科技管理研究 32（14）.

赵西君，何龙娟，吴殿廷，2013. 统筹区域协调发展的中国模式［M］. 南京：东南大学出版社.

郑长旭，2014. 太湖流域水体污染治理中的政府与非政府组织合作机制研究［D］. 上海：上海师范大学.

郑怀礼，李方，李和平，2000. 论长江流域水环境问题与水环境保护对策［J］. 重庆建筑大学学报（社会科学版）（2）.

郑洁，付才辉，张彩虹，2018. 财政分权与环境污染——基于新结构经济学视角［J］. 财政研究（3）.

郑耀星，1999. 区域旅游合作是旅游业持续发展的新路——制订《闽南五市旅游合作发展规划纲要》的深层思考［J］. 福建师范大学学报（哲学社会科学版）(2).

中共中央，国务院，2011. 关于全面推行河长制的意见［EB/OL］. http://www.gdwater.gov.cn/yszx/slyw/zhyw/201612/t20161213_268230.html，12 月 13 日.

钟春洋，2015. 经济发展方式转变的利益关系研究［M］. 杭州：浙江大学出版社.

钟俊，2001. 共生：旅游发展的新思路［J］. 重庆师专学报 (3).

周海炜，钟尉，唐震，2006. 我国跨界水污染治理的体制矛盾及其协商解决［J］. 华中师范大学学报（自然科学版）(2).

周克梅，陈卫，单国平，林涛，窦建军，2007. 南京长江水源地污染预测及应对措施研究［J］. 给水排水 (8).

周岚，施嘉泓，崔曙平，赵庆红，2018. 新时代大国空间治理的构想——刍议中国新型城镇化区域协调发展路径［J］. 城市规划 (1).

周黎安，2004. 晋升博弈中政府官员的激励与合作：兼论我国地方保护主义和重复建设问题长期存在的原因［J］. 经济研究 (6).

周黎安，2007. 中国地方官员的晋升锦标赛模式研究［J］. 经济研究 (7).

周林意，朱德米，2018. 地方政府税收竞争、邻近效应与环境污染［J］. 中国人口·资源与环境 (6).

周锐波，石思文，2018. 中国产业集聚与环境污染互动机制研究［J］. 软科学 (2).

周五七，曹治将，2010. 中部地区承接东部产业梯度转移的壁垒与对策［J］. 改革与战略 (10).

周新宏，沈霁蕾，2007. 长三角区域经济发展现状及趋势研究［J］. 经济纵横 (8).

周业安，2003. 地方政府竞争与经济增长［J］. 中国人民大学学报 (1).

周愚，皮建才，2013. 区域市场分割与融合的环境效应：基于跨界污染的视角［J］. 财经科学 (4).

朱松丽，汪航，王文涛，周湘，刘燕华，2017. “十二五”期间中国区域低碳经济与国土空间开发格局的协调发展研究［J］. 中国人口·资源与环境 (9).

诸葛仁，2001. 二十一世纪“绿色旅游”标志标志——“绿色环球21”[J]. 中国环保产业（5）.

诸江，2013. 生态文明背景下我国流域生态补偿方式的完善［C］. 生态文明的法治保障——2013年全国环境资源法学研讨会（2013年6月4日至6日乌鲁木齐）论文集.

邹统钎，2010. 区域旅游合作模式与机制研究［M］. 天津：南开大学出版社.

邹晓明，熊国保，马杰，2004. 区域旅游合作谫论［J］. 江西社会科学（11）.

英文文献

Breton, Alber, 1996. Competitive Governments: An Economic Theory of Politics and Public Finance [M]. Cambridge: Cambridge University Press.

Allcock, A. Jones, Lane, S., Grant, J., 1994. National Ecotourism Strategy [M]. Canberra: ACT, Commonwealth Department of Tourism.

Amos, O. J., 1988. Unbalanced Regional Growth and Regional Income Inequality in the Latter Stages of Development [J]. Regional Science and Urban Economics 18 (4).

Ansell, C., Gash, A., 2007. Collaborative Governance in Theory and Practice [J]. Journal of Public Research and Theory 18 (4): 543-571.

Balassa, Bela, 1962. The Theory of Economic Integration [M]. London: Allen & UwWin.

Blamey, R., 2001. Principles of Ecotourism [C]. In D. Weaver (ed.), Encyclopedia of Ecotourism [M]. Wallingford, LJK: CAB International 1: 5-22.

Blamey, R., Braithwaite, V., 1997. A Social Values Segmentation of the Potential Ecotourism Market [J]. Journal of Sustainable Tourism (5): 29-45.

Boo, Elizabeth, 1992. The Ecotourism Boom: Planning for Development and Management [M]. Washington, D. C.: World Wildlife Fund.

Buckley, R., 1994. A Framework for Ecotourism [J]. Annals of Tourism Research (3): 661-665.

Buckley, R., 2003. Environmental Inputs and Outputs in Ecotourism: Geotourism with Apositivetriple Bottom Line? [J]. Journal of Ecotourism 2 (1): 76 - 83.

Bulter, R. W., 1989. Alter Native Tourism: Pious Hope or Trojan Horse [J]. World Leisure & Recreation (4): 9 - 17.

Chirinko, R. S., Wilson, D. J., 2011. Tax Competition Among U. S. States: Racing to the Bottom or Riding on a Seesaw? [J]. Social Science Electronic Publishing 36 (4): 589 - 609.

Cremer, H., Gahvari, F., 2004. Environmental Taxation, Taxcompetition, and Harmonization [J]. Journal of Urban Economics 55 (1): 21 - 45.

de Leeuw, FAAM, Moussiopoulos, N., Sahm, P., et al., 2001. Urban Air Quality in Larger Conurbations in the European Union [J]. Environmental Modeling & Software 16 (4): 399 - 414.

Esty, D. C., Geradin, D., 1997. Market Access, Competitiveness, and Harmonization: Environmental Protection in Regionaltrade Agreements [J]. Harvard Environmental Law Review 21 (2): 265 - 336.

Fan, J., Wang, Y., Ouyang, Z., et al., 2017. Risk Forewarning of Regional Development Sustainability Based on a Natural Resources and Environmental Carrying Index in China [J]. Earths Future 5 (2): 196 - 213.

Fanokoa, P. S., Telahigue, I., Zaccour, G., 2011. Buying Cooperation in an Asymmetric Environmental Differential Game [J]. Journal of Economic Dynamics & Control (35).

Fennell, D. A., 2001. A Content Analysis of Ecotourism Definitions [J]. Current Issues in Tourism (5): 403 - 421.

Frank, A., 2001. Urban Air Quality in Larger Conurbations in the European Union [J]. Environmental Modeling and Software 16 (4): 399 - 414.

Goodwin, H., 1996. In Pursuit of Ecotourism [J]. Biodiversity and Conservation (5): 277 - 291.

Grossman, G. M., Krueger, A. B., 1991. Environmental Impacts of a North American Free Trade Agreement [J]. Social Science Electronic Publishing

8 (2).

Hadjiyiannis, C., Hatzipanayoyou, P., Michael, S., 2014. Cross-border Pollution, Public Pollution Abatement and Capital Taxcompetition [J]. Journal of International Trade & Economic Development 23 (2): 155 – 178.

Hurrell, A., 1995. Regionalism in Theoretical Perspective//Fawcett, L., Hurrell, A., Regionalism in World Politics: Regional Organization and International Order. Oxford, UK: Oxford University Press.

Kim, J., Wilson, J. D., 1997. Capital Mobility and Environmental Standards: Racing to the Bottom with Multiple Tax Instruments [J]. Japan & Theworld Economy 9 (4): 537 – 551.

Li, Hongbin, Zhou, Li'an, 2005. Political Turnover and Economic Performance: The Incentive Role of Personnel Control in China [J]. Journal of Public Economics (89).

OECD, 2001. Local Partnerships for Better Governance [R]. Paris: OECD.

Panayotou, T., 2003. Economic Growth and the Environment [R]. United Nations Economic Commission, Geneva.

Ren, P. Y., Ponder, J. W., 2003. Polarizable Atomic Multiple Water Model for Molecular Mechanics Simulation [J]. The Journal of Physical Chemistry B 107 (24): 5933 – 5947.

Ren, Wenwen, Zhong, Yang, John, M., et al., 2003. Urbanization, Land Use, and Water Quality in Shanghai: 1947 – 1996 [J]. Environment International 29 (5): 649 – 659.

Robson, Peter, 1980. The Economic of International Integration London [M]. George Allen & Unwin.

Ropke, I., 1994. Trade, Development and Sustainability Acritical Assessment of the "Free Trade Dogma" [J]. Ecological Economics (9): 13 – 22.

Rose, C., 1990. The Dirty Man of Europe: The Great British Pollution Scandal [M]. London: Simon & Schuster.

Sadoff, Claudia W., Grey, David, 2002. Beyond the River: The Benefit of Cooperation International Rivers Water Policy [C]. Vol. 4, Issue 5: 389 –

403.

Senghaas, Dieter , 1985. The European Experience: A Historical Critique of Development Theory [M]. New Hampshire: Berg Publishers Ltd. 151: 161 - 162.

Sullivan, Helen, Skelcber, Chris, 2002. Working Across Boundaries: Collaboration in Public Service [M]. New York: Palgrave Macmillan.

TES, ed. , 1993. Ecotourism Principles of Nature Tourism Operators [M]. North Bennington: The Ecotourism Society.

Tinbergen, Jan, 1965. International Economic Integration [J]. Elsevier Publishing Company.

Valentine, P. , 1992. Nature-Based Tourism [M]. London: Belhaven Press: 105 - 127.

van Delden, Hedwig, Luja, Patrick, Engelen, Guy, 2007. Interation of Nultiscale Dynamic Spatial Modelsof Socio-economic and Physical Processes for River Basin Managent [C]. Environmental Modelling and Software, Vol. 22, Issue 2.

Verhoef, E. T. , Nijkamp, P. , 2002. Externalities in Urban Sustainability: Environmental Versus Localization-type Agglomeration Externalities in a General Spatial Equilibrium Model of a Single-sector Monocentric Industrial City [J]. Ecological Economics 40 (2): 157 - 179.

Virkanen, J. , 1998. Effect of Urbanization on Metal Deposition in the Bay of Töölönlahti, Southern Finland [J]. Marine Pollution Bulletin 36 (9): 729 - 738.

Volk, Martin, Hirschfeld, Jesko, Dehnhardt, Alexandra, Schmidt, Gerd, Bohn, Carsten, Liersch, Stefan and Gassman, Philip, W. , 2008. Integrated Ecological-Economic Modelling of Water Pollution Abatement Management Options in the Upper Ems Rivver Basin [C]. Ecological Economics, Vol. 66, Issuel 15 .

Wade, Robert Hunter, 2003. "What Strategies are Viable for Developing Countries Today?" The World Trade Organization and the Shrinking of "Development Space", Crisis States Programme, Working Papers Series No. 1, June.

Weaver, D., 2001. Ecotourism as Mass Tourism: Contradiction or Reality? [J]. Cornell Hotel and Restaurant Administration Quarterly (42): 104 - 112.

Williamson, J. G., 1965. Regional Inequality and the Process of National Development [J]. Economic Development and Cultural Change (4).

Williamson, O., 1985. The Economic Institutions of Capitalism [M]. New York: Free Press.

Wilson, J. D., 1999. Theories of Tax Competition [J]. National Tax Journal (2).

Wong, Christine P. W., 1991. Central-Local Relations in an Era of Fiscal Decline: The Paradox of Fiscal Decentralization in Post-Mao CHINA [M]. China Quarterly: 691 - 715.

Worth, Fort, Denhardt, R. B., 1999. Public Administration [M]. TX: Harcount Brace College Publishers: 73.

Yeung, D. W. K., Petrosyan, L. A., 2008. A Cooperative Stochastic Differential Game of Transboundary Industrial Pollution [J]. Automatica (6).

Qian, Yingyi, Gerard, Roland, 1998. Federalism and the Soft Budget Constraint [J]. The American Economic Review (88).

Qian, Yingyi, Roland, G., 1998. Federalism and the Soft Budget Constraint [J]. American Economic (5).

Cumberland, J. H., 1981. Efficiency and Equity in Interregional Environmental Management [J]. International Regional Science Review (2).

Zeng, D. Z., Zhao, L., 2009. Pollution Havens and Industrial Agglomeration [J]. Journal of Environmental Economics and Management 58 (2): 141 - 153.

后　记

本书是在国家社会科学基金一般项目（批准号：12BJL071）“建立主体功能区制度的流域行政区合作机制及政策研究”最终研究报告的基础上修订而成。该项目由曾咏梅主持完成，主要参与人有：孙步忠、刘耀彬、杨伊、谌卫学、龚志强、曾荣平、许庆勇。

在该项目的申请和完成过程中，得到了南昌大学经济管理学院和旅游学院领导、同事们的大力支持。国家社会科学基金项目的申请对我们来说，异常困难，可遇而不可求。在此对提出宝贵建议的国家社会科学基金项目诸位评审专家致以诚挚的谢意！

国家社会科学基金项目的申请，基于我们平时科研工作的点滴积累，经过了长时间的酝酿。该项目始于我们申请南昌大学中国中部经济社会发展研究中心（以下简称“中部中心”）“构建东中部横向生态补偿机制研究”的招标课题，感谢中部中心提供了有价值的课题。接着我们申请完成了江西省高校人文社会科学重点研究基地招标项目“鄱阳湖生态区建设中的流域生态补偿政策研究”、江西省社会科学研究规划“十一五”一般项目“企业家观念及行为模式与生态管理机制设计”、江西省社会科学研究规划“十二五”一般项目“江西旅游新需求背景下旅游与文化资源整合及产业转型升级研究”等。这些省级项目，一方面促使我们在科研工作中不断进步，另一方面也为进一步申请国家社会科学基金项目奠定了良好的基础。感谢上述组织给予了我们开展科研工作的机会。

感谢经济管理学院的老一辈领导黄新建教授、赵立秋教授、尹继东教授、舒明教授、张清华教授、彭迪云教授、付春教授和现任领导何筠教授、刘耀彬教授、谌贻庆教授、郭朝晖教授、况学文教授、彭继增教授等的大力支持和热心鼓励。我们的申请书几易其稿，其间经过学院、学校论证会专家们的多次审阅。

犹记得参加中部中心会议汇报时尹继东教授给予的肯定和鼓励。参加中部中心会议间隙何筠教授百忙中提出了宝贵意见。况学文教授在学院开会间隙帮忙审读，细致到修改标点符号。彭继增教授多次给予了我们中肯的修改建议。三年间不下八九次向王振宇教授请教，王教授耐心细致地一次次提出修改建议，使我们获益良多。张文教授提供了他已经成功获批的申请书供我们参考。在一次 MBA 教学会议活动的晚上，王振宇教授、张文教授、欧阳友旺教授被我们“堵”在了房间里，牺牲了宝贵的时间，为我们的申请书“会诊把脉”，提出了诸多修改意见，帮助我们的项目获批。在此，对以上敬爱的领导、同事们致以真诚的感谢。

感谢旅游学院的黄细嘉教授，作为经济管理学院曾经主管科研的老一辈领导，他给予了我们太多的包容、支持、鼓励和帮助。感谢龚志强教授的大力支持和无私帮助。感谢朱旺力书记、旷天伟教授、陈洪玮教授、何琳书记的关心支持。感谢许庆勇博士在计算软件和外文文献方面的鼎力支持。

由于平时繁杂的家庭事务，无法对集体做更多贡献，反而得到了学院的照顾，也得到了经济管理学院和旅游学院领导、同事们的包容和理解，这里一并致以诚挚的谢意。

感谢南昌大学社会科学处的胡伯项教授、宋三平教授、邓江峰老师、刘毅老师的热心帮助。

感谢廖文强、华杰、郑维伟、朱绍勇、陈强、江云、王晗、沈芳、范恒等参与了我们的科研工作的同学。

感谢出版社高雁女士及其他诸位先生女士的辛勤付出。

本书的出版得到南昌大学经济管理学院“双一流建设专项经费”（9166－27040007）的资助，特此感谢。

书中不妥之处，敬请批评指正。

曾咏梅、孙步忠
2020 年 2 月于大樟树

图书在版编目(CIP)数据

主体功能区制度建设的合作机制 / 曾咏梅，孙步忠著. -- 北京 ：社会科学文献出版社，2020.7

ISBN 978 - 7 - 5201 - 6675 - 1

Ⅰ.①主… Ⅱ.①曾… ②孙… Ⅲ.①区域经济 - 研究 - 中国 Ⅳ.①F127

中国版本图书馆 CIP 数据核字（2020）第 083299 号

主体功能区制度建设的合作机制

著　　者 / 曾咏梅　孙步忠

出 版 人 / 谢寿光
组稿编辑 / 高　雁
责任编辑 / 颜林柯
文稿编辑 / 许文文

出　　版 / 社会科学文献出版社 · 经济与管理分社（010）59367226
　　　　　地址：北京市北三环中路甲 29 号院华龙大厦　邮编：100029
　　　　　网址：www. ssap. com. cn
发　　行 / 市场营销中心（010）59367081　59367083
印　　装 / 三河市龙林印务有限公司

规　　格 / 开 本：787mm × 1092mm　1/16
　　　　　印 张：16. 25　字 数：257 千字
版　　次 / 2020 年 7 月第 1 版　2020 年 7 月第 1 次印刷
书　　号 / ISBN 978 - 7 - 5201 - 6675 - 1
定　　价 / 158. 00 元